高职高专人力资源管理创新系列教材

现代人力资源管理实务

陈天博　主　编

潘砚涛　郭雅娟　赵　坤　副主编

张　芳　杜玉潺　参　编

中国财富出版社

图书在版编目（CIP）数据

现代人力资源管理实务/陈天博主编 . —北京：中国财富出版社，2016.4

（高职高专人力资源管理创新系列教材）

ISBN 978 - 7 - 5047 - 6055 - 5

Ⅰ.①现⋯　Ⅱ.①陈⋯　Ⅲ.①人力资源管理—高等职业教育—教材　Ⅳ.①F241

中国版本图书馆 CIP 数据核字（2016）第 034021 号

策划编辑	寇俊玲	责任编辑	齐惠民　倪嘉彬		
责任印制	何崇杭	责任校对	杨小静	责任发行	敬　东

出版发行	中国财富出版社		
社　　址	北京市丰台区南四环西路 188 号 5 区 20 楼	邮政编码	100070
电　　话	010 - 52227568（发行部）	010 - 52227588 转 307（总编室）	
	010 - 68589540（读者服务部）	010 - 52227588 转 305（质检部）	
网　　址	http://www.cfpress.com.cn		
经　　销	新华书店		
印　　刷	北京京都六环印刷厂		
书　　号	ISBN 978 - 7 - 5047 - 6055 - 5/F · 2545		
开　　本	787mm×1092mm　1/16	版　次	2016 年 4 月第 1 版
印　　张	14.25	印　次	2016 年 4 月第 1 次印刷
字　　数	329 千字	定　价	34.00 元

前　言

随着市场经济建设的推进，人力资源管理在企业经营管理中发挥着越来越重要的作用。为了适应现代企业对于人力资源管理知识体系的需求，普及人力资源管理的相关知识，本书主要介绍了人力资源的发展历史，并且详细阐述了人力资源规划、工作分析、招聘、培训与开发、绩效管理以及薪酬福利的相关内容、流程和方法。

本书以帮助学生理解、掌握人力资源管理的专业知识为出发点，通过展示现代人力资源管理的先进经验和方法，提高学生人力资源管理方面的专业素质与解决实际问题的能力。

本书结构新颖、严密，层次分明，切合实际，并注重在内容和形式上的创新，在编写中力求突出以下特点：

1. 突出重点，精选模块。本书保留了人力资源管理中选、育、用、留的精华内容，大刀阔斧地舍去了传统本科教材中必有的"劳动关系""国际人力资源管理""社会保障"等可选内容，大大减轻了学生理论学习的负担。

2. 结合实际，利于考证。全书难度控制在人力资源职业资格考试中助理企业人力资源管理师和企业人力资源管理师之间，或职称考试中初级和中级经济师（人力资源方向）之间，逻辑结构、内容设计和表达方式也尽量与这些职业资格和职称考试相贴近，以便于学生考取相关职业资格和职称证书。

3. 结构统一，便于学习。每章结构基本相同，以案例导入，展开内容讲解，最后辅以小结、练习题和案例分析。这样有利于教师总结、串联全书内容，同时也方便学生对于人力资源管理的整体性理解和知识点的记忆。

4. 案例分析，工学结合。每章都以案例导入，引起学生的学习兴趣，在内容重难点讲解的过程中辅以案例讨论使学生自主思考，巩固知识，本书理论联系实际，让学生自主学习，开阔视野，加深理解，提高技能。

本书的具体分工如下：第一章由赵坤（北京城市学院）负责编写，第二章由张芳（北京城市学院）负责编写，第三章由杜玉潺（北京信息职业技术学院）负责编写，第四、五章由郭雅娟（北京城市学院）负责编写，第六章由陈天博（北京信息职业技术学院）负责编写，第七章由潘砚涛（天津滨海职业学院）负责编写。全书由陈天博负责修改和总纂。

限于编者水平，不足之处在所难免，敬请读者批评指正。在教材编写过程中，我们参阅和借鉴了大量的文献，在此对相关作者表示衷心的感谢。此外，天津海运职业学院的樊薇老师和中国财富出版社的编辑为本书倾注了许多心血，在此谨致谢意。

编　者
2015 年 11 月

目 录

第一章　人力资源管理导论

学习目标

- 了解人力资源管理的内涵、基本职能
- 了解人力资源管理的发展过程和趋势
- 理解人事管理与人力资源管理的区别

导入案例

人才何以成为烫手芋头

求贤若渴，如今已成为许多企业和企业家们的共识。当人才招聘的广告和宣传满天飞的时候，当大学生以破除"门第"观念、拓宽就业门路为时尚的时候，浙江省一家颇具名气的乡镇企业却发生了一场"辞职风波"：26名被千方百计引进的大中专毕业生在同一天递交了辞职报告，并宣布不再上班。与此同时，26人的代表手拿状纸，走上了上访控告之路。而企业的负责人则满腹委屈地感叹：这些"人才"是烫手的芋头，难伺候啊！

一、喜气洋洋进厂门　怒目相向递辞呈

位于萧山市石岩镇的浙江亚太机电集团公司是一家乡镇企业，前身是当地的一家乡办农机厂。1979年企业创办时，全部家当不过九万元。经过19年的艰苦创业，"亚太"逐渐发展成为集多种产业于一体的、汇集工、科、贸于一身的浙江省省级企业集团，并且跻身国内最大的汽车制动元器件生产企业之列。公司的总资产达到3.5亿元，年销售收入2亿元。

企业的规模越大，市场的竞争越激烈。面对众多的国内外市场对手，靠乡里乡亲打天下的"亚太"人终于选择了招贤纳士之路。从五年前开始，公司先后投入一亿元，实施"科技兴厂"战略。公司总经理黄来兴说，80年代里，因为我们是乡镇企业，没有争取到一个国家分配的大学生，但企业的发展又不能没有大学生。在"磨破嘴皮跑断腿"之后，1993年萧山市人事局同意两名大学生落户"亚太"。亚太集团如获至宝，用鲜花和鞭炮欢迎他们。此后，亚太集团几乎每年都在大学生毕业分配的日子里登报做广告，广揽各地大中专毕业生。公司还出资把150多名农家青年送到浙江大学、安徽工学院等大专院校和中专技校深造。

亚太集团对刚进厂门的大学生是十分器重的。1993年进厂的大学毕业生王志欣第二年就被公司派往德国深造，回来后立即予以提拔。从事信息专业的一位大学生需要计算机，公司当即拨款三万元购置了设备。然而，随着大中专毕业生越来越多，早已隐藏着的人才引进危机也终于爆发了。

1996年8月19日早上7时15分，当公司总经理黄来兴像往常一样来到办公室门口时，却被早已等候在那里的26名大中专毕业生团团围住。毕业生们向总经理递交了一份《申请报告》，要求公司于次日下午4点30分之前"在社会福利、工作时间、加班报酬、法定节假日休息等方面给我们一个合理、合法的明确答案"。这些大多进厂不足两年、不少当年才招收的毕业生们解释，自从他们进公司以来，一直没有得到足够的重视，没有养老保险金，每天工作八个半小时，每月工资只有500元左右……如果公司不解决这些问题，毕业生们将集体辞职。没有任何思想准备的黄来兴不知如何应对，决定下午与毕业生代表座谈，但当天没有结果。次日上午，公司各部门负责人分头找在《申请报告》上签名的26名大中专毕业生谈话，还是不欢而散。下午，闻讯赶来的萧山市乡镇企业局的干部向大中专毕业生解释了有关政策，但他们认为公司的"实权人物"不到场，这是对毕业生的糊弄。8月21日，毕业生们向总经理递交了《解除劳动合同申请书》后，集体离厂，到萧山市劳动仲裁委员会等部门上访。第四天，26名毕业生办理了辞职手续后正式离厂。

二、企业：我们要的是真人才

26名大中专毕业生集体辞职的事件对亚太集团总经理黄来兴来说，的确有些意外。这位老实巴交的总经理说自己现在成了"风箱里的老鼠——两头受气"，"大学生骂我不尊重他们，公司的老职工骂我宠坏了他们，难道我真的招错了人？"

黄来兴总经理说，现在公司的各类大中专毕业生已经有120多人，公司一直希望"人尽其才，事如人意"。为了让引进的人才留得住，公司专门投资265万元建造了集体公寓，还出资100万元兴建了"亚太职工娱乐中心"，还取消了见习期，让他们一进公司就享受定级工资和奖金。尽管这几年企业经营有困难，但大中专毕业生们的平均工资仍然在500～700元，比普通职工高。"他们根本不理解公司的难处。"

黄来兴所说的"难处"是很具体的。在公司的1350名员工中，绝大部分是当地的农家子弟。许多中层干部则是当年与黄来兴一起闯天下的功臣。公司不断地招收外来的人才，对这些土生土长的"老亚太"们本来就有很大的压力——一种"夺饭碗"的压力。而公司对这些大中专毕业生政策上的"偏爱"，特别是近几年一些毕业生一进厂门就提出工资要多少多少，住房要怎么怎么样等，加上大中专毕业生的动手能力又较弱，眼高手低的状况比较严重，更加令他们看不惯、想不通。"这些人到底算不算人才？"一些员工责问总经理。一位老职工回忆，当年办厂时，外地老师傅来的时候，我们都把自己家的鸡啊鸭啊米啊拿去，还谈什么条件？现在的大学生怎么会一开口就是"条件"？

三、学生：我们不是你的"花瓶"

但26名大中专毕业生并不同意这种看法。他们认为既然企业把他们引进来了，就应该当作人才看待，而不是仅仅作为摆设的"花瓶"。连养老保险等最基本的福利也没有，怎么能够安心工作？更何况不少毕业生一进来就被"下放"到车间劳动，管理者的素质又很低，刁难他们的问题是存在的，怎么会有出头之日？

萧山市乡镇企业局负责人才引进工作的周长法同志告诉记者，毕业生们的要求有其合理的一面，但也存在着与现实脱节的问题。比如，他们提出的最低工资不得低于650元的问题，这是没有依据的。20世纪80年代初，萧山市在引进大学生时，规定凡是进乡镇企业的毕业生的工资都由乡镇企业局发给，但从1991年工资改革后早已取消，毕业生的工资全部由企业根据经营状况确定和发给，只要不低于每月275元的全省最低基本工资，外界就不能干预。此外，像养老保险等问题，萧山市目前还处于试点准备阶段，估计到年底才能推广，这并不是一家企业可以解决的问题。当然，像八小时工作制等法定的规则，是必须遵守的。周长法同时认为，劳动关系的调整必须严格按照法律程序。26名毕业生一开始就采取不辞而别的做法，其实也是有些幼稚的，因为只有解除劳动合同后才能离厂，否则是要承担违约风险的。

四、"期望值"里看反差

负责调解的萧山市委办公室副主任吴关林认为，企业和毕业生们之间的矛盾主要在认识上，"双方的期望值都太高"。

吴关林认为，亚太集团发展到今天，虽然有了一定规模，但毕竟是家乡镇企业，与正规的大集团有差距。这几年，亚太集团改善了办公、住宿等条件，但毕竟远在乡下，生活与工作上有诸多不便；"亚太"职工的收入虽然逐年增加，但由于近年来市场形势严峻，效益增长较慢；加上部分中层干部的确存在着怕被挤掉位置的担心，对毕业生关心不够。遗憾的是，许多毕业生对这一切根本没有思想准备，他们是带着天真甚至近乎完美的理想色彩进厂的，不少人满以为进了乡镇企业就可以多拿工资多得实惠，自视过高，结果残酷的现实一下子令他们失望了。

作为用人单位的乡镇企业，同样存在着过于理想化的问题。萧山的乡镇企业在创办伊始，基本是靠老农起家的，这些与土地打了多少年交道的农民虽然自己文化程度不高，但对"喝"过墨水的"秀才"有着本能的崇敬。在浙江的许多企业里，至今把学历最高的毕业生作为总经理的秘书或助理，主要负责待人接物，以显示企业和总经理的"档次"。但是，企业的经营活动是一项实践性非常强的工作，如果光依赖于学历来企图让企业提升档次，显然是不大现实的。于是，当初对大中专毕业生的神秘感随着他们进厂后实践能力的相对欠缺而彻底被打破。毕业生对企业不满，企业对毕业生更加不满。

一些有识之士还提出一个深层次问题：企业引进高学历人才，是不是多多益善？要不要讲求一个"智力成本"？从亚太集团走出的大学生有一种普遍的感受：自己在企业里做了普通工人，完全是种浪费。尽管这些大学生对下基层锻炼可能有不够重视的一面，但同时也暴露了浙江一些规模较大的企业面临的一个共性问题：不研究企业到底需要什么层次的人才，只要是大中专毕业生，就往往来者不拒。于是，一些地方出现了博士生临柜点钞、硕士毕业生大街卖药等情形。

思考题：

1. 引进人才是否多多益善？

2. 如何确定人才的评价标准？

3. 请分析该公司在人力资源管理中出现的问题，如果你是该公司的总经理，你会如何处理本次辞职事件？

第一节　人力资源管理概述

一、人力资源的内涵

"资源"是经济学中的一个专业术语，分为自然资源和社会资源两大类，是一切可被人类开发和利用的物质、能量和信息的总称。在劳力经济、自然经济和知识经济三个不同的阶段里，人们对资源的认识也不尽相同。在劳力经济和自然经济阶段，自然资源一直被视为财富形成的主要来源，随着科学技术的迅猛发展，人力资源逐渐占据了主导地位。

"人力资源"最早由管理大师彼得·德鲁克于 1954 年在《管理的实践》中首先提出并加以明确界定，他认为人力资源拥有当前其他资源所没有的素质，即"协调能力、融合能力、判断力和想象力"，它是一种特殊的资源，必须经过有效的激励机制才能开发利用，并给企业带来可见的经济价值。此后，"人力资源"开始备受关注并被广泛使用。

通俗地讲，人力资源就是以人的生命为载体，能够被组织利用创造价值的智力和体力劳动能力的总称。区别于自然资源，人力资源是一种"活"的资源，包括数量和质量两个指标。人力资源的数量是指一个国家或地区范围内劳动适龄人口（我国男性为 16～60 岁，女性为 16～55 岁）总量减去其中丧失劳动能力的人口；人力资源的质量是指劳动者的体能素质、智能素质（经验、文化、技能）、非智力素质（心理素质、工作态度）。人力资源质量构成要素如图 1-1 所示。

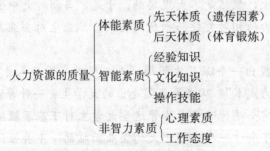

图 1-1　人力资源质量构成要素

中国："未富先老"的挑战

对于一个国家或地区而言，由于人口的出生、死亡和迁徙等因素的影响，其人口的年龄结构是不断变化的，即未成年人口、成年人口和老年人口，在总人口中的比例构成是不断变化的。在一个国家或地区的总人口中，如果老年人口的比例不断提高，其他年龄组人口的比例就会相应地下降，我们称这个动态过程为人口老龄化。

现代人口学理论，人口老龄化是指在一个国家或地区的总人口中，因年轻人口数量减少、年长人口数量增加，而导致的老年人口比例相应增长的动态过程。反映人口老龄化的统计指标大致划分为三大类：反映人口老龄化程度的指标、反映人口老龄化速度的指标和抚养比指标。目前我国一般是以 60 岁作为老年人口的起点年龄，国际上则多以 65 岁为起点年龄。但随着人民健康水平的提高和人口寿命的延长，在分析老年人口问题时也逐渐地将老年人口的起点年龄向 65 岁的国际标准靠拢。

联合国认为，如果一个国家 60 岁以上老年人口达到总人口的 10%，或者 65 岁以上老年人口占人口总数的 7% 以上，那么这个国家已经属于人口老龄化国家。根据这个标准，我国第五次人口普查表明，2000 年，我国 65 岁以上老年人口已达到 8811 万人，占人口总数的 6.96%，我国已经接近老龄化国家的标准；2005 年年底，全国 1% 人口抽样显示，我国总人口数达到 130756 万人，其中 65 岁以上人口达到 10055 万人，占总人口数的 7.7%。从数据可以判断，我国已经真正成为人口老龄化国家。

"21 世纪的中国将是一个不可逆转的老龄社会。"这是全国老龄工作委员会办公室发表的《中国人口老龄化发展趋势预测研究报告》得出的沉重结论。报告中指出，21 世纪，中国人口老龄化趋势分为三个阶段：第一阶段（2001—2020 年）是中国社会快速老龄化阶段，其间平均每年增加 596 万老年人口，平均增长率 3.28%，超过总人口年均 0.66% 的增长速度；第二阶段（2021—2050 年）是加速老龄化阶段，平均每年增加 620 万老年人口，2050 年老龄人口将超过 4 亿人；第三阶段（2051—2100 年）是稳定的重度老龄化阶段，2051 年中国老龄人口达到巅峰的 4.37 亿人，约为少儿人口的两倍，老龄人口将持续稳定在占总人口的 31% 左右。

我国人口老龄化呈现以下特点：一是老年人口基数大。60 岁以上老年人口是世界老年人口总量的 1/2，是亚洲老年人口的 1/2。联合国预测，中国在 21 世纪上半叶将一直是世界老年人口最多的国家，占世界老年人口的 20%。21 世纪下半叶，中国也还是仅次于印度的第二老年人口大国。二是老年人口增长速度快。从 1980 年到 1999 年，在不到二十年的时间里，我国人口年龄结构就基本完成了从成年型向老年型的转变，而英国完成这一过程大约用了 80 年，瑞典用了 40 年。三是老龄化趋势明显。近年来，我国 80 岁以上的高龄老人以年均约 4.7% 的速度增长，明显快于 60 岁以上老年人口的增长速度，目前 80 岁以上老年人口达 1300 万人，约占老年总人口的 9.7%。四是地区老龄化程度差异较大。上海的年龄人口结构早在 1979 年就进入了老年型，而青海、宁夏等西部省区预计要到 2010 年左右才进入，相差约三十年。五是人口老龄化与社会经济发展水平不相适应。欧美一些发达国家在进入老年型社会时，人均国内生产总值一般为 5000～10000 美元，而我国目前的水平与之相差较远，是典型的"未富先老"国家。

思考题：

1. 我国这样的情况会出现什么影响？
2. 面对这样的挑战有什么好的对策？

二、人力资源的特点

（一）人力资源具有生物性

人是自然界中最高级的动物，人力资源存在于人的生物体中，与人的自然生理特征相联系，是一种活的资源。人力资源的生物性特点要求在开发、利用人力资源过程中应当运用人性化管理模式，立足于满足人的自然需求，充分注重人性要素，以发掘人的潜能为己任，给予充分的物质和精神激励，提供各种成长与发展机会。

（二）人力资源具有社会性

马克思指出："人的本质不是单个人所固有的抽象物，在其现实性上，它是一切社会关系的总和。"人们的一切行为都不可避免地要与其他人发生关系，任何人力资源都必然处于一定社会形态中，它的形成、分配、使用都与社会密不可分，这种复杂的社会关系决定了人力资源的社会性。

（三）人力资源具有能动性

能动性是人力资源与其他资源最根本的区别，是指人的主观意识和实践活动对于客观世界的反作用。简单地说，就是人有思想、情感和思维，具备认识客观世界的能力，可以主动地、自觉地、有目的地、有计划地利用其他资源改造外部世界。人力资源的能动性主要表现在以下三个方面：第一，人力资源的自我发展，人能够通过学习和实践来提高自身的素质和能力；第二，人力资源的自主选择，因为对客观世界有着清晰的认识，故人可以在认识的指导下，做出最有利于自身发展的选择；第三，人力资源的自主发挥，人具有创造性思维潜能，能够不断进行改革和创新，这也是人力资源能动性最主要的方面。

（四）人力资源具有时效性

人力资源蕴含于人的生物体内，集中表现在人的脑力和体力上，受人的生理特征约束明显。处于不同的生命周期中的人，劳动能力差别很大，能从事劳动的自然时间被限定在生命周期的中间一段，不能长期储而不用。在儿童阶段，人的体力和智力均处于积累形成阶段；在成年阶段，人的体力和脑力处于劳动的最佳时期；在老年阶段，人开始逐渐丧失劳动力。故人力资源的形成、开发、使用必须考虑生理周期的阶段性差别，尊重人力资源的时效性特点，在积累期注重人力资源的开发，在成熟期最大限度地发挥其才能，以取得最大效益。

（五）人力资源具有再生性

资源可被分为可再生资源和不可再生资源两大类，人力资源是一种可再生资源，不会因使用而减少。人口的再生产和劳动力再生产，是通过人口总体和劳动力总体内各个个体的不断替换、更新和恢复的过程得以实现的。特别需要注意的是，人力资源在使用过程中，除了生物学意义上的更新外，应更加注重人力资源的自我更新、自我丰富，以达到持续开发的目标。

（六）人力资源具有核心性

美国"钢铁大王"安德鲁·卡内基曾说过这样一段话："带走我的员工，把我的工厂留下，不久后工厂就会长满杂草；拿走我的工厂，把我的员工留下，不久后我们还会有个更好的工厂。"一切生产活动都是由人的活动引起和控制的过程，在任何生产或劳动过程中，人力资源始终居于主体地位，起着决定性的作用。因此，人力资源是所有资源中的核心资源，是一切资源中最为宝贵的资源。

三、人力资源管理的重要性

长久以来，人们对人力资源管理的认知还停留在人事管理阶段，更加注重招聘、培训、绩效考核等人力资源的专业内容，并没有形成一个完善的体系，也并未提起管理者的重视。然而，正如一位公司总裁总结的那样："许多年来，人们一直都说，对于一个处于发展之中的行业而言，资本是瓶颈。而我却认为，这种说法已经不再是正确的了。在我看来，真正构成生产瓶颈的实际上是公司的员工队伍以及公司在招募和留住一支优秀的员工队伍方面的能力不足。我还没有听说过哪一个有完美的思路、充沛的精力以及满腔的热情作为后盾的重大项目会因为资金短缺而中途夭折。不过，我确实知道存在这样一些情况：某些行业的发展之所以会受挫或者受到阻滞，恰恰是因为他们无法保持一直高效率的且充满工作热情的员工队伍。我认为这种结论的正确性在未来会得到越来越明显的验证……"

21世纪的经济竞争，主要是科学技术的竞争、智力的竞争，但归根结底还是人力资源开发及其潜能充分利用的竞争。特别是受到全球化竞争、技术进步、劳动力队伍和人口结构改变等因素影响，人力资源管理已成为现代企业管理和企业提升竞争力的核心组成部分，对所有的管理者而言都非常重要。

四、人力资源管理的内涵

自1958年，怀特·巴克在《人力资源职能》一书中首次将人力资源管理作为管理的普通职能加以论述以来，国内外学者对人力资源管理内涵的阐述大致可以分为以下五类：一是从人力资源管理的目的出发，认为人力资源管理是借助对人力资源的管理来实现组织目标；二是从人力资源管理的过程或承担的职能出发，把人力资源看成是一个活动的过程；三是从人力资源管理实体出发，认为人力资源管理就是与人有关的制度、政策；四是从人力资源管理的主体出发，认为人力资源管理是人力资源部门或人力资源管理者的工作；五是从目的、过程等方面出发综合进行阐述。

从综合的角度出发来定义人力资源管理更有助于揭示它的内涵，人力资源管理是指运用科学的方法和完善的制度，获取、培训、评价员工和向员工支付报酬的过程，同时通过协调人与事的关系，调动员工工作积极性，充分发挥员工的潜能，使人尽其才，事得其人，人事相宜，进而实现组织目标。

五、人力资源管理的特点

(一) 综合性

人力资源管理对其专业人员的素质有着极高的要求，需要管理者具备管理学、心理学、经济学、社会学、法学等多个学科的理论基础，同时能够统筹协调影响人力资源管理的诸多因素，如政治因素、心理因素、生理因素、种族因素、地域因素等，所以说人力资源管理是一门综合性很强的学科。

(二) 社会性

人力资源管理是对组织中的人进行管理，人力资源的社会性决定了人力资源管理的社会性。在管理过程中必须考虑人力资源的地域差别、需求差异、文化特点、发展阶段等因素，秉承以人为本的管理理念，最大限度地发挥人力资源的潜力。

(三) 实践性

人力资源管理是组织管理中最重要、最基本的实践活动，是基于组织商业化的发展和生产劳动的组织协调要求产生的，旨在实现组织目标。人力资源管理的方法和理论是在管理实践中不断总结而来的，并在指导实践中得到发展和完善。

(四) 发展性

世界上任何事物都处于永不停息的运动、变化、发展之中。人力资源管理从生产劳动的社会实践中来，决定了它的诞生、成长、发展也必然随着经济社会发展而不断变化。

六、人力资源管理的作用

（一）获取人力资源

为实现组织的战略目标，人力资源管理部门要结合组织的业务性质、文化、结构和价值观念，制定与组织目标相适应的人力资源规划，并根据规划有计划地开展招募、考核、选拔、录用与配置等工作，获取组织所需人力资源。

（二）整合人力资源

人才进入组织后，势必要经过一个个体与个体、个体与组织不断磨合的过程。通过认同企业文化、和谐人际关系、化解矛盾冲突等方式，对人才进行"同化"，让个人价值观趋同于组织理念、个人行为服从于组织规范，使他们在思想上、情感上、心理上认同组织并产生归属感。

（三）激励人力资源

通过公平合理的绩效考核、有竞争性的薪酬等管理方式，维护员工的合法权益，创造安全舒适的工作环境，保持员工的工作积极性、主动性、创造性，增强员工的满意度，从而提高组织绩效。

（四）评价人力资源

对员工的劳动态度、技能水平、工作成果等方面做出全面的评价，并根据评价结果实现员工晋升、调动、奖惩、离退、解雇等管理手段的落实，完成员工工作与组织目标的不断融合，同时为员工的培训和开发提供依据。

（五）发展人力资源

发展人力资源是人力资源管理最重要的职能，通过有针对性的培训、工作轮换、职业生涯规划等方式，提高员工的知识、技能和心理素质，使其潜能得到充分开发和利用，最大限度地实现其个人价值，达到企业和个人共同发展的双赢目的。

 案例讨论

美国及日本人力资源管理模式特点

美国和日本是东西方世界的代表，由于文化不同，也代表了市场经济下的企业经营管理模式的两个极端。

一、美国人力资源管理模式的特点

20世纪80年代以来，随着世界经济竞争的加剧，越来越多的美国企业开始对传统

的人力资源管理模式进行必要的修改，但直到现在，历史上形成的美国企业人力资源管理模式的主要特点仍然没有多少变化，主要表现在以下几个方面：

（一）人力资源配置的市场化

美国的劳动力市场非常发达，对配置社会上的劳动资源起着极为关键的中介作用。美国企业对劳动力市场的依赖性很强，对雇主来说无论需要什么样的人，都可以到市场上刊登广告，通过规范的市场招聘，筛选企业所需要的人才，或者通过猎头公司把自己需要的人才从竞争对手那里挖过来；对企业不需要的人，则几乎是毫不留情地予以解雇，由市场去安排就业。所以企业中雇主和雇员之间就是一种直截了当的短期市场买卖关系，劳动者付出劳动，雇主付给合理的报酬，员工对企业很少有忠诚感。

（二）人力资源管理的制度化和专业化

美国文化的理性主义特征在人力资源管理上，表现为强调管理的制度化和专业化。对人力资源管理的各个环节都要严格按照制度规定进行，管理体制上分工明确，责任清楚，对常规问题的处理程序和政策都有明文规定。美国企业的职业分工细腻，例如美国一家汽车制造厂中蓝领工人的工种有电工、机械工、清洁工、托运代收等总计达数百种，并且每一工种对工作人员的个人素质、技术技能要求、工作岗位职责等都有明确规定。明确和详细的职业分工对企业招聘新员工，客观地评定员工的工作成绩、有依据地制定公司员工的工资水平、有目标地发放奖金、合理地从事职务提升、评级提级等打下了基础。而且在这种制度化的管理下，企业内部实行垂直领导，等级关系明确，上级对重大问题进行决策，下级对上级的批示必须无条件执行。

（三）人才晋升的快车道和物质激励

美国的企业在人员使用上，以人的能力为中心，不论资排辈，强调个人的价值。人才晋升的依据主要是工作绩效考核而不是工作年限。美国公司的奖金种类繁多，有利润分成、收益分成、高层经理短期奖金、高层经理长期奖金，如股票期权、账目价值计划、股票增值计划、工作完成奖励等。同时也有员工持股计划、表现奖来激励员工努力工作。

（四）劳资关系的对抗性

企业和员工具有不同的利益，企业谋求最大的利润，而员工追求高额的工资和就业的稳定性。由于劳动内容的简化、规范化和制度化，企业为了增加利润总是想办法压低工资，员工在利益上讨价还价的能力很弱。市场不景气时，企业往往通过解雇员工来降低劳动力成本和消除剩余生产能力，员工对管理者怀有敌对情绪。他们组织工会进行劳资谈判，迫使企业对他们让步，以提高工资并且提供就业保障。

二、日本人力资源管理模式的特点

日本企业的人力资源管理模式是在第二次世界大战后日本经济恢复和高速发展时期形成的。日本模式更多地强调企业组织文化，体现了人文关怀，日本企业走的是管理技术加企业组织文化型的模式。

（一）终身雇用制、年功序列制与合作性劳资关系

终身雇用制是指员工被企业录用后，在不严重违法或不严重违反公司制度、没有

重大责任事故和不主动辞职的情况下,一般都能够在公司或关联公司工作下去,一直干到退休。年功序列制是指依据职工的年龄、工龄、经历和学历来确定工资和晋升的一种制度。这两个制度使日本员工对公司十分忠诚,员工在企业终身就职,个人利益和企业利益紧密相连;企业吸收员工参加管理,员工对企业经营状况的及时了解和对企业的依赖,使员工更愿意也更容易和企业合作,从而形成了日本企业中合作性的劳资关系。

(二)温情主义的管理方式

日本企业管理的基本是人际关系,重视富有弹性的制度安排,组织结构上具有含蓄的职务主义,侧重于靠人对企业进行控制。企业更侧重于通过树立信仰、灌输价值观念,潜移默化地影响员工的行为,使其自觉地与企业的目标和要求保持一致。

(三)人力资源配置使用上的有限入口和内部提拔

日本企业具有排他性和保守性,人力资源配置主要通过内部调节来实现。普遍实行"有限入口、内部提拔"的用人制度,员工的升迁和调配具有按部就班、内部提拔的特点。"有限入口"是指员工要从基层进入企业,然后按部就班提拔的过程中熟悉情况和上下左右建立工作和个人关系,为以后从事管理工作创造条件。这种方式有利于鼓励员工学习和掌握企业所需的特殊知识和技能,树立长期工作观念,提高人才选拔的准确性。弊端是不能吸引外部人才,企业可选择的人才有限,不利于企业人才的合理配置。

(四)注重精神激励的工资福利政策

日本企业的工资制度重视公平和合理,不强调人与人之间的差异,也不把奖励个人放在首位,企业的福利政策也与此相对照。因此,企业更多地采用内部激励,如他们不遗余力地为员工创造一个友好、和谐和愉快的工作环境,积极地吸收员工参与决策和管理,使员工有充分的安定感、满足感和归属感,从而形成全面合作的劳资关系。

思考题:

1. 试分析产生美国"契约人"和日本"家族人"的原因是什么?

2. 思考美国和日本两国人力资源管理模式的优缺点及对我国人力资源管理的启示。

第二节 人力资源管理的内容和基本原理

一、人力资源管理的内容

人力资源管理是围绕选、育、用、留四大目标展开的一项系统工作,以选人为基础、育人为动力、用人为核心、留人为保障。一般而言,人力资源管理工作包括以下几个方面。

（一）人力资源规划

制定人力资源规划是人力资源管理的首要工作。具体来说就是根据组织发展战略，结合影响组织发展的内外环境因素，对组织现有人力资源状况进行分析，并对组织在一定时期内的人力资源供需状况做出科学预测，并根据预测结果制定相应的政策和措施，以确保组织的人力资源能够适应经营和发展的需要，为组织发展战略的实施提供有力保障。

（二）岗位分析和设计

岗位分析和设计是一切人力资源管理活动的基础。通过对工作任务进行分解，设计不同的工作岗位，对每一个工作岗位的任务、职责、权利、隶属关系、任职资格、工作条件、工作规范等内容做出明确规定，形成工作岗位说明书，以确保各工作岗位职责清晰、工作描述规范、工作要求具体。工作岗位说明书是招聘、培训、晋升的依据，也是员工绩效评价的标准。

（三）人力资源招聘与配置

招聘是人力资源管理核心业务的首要环节。在人力资源规划的基础上，根据工作岗位说明书的标准，制定招聘方案，对招聘数量、招聘标准、招聘流程、招聘途径等内容进行详细计划，不断从组织外部吸纳人力资源。秉承人事相宜的原则的进行配置，使招聘的员工安排到适合的工作岗位上。

（四）人力资源培训与开发

培训是企业人力资源开发的重要手段，通常采用职前教育、在职培训、工作轮换的培训方式。人力资源培训与开发是企业为了实现其组织目标，有计划、有针对性地对员工的知识、技能、心理素质等各方面进行培训，从而提高员工的知识和技能，激发员工工作积极性，充分发挥员工潜能的管理活动。

（五）绩效管理

绩效管理是人力资源管理的一项重要工作，是指运用科学的方法和标准对员工完成工作数量、质量、效率及员工行为模式等方面的综合评价的管理过程。绩效管理可以帮助人力资源管理部门发现工作设计中问题，绩效考核结果也可以作为员工晋升、培训开发的依据，同时也为合理、科学的薪酬和福利体系设计提供了可能，是实施员工激励的重要基础。

（六）薪酬与福利管理

薪酬与福利管理关系到人力资源的稳定和发展，是对员工实施物质激励的重要手段，涉及薪酬制度与结构的设计、员工薪酬的计算与水平的调整、薪酬支付、福利制度的设计、福利项目的管理等内容。

（七）劳动关系管理

劳动关系管理是企业人力资源管理的重要职能之一，主要内容包括协调个人与组织、个人与个人之间的关系，营造和谐的劳动关系和积极向上的工作氛围。良好的劳动关系可以使员工在心理上获得一种满足感，有利于提高其工作意愿和积极性，也是企业战略和目标有效执行的保障。

二、人力资源管理的基本原理

（一）同素异构原理

同素异构是化学中的一个重要原理，最典型的例子是金刚石与石墨，二者由数量相同的碳原子构成，但由于碳原子排列组合方式的不同，造成了金刚石坚硬无比，而石墨却十分柔软的巨大差异。将此原理移植到人力资源管理领域，则是指在一个组织中，同样数量和素质的一群人，采用不同的组织结构和组合方式，形成不同的权责结构和协作关系，其组织效力的发挥会大不相同。合理的组织结构，先进的组织文化，可以大规模减小内耗，实现整体功能大于部分功能之和的效果。

（二）能位匹配原理

能位匹配原理是指在人力资源管理活动中，要根据人的才能大小，安排到与之相应的工作岗位和职位上，使人尽其才，才尽其用。同时，遵循动态调整的工作原则，使能力和职位保持最佳适合度，最大限度地发挥员工潜能，提高员工工作满意度，留住优秀人才。

（三）互补增值原理

人力资源个体存在多样性和差异性的特点，互补增值原理是指让组织中的个体能够充分发挥个体优势，以己之长补他人之短，通过个体之间取长补短的密切配合形成整体优势，将整体功能正向放大，实现组织目标的最优化。互补的主要形式包括知识互补、个性互补、能力互补、性别互补、年龄互补等。

（四）弹性冗余原理

弹性冗余原理是指人力资源管理过程中必须留有一定的伸缩空间，保持弹性，不能满负荷甚至超负荷或带病运行。在进行人员配置时，既要给员工一定的压力，但也要考虑到员工的承受能力，在劳动强度、劳动时间、劳动定额等方面主张松紧合理、张弛有度、劳逸结合，使人们更有效、更健康、更有利地开展工作。

（五）竞争强化原理

人力资源管理活动中的竞争强化原理，是指通过有组织的、非对抗性的、公平公开的良性竞争，培养和激发员工的进取心、毅力和创造精神，充分挖掘员工潜能，营造相互学习、相互提高、共同进步的良好工作氛围，达到永葆组织活力，实现组织战略目标的目的。

索尼人力资源开发的"黄金法则"

日本索尼（SONY）是以生产电子电器产品为主的一家跨国公司，它始建于1946年。20世纪90年代，在日本泡沫经济崩溃后，很多企业举步维艰，唯有索尼能在短短几年内重新调整好经营状况，成为日本最有活力的企业，人们将其发展称为"索尼奇迹"。而创造这一"奇迹"的原动力来自于索尼在人力资源开发上有独到的"黄金法则"。

选人：千甄万别，唯才是举

索尼公司非常重视招聘人才的工作，他们招聘人才不分国籍、年龄、学历、性别以及身体是否残疾，尤其欢迎那些在目前工作的公司不能发挥潜力的人。

该公司的应聘考试极其严格，每位应试人员都要经过30位经理以上级别的干部的面试。而且这30位面试教官所做的评分表，必须在5年的工作过程中一一应验。面试通过后，还要经过集训考试，时间长达三天三夜，内容包括第一天的笔试；第二天的市场调查习作；第三天做"20年后的日本"的作文。此外，公司不惜投入大量的经费，还要再做一次集训考试，以便真正了解每一位应试人员的思考力、判断力等优秀与否。经过这层层考试被选进来的员工素质都比较高。即便如此，公司对这些人仍不放松，继续实施彻底的在职培训，由监督人员按照制定的指南进行教育，并向他们传授必需的技能。索尼招聘人才不看重学历，而看其是否有真才实学。在20世纪60年代的企业界长期实行论资排辈的人事制度，并片面强调学历，盛田昭夫的《让学历见鬼去吧!》可谓一鸣惊人。他在书中写道："论资排辈和学历至上使得年轻有为的人不能展示他们的能力和抱负，而即使某人拿到了电视工程学位，在他被录用之后，经理也要尽快发现他有什么真正的能力，如果他有特殊的才能或适合于其他工作，就再给他调换工作。"在选拔高级管理人员这个问题上，公司特别重视选拔和配备具有高度创新精神的经理。索尼从不雇用那些仅仅能胜任某一个具体职位的人，而是乐于雇用那些拥有多种不同经历、喜欢标新立异的、有真才实学的人。遵循这一指导思想，索尼公司无论是对经验丰富的经理，还是对初来乍到的青年雇员，雇用的方针都集中在预期的能力上。大贺典雄的使用就是一个典型的例证。大贺是一个既没学过理科，也没学过商业的人，但是，由于他对音乐的独特理解被盛田昭夫看中，委任他负责磁带录音机工厂。实践证明，盛田昭夫的做法是对的。大贺上任之初提出的要想超过竞争对手，最好的方法就是争取他们的销售经理的做法，第二年就使索尼产品销售发生了根本转变。大贺后来还成了索尼公司在数百万美元的国际谈判中最出色的谈判者之一，由于才能突出，大贺被提拔担任了公司的副总经理。

用人：爱你就给你自由发展的空间

早在1946年索尼的前身——东京通信工业公司成立时，其《成立宗旨》中就提出"我们要建设技术人员积极工作的自由豁达的理想工场"。而要实现这样的理想，在索尼具体的体现就是实行毛遂自荐、内部招聘的方式，保证人才有自由发展的空间。该公司现有九千多名科学技术专家和工程师，为了促进人才的进一步发展，他们推行一种独特的公司内部人才流动制度。公司每周出版一次内部小报，刊登公司各部门的"求人广告"，允许并鼓励员工按照自己的兴趣、爱好和特长毛遂自荐，自我申报各种研究课题和开发项目。实行内部招聘制度之后，有能力的人才大多能找到自己较中意的岗位，而且人力资源管理部门也可以发现那些"流出"人才的上司所存在的问题。另外，索尼公司原则上每隔两年便让员工置换一次工作，允许他们在公司各部门、各科研院所之间合理自由流动，为他们能够最大限度地发挥个人的聪明才智提供机会。特别是对于那些精力旺盛、干劲十足的人才，公司不是让他们被动地等待工作，而是主动地给他们施展才能的机会。

鼓励挑战，宽容失败是索尼的用人特色，索尼的座右铭就是"去挑战吧"！当一个人有着想干某件事的强烈愿望时，大家都会理解并帮助他。对说出"我想干这个"的人来说，索尼给他们提供最能充分发挥能力的场所，鼓励他们去不断挑战新事物。同时，把挑战作为企业理念的索尼，绝对没有因为一次两次的失败就不用某个人。索尼深知，挑战是新事物战胜旧事物的过程，必然带有挫折，而失败是成功之母，所以某个人不会因为失败而遭到周围人的责备。在索尼能够尝试各种各样的工作，因此，对于积极向上、勇敢开拓自己生活、喜欢挑战自己能力极限的人来说，恐怕再也没有哪家企业像索尼这样有意义了。

"想做这样的事"的明确信念与索尼"重个人，轻组织"的企业文化相一致，二者恰到好处地融合在一起。在这样的环境中，索尼人特别乐于承担那些具有挑战性的工作，个个积极进取，人人奋勇争先，整个企业始终充满了生机和活力。几十年的辉煌历程表明，索尼之所以能取得巨大的成功，其源泉正是索尼人。

留人：极力创造家庭般的温馨

索尼强调家庭式的温馨和团结精神，以此激发每位员工的主动性和积极性，激发他们参与管理的热情。盛田昭夫认为，组织只是手段，并不是目的，组织存在和得以发展这本身并不是组织的目的，组织终究只是作为从事业务，促进员工发展的手段而设置。"人"是一切经营的最根本的出发点。所谓经营就是组织众人，使每个人的才能得到最大限度的发掘，并使之成为一股巨大的力量，从而建设一个自由欢乐的理想工厂。因此，管理者的任务就是要培育与员工之间的健康关系，在公司中产生一种大家庭式的整体观念，使员工具有一种命运共同体的意识。对于索尼公司来说，就是要使不同姓氏的索尼员工团结共荣得像家庭成员似的。

而索尼的确像个大家庭，不仅仅因为索尼基本上实行终生雇用制，绝大多数员工都要在索尼度过一生，还因为在公司中管理者同普通员工之间关系并不对立，他们都是索尼的家庭成员，在很多工厂里员工甚至与老板具有差不多的地位。索尼工厂的任何一位管理人员（包括厂长）都没有自己的个人办公室，索尼提倡管理人员和其他员工在一起办公，并共用办公用品和设备。为了让员工感受到大家庭氛围，盛田昭夫更是以身作则，他几乎每天晚上都要和年轻员工在一起吃饭、聊天。当夏天来临的时候，首先装上空调的是车间，而不是管理者的办公室。每当公司经营不景气的时候，削减工资总是从上层领导开始，绝不轻易解雇员工。

索尼的大家庭式文化还表现在对员工的关心和对偶然过失的包容上。如果发现某个员工更适应其他职位的工作，公司绝不会漠然视之。索尼也从不因为某个员工的偶然过失而解雇员工，而是给他一个改错的机会。索尼认为，最重要的不是把错误归罪于某人，而是找出错误的原因。

这种对员工充分尊重和坚定信任的做法使员工追求平等、渴望家庭般温馨的心理得到了极大的满足，很好地培育了员工的命运共同体观念，从而激励员工为企业忠心耿耿地工作。在索尼，员工们自我思考，主动提高技术水平，自始至终尽职尽责地工作。家庭意识也使索尼员工视企业为自己所有，热心为企业出谋划策。在索尼，平均每一位员工一年间为企业提出的改革方案达13件，其中大部分方案都使生产操作得到了简化，提高了生产效率。值得一提的是，索尼在1973年的石油危机中曾受到了严重的打击，公司被迫让员工回家休息，但员工们不忍心在自己的公司危难之际赋闲在家，不约而同地都回到公司，或扫地或除草，不管什么累活脏活，都抢着干。

育人：以人为本，不遗余力

培训作为现代企业跟上时代发展的必备手段，索尼在这方面毫不吝啬。索尼花在培训上的费用，每个员工大约每年15000日元，这还不包括在职培训的费用；大学新毕业的员工进行技术能力方面的培训时间，每人每年约3.3天，这也不包括在职培训。公司还拨出巨额专款，建立了索尼厚木工厂高工学校和索尼技术专科学校，用于员工的继续教育。另有各种各样的工业讲座、英语班、海外留学制度等，由从业人员自由报名参加。为了进一步帮助在职人员获取新知识，公司还设立了智能情报中心，有任何疑难问题只要拨通公司专用电话号码中的一个，就有专人解答。

为了有效地培养复合型人才，更好地适应社会发展的需要，索尼公司在雇用一个人之后，常常立即对他们进行广泛的交叉培训。工程师和科学家要做销售工作，甚至法律学校毕业生也要到索尼工厂的生产线上见习。许多年轻经理因工作出色，有可能获得奖学金去外国深造，公司尽力安排他们到美国、英国、法国、德国去学习商贸、法律和各种科学技术，条件许可时，还每2～3年轮换1次。这种轮换不仅促进了经理们的知识更新，而且能使他们找到个人的最佳岗位，并发现他们对公司最有作用的能力。结果是每位经理都安排得人尽其才，他们不仅仅是专家，而且知识面都很宽。

自我开发是索尼公司培育员工的一个重要内容，因为经常性的提升和增加工资的机会激发了索尼员工潜在的自我开发的欲望。公司采取分发各种阅读材料，推荐学习书目，并资助员工购买书籍的费用等方式鼓励员工自我开发，广泛地采用像读书报告会那样的小组活动以增进信息的交流共享和员工的团队合作意识。在索尼，有80％以上的员工都参加了这种读书小组活动，公司为了鼓励这样的活动，还给这些读书小组活动付加班费。

安居才能乐业。索尼公司为了让员工没有后顾之忧，更好地投入到工作中去，免费为员工提供住宅、医疗和娱乐场所。迄今为止，已为4200个家庭提供了住宅，为17200名单身员工提供了集体宿舍，有7个娱乐场所，还有1家医院和几个休养院。此外，为员工提供购买家用的低息贷款和部分优惠的公司股权以及高利率的公司储蓄账户。

索尼公司认为，育人不能单纯地放在对员工的教育培训上，文体活动有时比教育培训更能取得事半功倍的效果，应该把二者很好地结合起来。为此，公司成立有许多娱乐团体，如网球俱乐部、滑雪俱乐部、棒球俱乐部、围棋俱乐部等，这些俱乐部经常举行各种文娱活动，公司给予部分资助。每年春、秋季节还举行运动会，不定期的集体旅游也经常组织。通过这些活动，能使员工心情愉快，在工作中更易发扬集体主义精神，对组织更加忠诚。

思考题：

1. 请对索尼公司人力资源管理职能进行总结。
2. 请结合案例谈谈索尼公司对你的启示。

第三节 人力资源管理的发展历程及趋势

一、人力资源管理的发展历程

人力资源管理虽然是一门新兴的学科，但追溯其产生的背景和演变的过程，我们可以发现人事管理思想源远流长。一般学者将人力资源管理的发展过程划分为三个阶段：即人事管理阶段、人力资源管理阶段、人力资本管理阶段。

（一）人事管理阶段

1. 经验管理

人事管理可以追溯到古埃及和古巴比伦时代的家庭手工工场，作坊老板凭借自己的经验和好恶直接行使选人、用人、管人等管理职能。到了西方资本主义工业革命初期，社会生产力迅猛发展，这种将人视为机器和工具的单纯雇用关系，给劳动者的生理和心理带来了巨大的伤害。

2. 科学管理

基于经验管理的弊端，19世纪末至20世纪初，以弗雷德里克·温斯洛·泰勒为代表的科学管理理论诞生，开创了科学管理理论学派，推动了科学管理实践在美国的大规模推广和开展，标志着企业管理由漫长的经验管理阶段步入了科学管理阶段。泰勒提出的"劳动定额""工时定额""工作流程图""计件工资制"等一系列管理制度和方法，以及在1911年发表的《科学管理原理》一书，被视为科学管理理论的基础，因而被西方管理学界称为"科学管理之父"。

3. 行为科学的人事管理

泰勒的科学管理虽然在推动劳动效率方面发挥了重要作用，但同时也加重了劳动者的负担，因其过分强调工作效率，不考虑个人行为的差别和人与人之间的关系影响，忽视员工心理需求，缺乏人性关怀，引起了劳动者的不满情绪，劳动者工作的主动性和积极性大打折扣。

20世纪二三十年代，学者们开始由科学管理转向对人的研究，试图将人的因素融入到科学管理中，行为科学的人事管理应运而生，这一时期的代表人物是梅奥，其"霍桑实验"，第一次把研究的重点从工作和物的因素上转移到人的因素上，为行为科学理论奠定了基础。

行为科学从心理学和社会学的角度，研究组织中对人的管理，扭转了科学管理片面强调技术管理、对事的管理的局面。转向在关注人的基础上，在提高员工满意度的条件下，追求物质资源的有效利用和技术管理的规范化，将人力资源管理推向了一个新的阶段。

（二）人力资源管理阶段

20世纪60年代后，现代科技革命带来了生产力的极大变革，全球化时代来临。自1954年，现代管理学之父彼得·德鲁克在其著作《管理的实践》中提出了"人力资源"的概念之后，人力资源管理理论不断成熟，并在实践中得到进一步发展，使得"人力资源管理"快速替代人事管理在组织中风行。人力资源管理理论把人看作创造价值的"资源"，"人事管理部"纷纷改称为"人力资源管理部"，各种工作模块和流程也日益完善起来。

1981年，Devanna、Formbrum和Tichy在《人力资源管理：一个战略观》一文中提出了战略人力资源管理的概念；1984年，Beer等人《管理人力资本》一书的出版标志着人力资源管理向战略人力资源管理的飞跃。此时，人们更多地探讨人力资源管理如何为企业的战略服务，人力资源部门的角色如何向企业管理的战略合作伙伴关系转变。人力资源管理部门开始承担战略伙伴、职能管理者、监督控制者、服务者、协调者、变革推动者等多种角色。依靠核心人力资源建立竞争优势和依靠员工实现战略目标成为战略人力资源管理的基本特征。战略人力资源管理理论的提出和发展，标志着现代人力资源管理的新阶段。

贺新闻在《战略人力资源管理》一书中界定战略人力资源管理是为了实现组织长期目标，以战略为导向，对人力资源进行有效开发、合理配置、充分利用和科学管理的制度、程序和方法的总和。它贯穿于人力资源的整个运动过程，包括人力资源规划、招聘与配置、培训与开发、绩效管理、薪酬福利管理、劳动关系管理等环节，以保证组织获得竞争优势和实现最优绩效。

(三) 人力资本管理阶段

人力资本管理不是一个全新的系统，而是建立在人力资源管理的基础之上，整合人力资源管理的方法和手段，以人力资源管理的技术为基础。人力资本管理综合了"人"的管理与经济学的"资本投资回报"两大分析维度，将企业中的人作为资本进行投资与管理，注重投资与回报之间的互动关系，并根据不断变化的人力资本市场情况和投资收益率等信息，制订投资计划并及时调整管理措施，从而获得长期的价值回报。

二、人事管理和人力资源管理的比较

人力资源管理是一个不断发展、演化的过程，人力资源管理是在人事管理的基础上形成的，是在新形势下对人事管理的发展和完善。因此，两者存在一些共同之处，如两者的管理对象都是人，管理任务相似，都以提高工作效率、获取最大收益为目的。但两者之间也存在着根本的差异，主要体现在以下几个方面，如表1-1所示。

表1-1   人力资源管理与人事管理的区别

项目 　　　　　　　　类别	人事管理	人力资源管理
管理理念	视人为成本负担	视人为重要资源
管理目的	保障企业目标的实现	满足员工自我发展的需要 保障企业的长远利益实现
管理地位	事务执行层	战略决策层
管理深度	注重管好现有人力资源	注重开发员工潜能
管理活动	被动反应	主动开发
管理重心	以事为中心	以人为中心
对待员工的态度	命令、独裁	尊重、民主
工作方式	控制	参与
部门性质	非生产与效益部门	生产与效益部门
与其他部门的关系	对立、抵触	和谐、合作

 案例讨论

霍桑实验及其结论

20世纪20年代，位于美国芝加哥城郊外的西方电器公司的霍桑工场，是一个制造电话交换机的工厂，它设备完善，福利优越，具有良好的娱乐设施、医疗制度和养老

金制度。但工人们仍愤愤不平，生产效率很不理想。1924年，为找出原因，美国国家科学院的全国科学委员会组织了一个包括各方面专家在内的研究小组，对该厂的工作条件和生产效率的关系，进行了一连串的实验，共分为四个阶段。

一、照明实验

照明实验从1924年11月开始，到1927年4月结束，历史两年半的时间。当时占统治地位的观点认为影响工人生产效率的是疲劳和单调感等，于是当时的实验假设便是"提高照明度有助于减少疲劳，使生产效率提高"。

实验是在挑选来的两组绕线工人中间进行的，一组是实验组，另一组是参照组。在实验过程中实验组不断地增加照明的强度，而参照组始终保持不变。研究者企图通过实验知道照明强度的变化对生产的影响，但实验结果表明：当实验组照明度增大时，实验组和参照组都增产；当实验组照明度减弱时，两组依然都增产；直至照明减至如月光一般、实在看不清时，产量才急剧降下来。

研究人员在实验报告中说："这次实验的结果，两组的产量均大大增加，且增加量几乎相等，两个组的效率也几乎没有多大差异，纵然有某些微小的差异，也在许可误差范围之内。因此，不能确定改善照明对于工作积极性的影响。"照明影响生产效率的假设被否定了。研究人员面对此结果感到茫然，失去了信心。从1927年起，以梅奥教授为首的一批哈佛大学心理学工作者将实验工作接管下来，继续进行实验。

二、福利实验

福利实验又称实验室实验，实验目的是查明福利待遇的变换与生产效率的关系。实验从1927年4月开始，到1929年6月结束，共进行了几次，其中一次是在继电器装配测试室进行的。

梅奥等人挑选了5名装配工和1名画线工，让他们在同其他人隔离的控制条件下工作。实验过程中逐步增加一些福利措施，如缩短工作日、安排工间休息、调节工场温度、提供免费茶点等，结果产量提高了。两个月后，他们取消了这些福利措施，发现产量不仅没有下降，反而继续上升，甚至工人自己对生产效率提高的原因也说不清楚。可见增加福利措施对生产效率并无直接影响。

研究人员进一步调查了解后发现，原来导致生产效率上升的主要原因如下：一是参加实验的光荣感，实验开始时6名参加实验的女工曾被召进部长办公室谈话，她们认为这是莫大的荣誉；二是实验时管理人员对工人态度较和蔼，工人之间的关系融洽，在友好、轻松的气氛中工作，激发了劳动热情。由此研究人员得出结论，在调动积极性、提高产量方面，人际关系是比福利措施更重要的因素。

三、访谈实验

访谈实验又称谈话实验，在1928—1931年这两年多的时间里，研究者在工厂中开始了访谈计划。此计划的最初想法是要工人就管理当局的规划和政策、工头的态度和工作条件等问题作出回答。但这种规定好的访谈计划在谈话进行过程中很难开展，工人认为重要的事情并不是公司或调查者认为意义重大的那些事，工人常常就谈话提纲以外的事情进行交谈。了解到这一点，访谈者及时把访谈计划改为事先不规定内容，每次访谈的平均时间从三十分钟延长到 1～1.5 个小时，多听少说，详细记录工人的不满和意见。

研究者发现，工人们长期以来对工厂的各项管理制度和方法存在许多不满，无处发泄，访谈计划的实行恰恰为他们提供了发泄机会。在访谈计划持续的两年多时间里，工人心情舒畅，士气提升，产量大幅提高。

四、群体实验

群体实验的目的是系统地观察社会因素对工人行为的影响，即在群体中人们之间的相互影响。梅奥等人在这个试验中选择了 14 名男工人，其中包括 9 名绕线工、3 名焊接工和 2 名检验员，让他们在单独的房间里从事绕线、焊接和检验工作，对他们实行特殊的工人计件工资制度。

研究者设想，实行计件工资制会使工人更加努力工作，以得到更多的报酬。但观察的结果却出人意料，小组的产量只保持在中等水平上，每个工人的平均日产量都差不多，当达到额定产量时，他们就自动地松懈下来，因为小组的产量总是维持在一定的水平上。

研究者经过深入的调查发现，这个小组为了维护他们的群体利益，自发地形成了一些规范。他们约定，谁也不能干得太多，突出自己；谁也不能干得太少，影响全组的产量，并且约法三章，不准向管理当局告密，如有人违反这些规定，轻则挖苦谩骂，重则拳打脚踢。进一步调查发现，工人们之所以维持中等水平的产量，是担心产量提高，管理当局会改变现行奖励制度，或裁减人员，使部分工人失业，或使干得慢的伙伴受到惩罚。

这一试验表明，为了维护小组内部的团结，工人可以放弃物质利益的引诱。梅奥由此提出了"非正式群体"的概念，认为在正式的组织中存在着自发形成的非正式群体，这种群体有自己的特殊的行为规范，对人的行为起着调节和控制作用。

霍桑实验的结论如下。

1. 员工是"社会人"。在商业组织中，员工不是单纯追求物质和金钱的"经济人"，除了物质需求外，他们还有诸如友情、安全感、归属感等社会心理方面的需求。因此不能忽视社会和心理因素对工人工作积极性的影响，管理者应对员工施以人性化关怀，以调动他们的工作积极性。

2. 商业组织中存在非正式组织。员工在共同工作的过程中，必然产生共同的感情、态度和倾向，形成非正式组织。非正式组织有共同的行为准则，有时这些行为准则会与组织的规定发生冲突，从而影响生产率。

3. 生产效率主要取决于工人的工作态度以及他和周围人的关系，与工作条件改变没有直接关系。管理者应及时关心员工的情感和员工的不满情绪，提高工人的满足度，满足度高，工作的积极性、主动性和协作精神就高，生产率就高。

思考题：

1. 你认为霍桑实验得出的结论对你有什么启示？
2. 试分析两次实验的设计实施中是否有缺陷。

三、人力资源管理的发展趋势

进入 21 世纪，人类社会已经迈进了一个以知识为主宰，以全球化、信息化、市场化快速发展为特征的新经济时代，社会经济形态甚至社会结构形态发生了巨大的变化，即从工业经济和工业社会向知识经济和知识社会转变，具有知识和技能的人力资源已成为企业最重要的战略性资源，是现代企业核心竞争力的重要组成部分。与此同时，人力资源管理也正面临着一系列前所未有的挑战与冲击，使得人力资源管理呈现出以下几大发展趋势。

（一）人力资源管理的全球化趋势

全球化是历史发展的趋势所在，是在经济全球化的推动下，世界各国形成有机统一体的必然结果。经济的全球化必然带来商业组织的跨地域、跨国界的经营与发展，来自不同地域、不同国家、不同文化背景的人员在一起工作，员工结构呈现多元化特征。这就要求人力资源管理必须具备全球化的视野和理念，以一种新的思维重新思考人力资源在企业中的角色与价值培植问题，利用全球化的资源、培养员工的全球化意识，使员工从全球的角度考虑企业的发展，形成一种多元文化相互融合的企业文化，为企业快速发展提供保障。

（二）人力资源管理专业化趋势

对许多国内企业特别是中小企业来说，人力资源管理毫无专业性可言，还停留在人事管理阶段，工作的重心仍然是事务性管理，如发工资、人员考勤、签订劳动合同等，人力资源部与其他部门仍是对立、抵触的关系。究其原因，一是我国人力资源管理起步较晚，还没有建立成熟系统的人力资源管理教育序列，特别是针对中国特色人力资源管理的研究还处于空白阶段；二是中国的小企业，特别是小规模私企在企业总量上占绝对优势，他们对人力资源管理的专业化程度要求不高，往往先进的人力资源管理理念在小企业中无法实现，使得人们对人力资源管理的认识容易出现偏差。

随着全球化趋势的不断推进和国内企业的迅猛发展，人们发现经验管理的作用正在逐渐减弱，人力资源管理者必须具备人力资源管理的专业知识。同时具备与人力资源管理密切相关的外围知识，如信息处理技术、劳动法律法规等，人力资源管理的专业化成为必然发展趋势。

（三）人力资源管理职能的外包化

人力资源管理外包化是指公司或企业将人力资源管理的部分或全部工作委托给外部的专业人力资源管理服务机构代为处理的行为。随着人力资源管理的不断发展，人力资源管理的地位已经从处理具体事务的战术层次提升到了结合企业经营方式参与企业战略决策的战略层面。随着管理重心的转移，很多企业开始把人力资源管理中的具体事务外包出去，实施"回归主业，强化核心业务"，这样既有利于企业专注于自身核心业务，也可以充分利用外包服务商的专业化服务获得规模效益。

（四）人力资源管理的人性化趋势

经济全球化背景下，人才争夺愈演愈烈，国际人才的本地化竞争使得人才的流动越来越容易。如何让企业核心人力资源保持稳定并从内心深处激发其主动性和创造力，就成为了人力资源管理的重要课题。对人力资源的管理和开发必须遵循"以人为本"的管理理念，充分尊重人性、尊重个性、注重员工个人发展、认可员工价值、满足员工个性化需求、把合适的人放在合适的岗位上，从而提高广大员工对企业的向心力、凝聚力与归属感。

成本逐利向人才逐利转变　中国人力资源正在变革

日前，在以"直面严峻经济形势，人力资源管理创新与变革"为主题的第七届新人力高峰论坛上，易才集团创始人、集团董事长兼总裁李浩在接受记者采访时指出，当前经济形势下，中国企业面临极大的人力困境。企业正从"成本逐利"向"人才逐利"方式转变，中国人力资源正在加速变革。人才战略转型升级，人力管理创新已刻不容缓。

一、"成本逐利"到"人才逐利"，人力资源亟待变革

2012 年，全球经济相对低迷，中国经济虽增速放缓，但仍是世界经济增长主要驱动力量，"稳增长"也成为中国经济的主旋律。同时，中国企业面临增长难题，人力资源成为企业竞争中的核心资本，过高的人力资源成本让很多企业不堪重负，这也使得中国企业进行人才战略调整和人力管理变革的任务更加迫切。

中国人力资源由"粗放时代"进入"变革时代"，企业正在从"成本逐利"向"人才逐利"的方式转变，不仅人才战略要转型升级，人力管理也要创新。伴随企业转向"人才逐利"，人才问题将再度上升为企业的战略性课题，成为企业发展的新瓶颈。而要突破瓶颈，就要从企业内部人力资源管理入手，寻找新的方式方法来破局。

李浩认为，在目前的环境下，企业的人力资源应对方向主要有两个，一是求稳保守，控制成本。这个控制成本也不是盲目的裁员降薪，而是需要对组织结构、信息化建设、系统流程优化等一系列的创新管理举措来实现，既能控制好成本又能提升企业的运营效率。这个成本应该是"用人整体成本"的概念，包括了招聘，薪酬管理，培训，使用，退出的整体成本。

第二个方向是创新突破，求变。创新首先要有创新型人才，还要有制度改进。企业要从人力成本到人力资本的转变。通俗来讲，就是企业要练内功，盘活现有的人力资源。"这项工作对于企业决策者和 HR 的管理者都是很大的挑战，而且二者要紧密配合，创新要从人才管理开始。"

李浩介绍，在当前并不明朗的经济环境下，中国大部分企业是偏向保守型，因此在压缩人力成本上花的功夫较多，很多企业客户招人比较谨慎，也有很多行业在减员，这也是无奈之举。当然也有一些企业在积极创新，寻找新的机会。

在这样的环境下，专业的人力资源服务供应商也提前行动。如易才集团通过移动互联网、云服务等新兴技术，以创新管理的方式满足客户需求。李浩介绍："易才近年来在薪酬管理推出了自主研发的云平台服务，福利管理则推出了基于互联网平台的一站式弹性福利解决方案，借助本届新人力论坛，我们也与全球知名的商用软件服务商SAP达成战略合作意向，为企业人才开发管理提供全面专业的平台化解决方案。相信这一系列的有力举措，能够很好地帮助企业人力资源管理效率，同时降低企业的用人整体成本。"

二、人力资源外包大势所趋

2012年全球经济低迷，中国也不能独善其身。从整体市场来看，企业从经营、成长到人才管理均面临着比较大的挑战。一方面，企业面临着成本压力，如果不能突破新的增长就只能降成本，就会出现减员、裁员，关闭分支机构的状况，总之，企业需要降低人力成本。另一方面，企业要考虑业务该如何突破才能继续保持增长，对企业的创新和变革要求很高，对创新人才、高端人才的需求很强。

李浩认为，从企业内部的人力资源部门来看，力量终究是有限的。因此，不论是招募创新人才、高端人才方面，还是降低人力的整体持有成本来看，都面临着巨大挑战。而人力资源外包目前已经是大势所趋。

李浩认为，目前很多企业的人力资源管理并没有发挥出应有的价值，企业的人力资源部门大部分时间在处理薪酬、福利等大量琐碎的日常管理事务，没有精力从企业战略角度思考人力资源管理问题，导致企业人力资源管理与企业的发展脱节。"人力资源管理必须从日常事务中脱离出来，最好的方式就是将这些具体事务外包出去，交给更专业的机构负责。"

李浩认为，人力资源对于很多企业来说，是需要大量精力和资源投入才能有高产出的事情。因此，不论是西方东方，美国中国，人力资源外包（Human Resource Outsourcing，HRO）市场都在这30年不断蓬勃发展，年增长率达到15%以上。因为相对于凡事务必躬亲，外包不仅效率更高，且有效缩短周期、降低企业整体成本，同时促使人力资源部门更加专注于企业战略性核心事务，更有利于企业的发展。

易才专注于做人力资源外包服务，近年来发展速度很快。国际最权威的研究机构IDC在最新发布的《中国人力资源外包服务市场2011—2015预测与分析》报告中指出数据显示，易才集团已经成长为中国人力资源外包服务行业综合竞争力排名第一的人力资源外包服务集团。

目前，众多世界及中国五百强企业已使用易才集团"易速聘""易得薪"、弹性福利解决方案等专业服务。企业可以把大量复杂烦琐的计算工作外包出去，从而将人力资源部门从琐事中解脱出来，从而更好地思考和处理企业在人力资源管理中存在的问题，更加专注于企业战略性核心事务，提升企业人力资源管理的战略价值。

思考题：

1. 你能举出两三家企业的实例吗？

2. 企业人资外包服务的利弊各是什么？

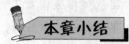

本章介绍了人力资源和人力资源管理的概念、特点及作用；提出了人力资源管理的基本原理，梳理了人力资源管理的内容；阐述了人力资源管理的发展历程及趋势，分析了人事管理与人力资源管理的异同。

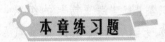

1. 什么是人力资源？人力资源与其他资源有什么不同？

2. 什么是人力资源管理？

3. 人力资源管理的基本内容包括哪些？它们之间存在什么关系？

4. 分析传统人事管理与现代人力资源管理的异同。

5. 人力资源管理的发展分为哪几个阶段？

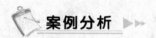

"海底捞"的人力资源管理

四川海底捞餐饮股份有限公司成立于1994年，是一家以经营川味火锅为主，融各地火锅特色于一体的大型跨省直营餐饮民营企业。海底捞虽然是一家火锅店，但它的核心业务却不是餐饮，而是服务。公司自成立以来，始终奉行"服务至上，顾客至上"的理念，以贴心、周到、优质的服务，赢得了顾客和社会赞誉。十年多的艰苦创业，使公司从一个不知名的小火锅店逐步发展成拥有8000余名员工、40家直营分店、4个大型配送中心和1个大型火锅底料生产基地的跨省餐饮企业。在成长为海内外瞩目的品牌企业过程中，员工队伍建设和人力资源开发是"海底捞"的立足之点，海底捞在员工队伍建设和人力资源管理政策方面有着鲜明的特色。

一、"海底捞"的员工队伍建设

"海底捞"从自己的实际出发，把核心竞争能力定位为消费者提供优质服务。

1. "海底捞"的员工标准

以服务质量为核心确立竞争优势，势必要求员工的服务质量。作为劳动密集型行业，大多数餐饮企业的人工费用控制严格，工资水平较低，员工文化素质不高。如何在这样的情况下提高员工的服务质量，成为"海底捞"管理必须解决的基本问题，也是人力资源管理的根本任务：①创造公平公正的工作环境；②帮助员工实现靠双手改变命运的愿望；③支持把"海底捞"开到全国的战略实施。三大任务的产生，源于经营战略的定位和员工队伍的实际。

与此相应，"海底捞"对员工队伍具有特有的标准：自强自立、与人为善、团队协作。自强自立是要求每个员工都树立依靠自己双手改变命运的决心和信心；与人为善是要求员工把顾客不仅当做消费者，而且当成自己的朋友和亲人；团队协作强调员工的协作精神，主张与大家共同努力，而非自己埋头苦干，更非个人单打独斗，重视员工对组织的信任感和归属感。上述三个标准中，自强自立具有基础地位，实际上，创立之初"海底捞"就提出了"以双手改变命运"为核心理念的企业文化价值观。

2. "海底捞"的组织氛围

对于文化素质较低的员工来说，简单的制度约束和单纯的理解关怀是不够的。必须将两方面的内容结合起来，结合的路径在于构建恰当的组织氛围。"海底捞"的组织氛围强调"团结、向上、勤奋、感恩"。每个员工能够直接感受到公平公正的竞争氛围，在这样的环境中，勤奋和感恩之心油然而生。员工亲身感受到，自己现在虽然处于基层岗位，但是通过坚持和努力，就能够获得更大的成就。这些成就的获得，离不开企业的平台和组织的支持，离不开社会的机会和顾客的理解，因此激发了感恩之心。这种感恩的心态激励员工做好自己的服务工作。

二、"海底捞"的人力资源管理政策

（一）招聘与选拔

海底捞根据自己所处的行业特点以及外部劳动力市场的现实状况，普通员工的招聘采用推荐制为主，社会招聘结合；中高层员工实行内部选拔制。

1. 普通员工：推荐制与职业生涯规划

在海底捞，普通员工包括门迎，擦鞋生，服务员等基础职业，他们所需要专门技能较低，更多依靠的是员工吃苦耐劳的精神。因此海底捞招收的普通员工主要是广大农村务工人员，年龄男在20～26周岁，女在18～26周岁。公司成立前期主要在四川省内招聘员工，目前范围已经逐渐向云南，北京周边省份如河北等地区。应聘者在经过一段时间培训后如考核合格则加入海底捞。

推荐制是海底捞招聘普通员工的重要方式，推荐人主要是公司的员工，也可以是客户、供应商、经销商等。海底捞董事长张勇认为："员工在海底捞获得了尊重和认可，同时他也认可了这里的工作环境与和谐的氛围，他才会介绍亲戚朋友们来。"当出现普通员工的招聘需求时，海底捞就将相关信息在内部公布，发动员工去推荐。被推荐人一般是员工的亲朋、好友或老乡。

2. 中高层员工：内部选拔

海底捞坚持发掘内部劳动力市场：只有在海底捞踏实苦干过，才有资格管理海底捞的员工。在海底捞，所有的领班、大堂、厨师长全是从基层干起，几乎不从外面招聘。只有两个岗位有学历的特殊要求：技术总监与办公室主任合并由一个人担任；财务总监与物流董事长合并由一个人担任。这两个岗位是从外部招聘，要求学历和专业的管理水平，其他的核心管理者都是清一色从最基本的工作一步步走上来的。目前的北京地区经理最开始的工作不过是擦鞋，而西安区经理也是从传菜员做起的，目前每人都管理着近2000名员工。他们不具备高学历，但都具备海底捞最看重的素质：勤奋、诚实和善良。

海底捞挑选干部的标准是：忠于家庭、忠于爱情、爱护员工。海底捞寄希望于更多的人通过磨炼在5～10年后为企业担当一部分责任，可以独立管理一个店，认为连家庭都不忠诚不可能忠诚于企业。

海底捞的未来发展目标是开向全国，紧接着进军海外。要想实现这个目标，海底捞将会需要大量的管理人才、外语人才和专业技术人才。海底捞也将开始重视对大学生的招聘与吸引。由于海底捞的所有员工都必须从最基层开始工作，所以一直非常难吸引到大学生，但近两年随着海底捞声誉的扩大，逐渐有一些大学生进入。海底捞董事长张勇认为，海底捞向所有员工提供公平的发展机会，大学生在整体素质具有优势，只要再加上勤奋与诚实，在海底捞的发展空间很大，并能带动员工队伍整体素质的提升。

（二）培训

海底捞对自己的特色服务非常自豪，因此很注重对于员工的培训和指导。

1. 企业办学式培训

与众多服务业企业不同，海底捞有自己专门的培训中心，选址于北京昌平区，负责新员工的入职培训以及在职员工的再培训。培训师大部分是兼职的，以公司中基层管理者居多。培训中心有详尽的课程安排。培训的主要内容包括：公司规章制度、各部门职责、操作流程、企业文化、如何与顾客有效地进行沟通、微笑服务的强化练习、消防知识与急救知识等。新员工在培训期间，实行军事化管理，每天学习一项内容，公司为每个人提供食宿。培训时间从以前的两周逐渐减为现在的一周。培训期满后，进行培训结业考试。不合格者被退回，合格者加入公司，拿着自己的考试试卷到所应聘的店面报到。试卷由店面经理保管，试卷中反映的问题会作为该员工下一步培训的重点。

2. 导师制

新员工正式上岗之前有试用期，试用期实行导师制，即通常的师傅带徒弟的培训方式。经理将每个新员工都分配给一位经验丰富的师傅，成为他的徒弟。在试用期间，师傅会将业务操作流程，具体的工作方法，甚至每一个动作的要领都传授给徒弟；在实际工作中，师傅也时时帮助徒弟，以避免给顾客带来不便。师傅在带徒弟期间，每月有300元的辛苦费，徒弟何时出师也由师傅决定，一般是2～3个月。

（三）工作设计

1. 轮岗制

由于餐饮行业的特点，海底捞的大部分岗位都是单调的重复劳动，长时间工作很容易产生厌倦感。为了最大限度地避免这种情况发生，让员工"快乐工作，微笑服务"，海底捞推行轮岗制。员工可以在自己工作组内比较自由地调换岗位，跨组岗位调换也经常进行，但要经过店面经理的同意。

2. 授权

海底捞给予每一个员工充足的信任，基层服务员拥有给客人打折、换菜甚至是免单的权利，只要事后口头说明即可。对于优秀员工，公司会为其制作名片，员工在上面签字后交给客人就有兑现的权利。这样做首先员工觉得自己是餐厅的主人公。另外，其实做餐饮难免会出现问题比如餐具、菜品没洗干净，出现这种问题叫领班、经理去解决不是最好的处理办法，直接与客人接触的服务员第一时间能够最有效地解决问题。服务员说"我没法做主"，其实是把客人往外面去推，拥有这份信任后，每位员工都很珍惜手中的权力，滥用也会受到严重的惩罚。

（四）薪酬与福利

"餐饮业是低附加值、劳动密集型的行业，怎么点火、怎么开门并不需要反复教育，最重要的是如何让员工喜欢这份工作，愿意干下去，只要愿意干，就不会干不好。"海底捞董事长张勇这样说道，"标准化固然重要，但是笑容是没有办法标准化的。"在张勇看来，顾客在海底捞感受到的标准化服务，只不过是因为他在一楼遇到的服务员愿意在海底捞工作，在二楼遇到的服务员也愿意在海底捞工作罢了。而实现这个目标，海底捞如何善待自己的员工就成为了其中的关键：

1. 薪酬设计

海底捞的工资大致由四部分组成，分别是：岗位评定工资、工龄工资、奖金和分红。除了领班，经理和店长等较明显的等级外，普通员工的工资也会根据员工评定等级有区别。相对于服务行业其他企业，海底捞实行薪酬领先型战略，其员工的收入在同类企业中处于领先地位，整体高出平均水平10%～20%。高薪酬使海底捞对外界的优秀人员具有吸引力，同时也有利于留住现有的优秀员工。

2. 员工持股计划

在海底捞，尊重与善待员工始终被放在首位。从2003年7月起，海底捞实行了"员工奖励计划"，给优秀员工配股，以西安东五路店作为第一个试点分店，规定一级以上员工享受纯利率为3.5%的红利。2005年3月，又推出第二期"员工奖励计划"，以郑州三店作为员工奖励店给优秀员工配股，并且经公司董事会全体董事一致同意，从郑州三店开始计算，公司每开办的第三家分店均作为员工奖励计划店。

3. 员工福利

海底捞非常重视员工的福利，给员工提供了比较丰厚的福利，主要包括：免费员工集体公寓，免费的集体食堂，员工保险，每月的带薪假日，重大节日的公司礼品等。

员工集体公寓是海底捞非常重要的福利：海底捞的管理人员与员工都住在统一的员工宿舍，并且规定，必须给所有员工租住正式小区或公寓中的两三居室，不能是地下室，分布在就近居住区。对于夫妻都在海底捞工作的员工，只要其中一方在公司工作了半年以上，公司还会专门为其租单独的居室。公寓所有房间配备空调、电视，为了减少员工外出上网吧可能带来的危险，每套房子还装了可以上宽带的电脑。宿舍有专门人员管理、保洁，员工的工作服、被罩等也统一清洗。若是某位员工生病，宿舍管理员会陪同他看病、照顾他的饮食起居。集体居住的员工都可以享受到免费的家政服务。

海底捞对员工生活的关心绝不是泛泛的，在公司高层会议上，员工早餐会被多次提到议事日程上。公司希望能够尽量让员工每天都可以品尝到不同的饭菜，如果某日员工不吃饭，管理人会反省，是不是给员工提供的不够好。北方地区经理袁华强说："太多人往高处走的时候，都忘记自己原本的样子了，其实对员工的尊重不过是人的本能。"他每个月都有一项特殊的任务：去员工的宿舍生活三天。目的在于体验员工的衣食住行是否舒适，以便及时地改善。

海底捞给每一位员工都上了保险，这有别于很多其他的餐饮企业。保险在一定意义上是对避免现在所得遭到损失或者是对预期损失补偿的过程，从心理学角度来讲，保险是对未来生活的保证，是对于员工长期的关怀。

海底捞很注重家庭对于员工的重要性，考虑到绝大部分员工的家庭生活状况，海底捞在简阳建了一所私立寄宿制学校，海底捞员工的孩子可以免费在那里上学，只需要交书本费等基本费用。学校的建立极大解决了海底捞背井离乡员工的后顾之忧，使得他们可以安心工作。公司有针对性的制定了许多细节上的规定：工作满一年的员工，若一年累计三次或连续三次被评为先进个人，该员工的父母就可探亲一次，往返车票公司全部报销，其子女还有 3 天的陪同假，父母享受在店就餐一次；工作年满一年以上的员工可以享受婚假及待遇；工作满 3 个月以上的员工父母去世，该员工可以享受丧假及补助；工作 3 年以上的员工可享受产假及补助。关于员工的夫妻生活、子女教育问题，许多企业规定，服务员不能和厨师谈恋爱，高级管理人员配偶不能与其在同一个地区同一个城市，海底捞认为这种规定是很不人道的，采取截然相反的做法，尽量把夫妻安置在一块儿，让他们一起工作，一起生活，并发给补贴，鼓励他们住在一起，并且把孩子带在身边，自己照顾和教育孩子。

对于管理人员来说，还有更多的福利：每个店长的父母都会收到海底捞直接寄到家中的工资，他们在海底捞做的越好他们父母拿的工资会越多；海底捞为有 3 岁以下小孩随本人生活的经理提供每月 300 元补助，为在城市入学的小孩每年提供 12000 元的教育津贴，并且帮助解决入学问题，这也使得他们能够和城里的孩子受到同样的教育。

为了鼓舞和激励员工的工作热情，培养他们的爱岗敬业精神，海底捞格外重视员工的业余文化生活。海底捞的各个分店、各个分区常常展开评比活动，评比先进个人、优秀标兵、劳模、功勋员工等，各店之间常常举办友谊竞赛：篮球比赛、切羊肉比赛等各种技能竞赛，鼓励员工积极参与，并给予适当的奖励；公司办起了《海底捞报》，内容包括企业管理知识、职场成长故事、哲理故事、饮食文化、健康知识。越来越多的员工积极投来稿件，有的堪称佳作："实现梦想""关于榜样""一起吃苦的幸福"；员工们自发地创作了《海底捞之歌》："唱着同样的旋律，共创美好的明天；怀着同样的梦想，时刻发奋图强。心连心，一起渡过艰难；手拉手，分秒并肩作战。创造辉煌，拥有梦想，知恩图报，双手创造未来……"

其他的福利还包括每位员工都享受的每年 12 天的带薪年假和回家往返的火车票。在大年之夜这种生意最火爆的时候，海底捞北京地区的两千多名员工会坐上公司统一雇的豪华大巴，一同去郊区联欢，享受温泉浴。这无疑是告诉员工，他们不只是公司的利润来源，更是公司必不可少的一部分。

（五）考核与奖惩

1. 考核

海底捞员工考核的指导思路是：正面激励为主，负面激励为辅；奖励为主，惩罚为辅，惩罚只是一种象征性的手段。海底捞的考核方法主要是关键事件法，主管将员工的平时表现记录下来作为考核的依据，记录的内容包括：①是否受到顾客的评价，评价内容如何；②同事的评价；③上级的评价。然后主管根据这些记录内容对员工进行粗线条的月度考核。这种考核思路和方式营造了一种宽松的管理氛围、一种和谐的工作环境，是员工能"快乐工作，微笑服务"的一个基础性条件。

海底捞对干部的考核非常严格，店长以上干部的考核分了多个项目，除了业务方面的内容之外，还有创新、员工激情、顾客满意度、后备干部的培养，每项内容都必须达到规定的标准。这几项不易评价的考核内容，海底捞都有自己衡量的标准。例如"员工激情"，总部不定期的会对各个分店进行检查，看员工的注意力是不是放在客人的身上，看员工的工作热情和服务的效率。如果有员工没有达到要求，就要追究店长的责任，"你平时是怎么要求的？你是怎么带动的？"一次可以原谅，可以给机会，几天后再派人检查，员工的服务是否快速、准确、热情，是否能够马上满足顾客的要求，是否快速准确、大方得体。

优秀店长的产生不跟他所管理店的命运成正比，评选优秀店长不看赚了多少钱，看的是员工激情，看的是顾客满意度，看的是后备干部的培养。哪怕赚很多钱，他的利润始终是公司最高，也很可能由于在这几个问题上出了漏洞而被撤掉。牡丹园的店长在公司的业绩也很好，但就是员工激情和顾客满意度达不到而被撤掉了。

2. 奖励

海底捞每个月评选一次先进员工，并发放奖金。公司很注重从精神层面上对员工进行奖励，定期评选"标兵""先进员工""优秀员工"，激励基层员工争取先进，并向榜样学习。

员工创新在海底捞是被鼓励的，公司认为管理者一个人的智慧是不够的。无论是工作与娱乐的创新，一旦被采纳，会被全公司推广，专门设立的创新奖数额从10～1000元不等。创新奖主要是通过午会的形式来实现的，海底捞每天有一个小时的午会制度，所有的员工包括卫生间的清扫员都平等地坐在一起。会议的形式类似于头脑风暴，员工争先恐后的举手发言，把工作中存在的问题以及自己的解决方法都提出来。如果建议得到了认可并且付诸实施，则会获得创新奖。

3. 惩罚

员工在工作中出现失误，会受到通报批评，以杜绝类似错误的再次发生。如果屡教不改、连续出错则会被罚款，员工要上交一定数量的象征性罚金。但如果该员工之后表现有较大的进步，则会原额加利息返还。

由海底捞的例子我们可以看出，餐饮企业应当充分意识到人力资源管理在各个阶段都应该根据员工的特点采取适当有效的激励措施，保证员工的积极性和个人能力较好的发挥，消除他们在工作中的各种消极情绪，增强他们在企业中的成就感和归属感，并形成工作动力。

思考题：

1. 海底捞的人力资源特点是什么？
2. 海底捞的员工标准是什么？为什么提出这样的标准？
3. 海底捞的人力资源管理对它的发展具有怎样的作用？为什么？

第二章 人力资源规划

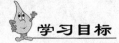

- 了解人力资源规划的概念、类型、内容和作用
- 掌握人力资源管理规划的制定程序
- 掌握人力资源规划供需预测的方法
- 理解人力资源供需平衡政策和措施

手忙脚乱的人力资源经理

1. 背景

D 集团在短短 5 年之内由一家手工作坊发展成为国内著名的食品制造商，企业最初从来不定什么计划，缺人了，就现去人才市场招聘。企业日益正规后，开始每年年初定计划：收入多少，利润多少，产量多少，员工定编人数多少等，人数少的可以新招聘，人数超编的就要求减人，一般在年初招聘新员工。可是，因为一年中不时地有人升职、有人平调、有人降职、有人辞职，年初又有编制限制不能多招，而且人力资源部也不知道应当多招多少人或者招什么样的人，结果人力资源经理一年到头的往人才市场跑。

2. 问题

近来由于 3 名高级技术工人退休，2 名跳槽，生产线立即瘫痪，集团总经理召开紧急会议，命令人力资源经理 3 天之内招到合适的人员顶替空缺，恢复生产。人力资源经理两个晚上没睡觉，频繁奔走于全国各地人才市场和面试现场之间，最后勉强招到 2 名已经退休的高级技术工人，使生产线重新开始了运转。人力资源经理刚刚喘口气，地区经理又打电话给他说自己的公司已经超编了，不能接收前几天分过去的 5 名大学生，人力资源经理不由怒气冲冲地说："是你自己说缺人，我才招来的，现在你又不要了!"地区经理说："是啊，我两个月前缺人，你现在才给我，现在早就不缺了。"人力资源经理分辩道："招人也是需要时间的，我又不是孙悟空，你一说缺人，我就变出一个给你?"……

3. 分析

很多企业都出现过这种情况，以前没觉得缺人是什么大事，什么时候缺人了，什么时候再去招聘，虽然招来的人不是十分满意，但对企业的发展也没什么大的影响，所以从来没把时间和金钱花在这上面。即使是在企业规模日益扩大以后，也只是每年年初做人力资源定编计划，而对于人力资源战略性储备或者人员培养都没有给以足够的重视，认为中国人多的是，不可能缺人。造成这种现象的原因是：中国市场在20世纪90年代以前处于机会主义时期，企业的成功往往不需要战略，抓机会、抓资源、抢速度、快节奏成为中国企业的制胜之道。中国企业的这种战略无意识状态，使它不需要对组织的人力资源进行长远的规划，即使有战略，竞争战略的模糊性和易变性也使规划无从进行。因此企业并不需要人力资源规划。

4. 结论

随着市场的日益规范，企业的日益壮大，企业出现了发展的瓶颈——缺少人才，想要进一步发展壮大、要长治久安必须依靠源源不断的人才。但是，很多企业仅限于缺人，却不知道为什么缺人，以及如何解决这一问题。

思考题：

1. 说说D集团在人力资源管理中的问题。

2. 如果你是这家公司的人力资源经理，你该如何做？

第一节　人力资源规划的基本内涵

一、人力资源规划的概念

传统的人事管理工作重心是事，且注重事后管理，主要管理原则是照章办事，管理强制、被动，不利于积极性的发挥。现代人力资源管理则通过具有前瞻性和先导性的人力资源管理活动，即人力资源规划，实现人力资源与其他资源的最佳配置，更注重事前和过程中的有效管理和开发。

所谓人力资源规划，也称人力资源计划，是根据组织的战略目标，分析组织内外环境和条件的变化，通过对组织现有人力资源状况进行评估，预测组织未来人力资源供需状况，运用科学的方法进行组织设计，制定人力资源的获取、配置、使用、保护等各个环节的政策及措施，以确保组织对人力资源在数量和质量上的需求，满足组织经营和发展的需要，使组织和个人获得长远利益。

人力资源规划的概念具有以下几个方面内涵：

(一) 人力资源规划要在组织发展战略和经营规划的基础上进行

当组织的战略目标发生变化时，人力资源规划也必须围绕发展战略的需要进行动态调整，组织战略目标是人力资源规划制定的依据。

（二）人力资源规划要适应组织内外部环境的变化

由于组织外部环境受政治、经济、文化、法律等因素的影响不断发生变化，故组织的战略目标也处于不断变化和完善过程中，战略目标的动态调整将直接影响组织内外人力资源供需的变化。同时，现有员工的流动或离职是无法规避或精准预测的，组织内部人力资源的变化势必会引起组织对人力资源的需求变化。人力资源规划就是要对人力资源供需状况进行科学的分析和预测，从而确保组织对人力资源的需求得到满足。

（三）制定必要的人力资源政策和措施是人力资源规划的主要工作

为确保组织对人力资源需求能够得到及时满足，必须有切实可行的政策作为支撑，对组织内部人员晋升、降职、培训、退休、离职等进行预估，并制定相应的奖惩政策和人员补充计划，以确保组织人力资源规划的实现。

（四）人力资源规划的目的是使组织人力资源供需平衡，保证组织长期持续发展和员工个人利益的实现

这是指组织的人力资源规划在保证实现组织战略的同时，必须考虑到员工个人发展和成长，关注组织中每个人在物质和精神方面的需求，制订人力资源晋升计划、薪酬激励计划等政策，将组织战略和个人发展有机结合起来，吸引并留住人才，实现组织和个人双赢。

二、人力资源规划的类型

根据不同的标准，可以将人力资源规划进行不同的分类。

（一）按规划的范围划分

人力资源规划按照范围的大小可以划分为整体规划、部门规划、项目计划。

（1）整体规划：整体规划关系到整个组织的人力资源管理活动，以组织战略目标为基础，对规划期内人力资源管理的总目标、总政策、实施步骤和总预算的安排，在人力资源规划中居首要地位。

（2）部门规划：部门规划是指各个业务部门制定的人力资源规划，是在组织整体规划基础上制定的，只限定在本部门业务范围内，内容专业性较强，是整体规划的子计划。

（3）项目计划：项目计划是指某项具体任务或工作的人力资源规划，是针对人力资源管理某一具体业务或特定任务而制定的，如新员工入职培训计划、退休员工关怀计划等。

（二）按规划的期限划分

人力资源规划按照期限的长短可以分为长期规划、中期规划和短期计划。

（1）长期规划：以组织发展总目标、总方针、总战略为基础制定的规划称为长期规划，期限一般在五年以上，具有战略性和指导性。

（2）中期规划：对应组织长期规划而制定的方针、政策、措施被称为中期规划，期限一般在一年以上五年以下，既不像长期规划一样宏观，也不像短期计划一样具体。

（3）短期计划：短期计划是指在长期规划、中期规划的指导下，制定的年度或季度人力资源计划，其内容具体、专业性较强，期限一般在一年及以内，按照年度编制。

值得注意的是，组织的长期规划、中期规划和短期计划在具体的时限方面没有统一标准。有的组织长期规划、中期规划、短期计划比上文所述时间更长，有的则可能更短，这主要取决于组织的性质、所处的行业、组织的生命周期等因素。

（三）按规划的层次划分

按照人力资源管理的层次划分，人力资源规划可分为总体规划和业务计划。

（1）总体规划：人力资源的总体规划是指在计划期内人力资源管理和开发的总体方向、目标及实施方案。

（2）业务计划：业务计划是指人力资源管理的具体工作内容，是组织中最常用的人力资源规划类型。如人员配备计划、退休解聘计划、人员补充计划、人员使用计划、培训开发计划、绩效与薪酬福利计划、劳动关系计划、职业发展计划等。

（四）按规划的全局性和长远性划分

按照人力资源规划的全局性和长远性划分，可以分为战略计划和战术计划。

（1）战略计划：人力资源规划的实质是促进组织实现其战略目标，因此它必须具有战略性、前瞻性和目标性，要体现组织的发展要求，同时还要注意战略规划的稳定性和灵活性的统一。

（2）战术计划：战术计划是根据组织内外部环境变化，运用科学的预测方法，对组织未来的人力资源供求状况进行预测，以组织整体的超前和量化的角度分析和制定人力资源管理的一些具体目标和实施计划，包括招聘计划、晋升计划、培训计划、工资福利计划等。

三、人力资源规划的内容

组织中最常用的人力资源规划类型是业务计划，即人力资源管理的具体工作内容，主要包括人员配备计划、人员补充计划、人员使用计划、培训开发计划、绩效考核计划、薪酬福利计划、劳动关系计划、退休解聘计划等。

（一）人员配备计划

人员配备计划指组织中处于不同职位或工作类型的人员分布状况的规划，是确定组织人力资源需求的重要依据。随着组织内外部环境和条件的变化，组织中各个部门、职位的人力资源需求也处于不断变化中，人员配备计划可以保证一定时期内组织的人员规模和人员结构处于相对合理的状态中。

（二）人员补充计划

组织中的人力资源不是静止的，由于晋升、降职、离职、退休、组织战略调整、组织规模扩大等各种因素造成的人员流动或流失是无法完全规避的，故组织中常常会出现岗位空缺或增加新的岗位。为了保证组织出现空缺岗位能够得到及时的补充，改变组织内人力资源结构不合理的状态，合理地、有目标地在中、长期内把所需数量、质量、结构的人力资源填补在预测产生的职位空缺上，就必须要预先做好人员补充计划。

（三）人员使用计划

人员使用计划包括人员继任计划和轮换计划。继任计划是组织指定的用来填补重要管理决策职位的计划，是培养继任者的过程。其目的在于当重要岗位人员离职后，实现人员顺利过渡，确保组织运行；同时，继任计划为员工提供了职业上升空间，能够充分激发其工作的主动性和积极性，实现组织和人员双赢。轮换计划是为了使员工的工作丰富化，培养员工多方面的技能，更好地开发人力资源的潜能，同时为继任计划提供人员参考。

（四）培训开发计划

培训开发计划是组织为了实现其组织目标、提高竞争力而计划、有组织、多层次、多渠道地对不同人员进行培养和开发，是围绕着改善个人与岗位要求的配合关系而制定的。实施培训开发计划有利于提高员工工作能力，改善员工工作态度，激发员工创新意识，从而更好地胜任工作岗位；同时也有助于挖掘员工潜力，帮助其规划职业发展；更是组织吸引和留住人才的有效手段。

（五）绩效考核计划

绩效考核是人力资源管理的重要内容，是采用科学的定性、定量方法，对组织中人力资源行为的实际效果及对组织的贡献或价值进行考核和评价。绩效考核的结果将作为决定人员去留、调配、培训及薪资报酬的重要依据，是激励人力资源的有效手段。因此，绩效考核计划是人力资源业务计划的重要组成部分。

（六）薪酬福利计划

薪酬福利计划包括薪资结构、薪资水平和薪资策略，是以工作分析、岗位评价为基础，以绩效考核结果为依据制订的，是实现组织战略目标的有力支撑。薪酬福利计划的制订和实施，可以帮助组织有效控制人力资源成本，提高薪酬与组织战略和经营目标的关联度。有竞争力的薪酬福利计划可以激发员工工作的积极性，吸引优秀人才，减少人员流失。

（七）劳动关系计划

劳动关系计划是致力于减少和预防劳动争议，改进组织和员工关系的一项重要业务计划。它在提高员工满意度、降低人员流失、减少法律纷争、树立组织良好形象方面有着不可替代的作用。

（八）退休解聘计划

退休解聘计划是组织中人力资源的淘汰退出机制，继任计划为员工职业发展提供了上升的空间和通道，退休解聘计划是与之对应的降低组织人员成本、激发组织活力的向下退出通道。同时，退休解聘计划有助于规范相关工作，有助于保障员工权利不受侵犯，减少劳动争议。

我国也发布了《国家中长期人才发展规划纲要（2010—2020年）》对人才发展的总体部署：一是实行人才投资优先，健全政府、社会、用人单位和个人多元人才投入机制，加大对人才发展的投入，提高人才投资效益。二是加强人才资源能力建设，创新人才培养模式，注重思想道德建设，突出创新精神和创新能力培养，大幅度提升各类人才的整体素质。三是推动人才结构战略性调整，充分发挥市场配置人才资源的基础性作用，改善宏观调控，促进人才结构与经济社会发展相协调。四是造就宏大的高素质人才队伍，突出培养创新型科技人才，重视培养领军人才和复合型人才，大力开发经济社会发展重点领域急需紧缺专门人才，统筹抓好党政人才、企业经营管理人才、专业技术人才、高技能人才、农村实用人才以及社会工作人才等人才队伍建设，培养造就数以亿计的各类人才，数以千万计的专门人才和一大批拔尖创新人才。五是改革人才发展体制机制，完善人才管理体制，创新人才培养开发、评价发现、选拔任用、流动配置、激励保障机制，营造充满活力、富有效率、更加开放的人才制度环境。六是大力吸引海外高层次人才和急需紧缺专门人才，坚持自主培养开发与引进海外人才并举，积极利用国（境）外教育培训资源培养人才。七是加快人才工作法制建设，建立健全人才法律法规，坚持依法管理，保护人才合法权益。八是加强和改进党对人才工作的领导，完善党管人才格局，创新党管人才方式方法，为人才发展提供坚强的组织保证。推进人才发展，要统筹兼顾，分步实施。到2015年，重点在制度建设、机制创新上有较大突破。到2020年，全面落实各项任务，确保人才发展战略目标的实现。

案例讨论

雀巢咖啡的人才策略

自1987年在双城设立第一家合资工厂以来，雀巢对中国的直接投资已达约70亿元人民币，在中国经营着20家工厂，拥有员工约13000名。

雀巢在中国的迅速健康成长，与其对本土人才的重视密不可分。雀巢中国人力资源及培训部总监陈云雀表示，雀巢的员工是"公司最重要的资产，是体现雀巢精神的灵魂和载体，是企业至为宝贵的财富"。因此，如何留住优秀的本土人才，让他们尽可能长时间地为雀巢服务，已成为雀巢中国人力资源部和公司高层的首要课题之一。

一、留人从招人开始

陈云雀介绍说，对于公司的非核心业务，雀巢一般会考虑采取外包的方式加以解决，这样使得公司的内部员工基本上都是核心员工，因此，"任何一个雀巢的员工，不管是管理层还是普通员工，对公司来说都相当的重要"。

实际上，早在雀巢招聘员工的时候，留住他们的工作就已经展开了。为了使得这些公司未来的员工能在雀巢长期工作，公司人力资源部除了会像其他跨国公司一样，对他们的各项能力予以考查之外，非常看重这些应聘者的价值观与雀巢的文化价值观的匹配度。

雀巢公司的文化价值观描述如下：

• 对工作道德、正直、诚实和质量的坚强承诺。

• 基于信任和相互尊重的个人关系。这意味着以友好的态度对待他人，并且具有开诚布公的沟通能力。

• 互相以个性化和直接的方式相处。这意味着高度容忍别人的意见和主意，以不屈不挠的精神承诺与他人积极合作。

• 对业务采取更实用而非教条的方式。这意味着脚踏实地，在事实的基础上做决定。

• 对未来的技术潮流、消费者习惯转变以及新业务策略和机会，保持开放的态度和求知欲，同时尊重人们基本的价值观、态度和行为。

• 以为公司信誉和业绩做贡献为荣。这尤其需要在日常工作中追求卓越和长期业绩，而不要赶时髦或者急功近利。

• 忠实于公司，认同于公司。

除了上述文化价值观外，雀巢还制定了《雀巢集团业务原则》和《雀巢人力资源政策》。陈云雀强调，那些不愿遵守这两大原则以及与雀巢文化价值观不匹配的应聘者将不可能成为公司的成员。"雀巢的这一举措确保了为雀巢工作的员工都能认可雀巢的基本价值观和原则，这从根本上保证了他们能够长期留在雀巢工作。"陈云雀说。

二、薪酬不是主要留人策略

区别于许多成长型的公司，陈云雀表示，薪酬只是雀巢留住员工的策略之一，但并不是最主要的策略。

雀巢把自己定位为提供报酬水平高于相关标杆平均值的雇主。为实现这一目标，雀巢倾向于提供总体上有竞争力和吸引力的报酬结构。陈云雀坦言，雀巢作为一家食品饮料公司，其薪酬还是无法跟三大会计师事务所以及新兴 IT 互联网企业等相竞争，雀巢要留住自己的优秀员工，主要还是靠公司优秀的企业文化以及对员工的全面发展措施。

雀巢公司推崇扁平化的公司管理结构，管理层级别较少而控制范围较大。在经理人责任和等级清晰的前提下，雀巢鼓励不同级别和平级间的沟通。雀巢青岛工厂总经理陆明就深有感触地说："在公司内部，上下级之间为工作产生争论的情况经常存在；而与其他一些企业不同的是，在雀巢，并不是你是总经理，就能决定一切事情，所有决定的做出都必须经过沟通的环节。"

与这种沟通机制相对应，雀巢还刻意营造一种家庭化的工作氛围。现任雀巢烹调品业务单元财务总监的王欣对此深有感受。1998 年，王欣从北京大学毕业后就以管理实习生的身份加入雀巢公司，刚开始 3 年在北京做管理会计，然后到雀巢位于广东东莞的工厂做了 2 年会计。2003 年，王欣被调回北京做内部审计，然后做管理会计的经理，这期间还去内蒙古工作了一段时间。去年 5 月，她开始担任雀巢中国烹调品业务单元的财务总监。"11 年时间，我在不同的地方和部门工作，经历了不同的生活和工作环境，但一直都是在雀巢这个组织内部。雀巢给了我一个大家庭的感觉，不管走到哪里，都是这个家庭的一分子。"王欣说。

而在员工发展方面，雀巢基本的管理原则是发动各级员工积极参与公司事务，让正确的人在正确的时候在正确的岗位上工作。为了实现这一点，雀巢会为所有员工定期做职业发展规划。"雀巢是结果导向的公司，但人力资源部在关注员工工作结果的同时关注员工是如何达成的，要求员工对其自身优势和劣势进行分析并给予反馈与辅导。"陈云雀说。

除此之外，人力资源部会与各级主管共同了解员工对自身未来发展的期望，同时使员工清楚公司的业务发展方向以及需求，谋求个人发展与公司业务发展达成一致。陈云雀介绍说，在上述调查进行完之后，人力资源部会与员工一起确定未来的发展计划和行动计划，通过系统的课堂培训、研习会、讨论会、海外培训、在职培训、辅导、岗位转换、特殊项目、扩展职责、海外派遣、职位提升等手段支持员工采取措施，将规划变为现实。

陈云雀表示，在雀巢，所有培训都是在职进行的，指导和训练是每个经理职责的一部分，而每个培训项目都是在员工个人发展计划的框架下提议组织的，因此，参加培训项目是出于员工自身发展的需求，而不会被当作某种奖励。"愿意学习是在雀巢工作一个不可讨价还价的条件。"陈云雀强调。

三、发展本土管理人才

对于相当一部分有发展愿望和发展潜力的员工来说，进入公司管理层是激励他们继续留在公司的最好手段，雀巢也不例外。陈云雀表示，雀巢在大中华区一直致力于发展本土管理人才。目前，雀巢 20 家工厂中有 18 家由中国本土人才管理，工厂的所有总工程师和各地区销售经理的职位也都是由本土人员担任。

为了更有效地培养中国本土的管理团队，雀巢在 2000 年启动了"雀巢中国管理发展培训项目"。每年，公司会选择一些合格的候选人参加此培训计划，向他们传授雀巢公司业务的基本原则和业务最佳实践。参加该项目合格候选人的选择标准是基于公司的首要任务以及个人发展的潜力、表现和态度。这些候选人将在长达 18～24 个月内接受 10 个模块（每个模块时长 3 天）的高强度培训，以帮助他们掌握承担更高级的管理职责时所必须具备的技能、知识、理解力以及培养他们的领导才能。陈云雀表示："这一培训计划可以拓展候选人对公司业务范围的远见，更好地理解我们的业务及组织内部的各种功能。我们的最终目标是：为雀巢在中国的美好未来培养出有能力的管理者与领导者。"

截至 2008 年，参加此培训发展计划的人员已达 364 人。"雀巢中国管理发展培训项目"的学员目前在雀巢中国的组织中都承担着重要的工作岗位，陆明就是该项目的第一批学员。

陆明 1990 年大学毕业后加入双城雀巢公司，刚开始在农业服务部做奶源督察，两年后调到生产部做生产主管，1996 年提升为生产部分部门经理，1999 年调回农业服务部做助理经理，2001 年调转到青岛雀巢有限公司做生产部经理，2003 年年末调回双城雀巢公司做农业服务部经理。2007 年年末至 2008 年 4 月，在经过一系列的海外及国内研发中心的培训后，陆明调到雀巢青岛工厂做总经理至今。陆明笑言，现在几乎每天都能接到猎头电话，说有管理几家工厂的机会，问愿不愿意考虑，他总是毫不犹豫地就拒绝了。"雀巢有完备的培训机制和发展机会，每天都能充实和完善自己；而我在雀巢已经工作将近 20 年了，它的文化让我愿意依托这个企业，一起共同发展下去。"

四、雀巢的业务原则

雀巢承诺在所有的国家都遵循以下业务原则，并同时遵循当地法律、文化及宗教习惯：

雀巢公司及其各级管理人员和员工的业务目标是：制造并销售公司的产品，从而为股东、员工、消费者、业务伙伴及其业务所在的众多国家的国民经济创造长久可持续的价值。

雀巢不会为了追求短期利润而牺牲成功的长期业务发展，但同时也认识到每年需创造健康的利润，以保持我们的股东和金融市场对我们的支持，并为投资筹措资金。

雀巢意识到自己的消费者对他们所信任的品牌背后的公司的行为、信念和活动有着真诚和合理的兴趣，并且意识到没有消费者，就没有公司。

雀巢相信，一般来说，法律是保证负责行为的最有效的方式，但在某些领域，以公司自拟的、自觉自愿的业务原则的形式向员工提供附加的指南，对全集团确保最高的行为标准是有益的。

崔巢认识到，一个公司的成功反映出其管理人员和员工的职业素质、行为及负责态度。因此，聘用合适的人员，并不断地对他们进行培训和培养是十分重要的。

崔巢在全球许多国家和许多文化中运作，丰富的多元性是我们领导的无价源泉。没有一个单一的文件可以涵盖每一个国家可能要求的每一项法律义务。事实上，也许有的国与国之间的法律要求是相互冲突的。崔巢继续保持自己的承诺：即在每个国家中遵守并尊重所有当地适用的法律。如果本文件中某些内容的解释是和当地的法律相悖的，那么该解释不应在那些国家得到执行。

五、崔巢人力资源政策

《崔巢人力资源政策》描述了崔巢集团的管理风格和企业价值观，尤其在人际关系方面，对这些原则的尊重需要特别的态度，而这些态度值得在本政策中概略陈述：

与人打交道的前提是尊重与信任。不能有任何余地容忍任何形式的偏狭、骚扰和歧视，因为他们是缺乏基本尊重的表现。这个原则没有任何例外的情形，必须应用于所有级别和所有情况；

与人打交道过程中，透明和诚实是有效沟通的必要条件，在事实和诚挚对话的基础上，这种透明是推动持续进步的唯一坚强基石；

为分享知识技能和推动创造力而进行的开诚布公的沟通将补充这一点。在扁平的组织中系统地传达所有信息给需要它们才能正常工作的人。这一点便尤为相关。否则，不可能做到富有成效的授权和知识进步。

沟通并不仅仅是通知别人，它还包括聆听和参与对话。每个职员都有权与上级和同事进行开诚布公的谈话。

愿意合作和帮助别人是评估有潜力的候选人晋升时所要求的基础。

在职员与上级或另一个职员发生不和时，必须给予公正听证的机会。人力资源部职员应该提供帮助，保证不和谐的情况得到公正处理，并且各方都有机会解释自己的观点，不论级别职位的高低。

思考题：

1. 崔巢公司的人才策略有什么优点？
2. 跨国公司的人资管理会有什么特点和挑战？

四、人力资源规划的作用

人力资源规划是一项系统的战略工程，它以组织发展战略为指导，以分析现有人力资源及组织内外部条件为基础，以预测组织人员供需为途径，通过制定各项人力资源管理政策对组织产生持续影响，其作用主要体现在以下几个方面。

（一）组织实现战略目标的基础

人力资源规划是组织发展战略的重要组成部分，在组织人力资源管理活动中具有先导性和战略性，是组织实现战略目标的重要保证。

美国近期畅销书《如何带领企业实现战略成功》一书中认为战略失败，有三分之二不是战略本身有任何问题，而是有三个最常见的问题，希望大家处理这些问题而不将战略弃之不用或改弦更张。

第一个问题是把孩子和洗澡水一起倒掉。新战略的完成通常需要涉及任用或提拔新人负责这一战略。例如，一个引人注目新商业项目的执行人，我们聘用了与实际能力要求不相符的人，结果导致我们战略的失败。其实战略本身并没有错，只是因为我们聘用了与岗位不匹配的人去执行它。所以企业应该意识到自己放了一个不匹配的人在战略执行上，不要丢掉战略。做个深呼吸，然后找到正确的人去完成它。第二个问题是把种的苗拔起来查看其根部的生长状况。种一个树苗，然后每周拔起来看看根部生长得怎么样？一个完美的好战略完成是需要时间来验证的，而不是经常把苗拔出看起根部的生长，战略结果可能不会那么快到来，我们就忙于修补战略，就如同我们把树苗的根拔起来，再一遍又一遍地种下去。在战略规划阶段可以问执行人这样的问题：你愿意战略在 6 个月后失败，还愿意在 12 月后成功？如果你回答想在 12 个月以后成功，那么表明你具备更多耐心等待成功的结果。第三个问题是一件新衣服要想穿下去需要束腰。问题不是出在战略而是出在糟糕的战术上面。如果你的战略没有成功，你可以先问一下你自己，问题出在战略上，还是出在执行的问题上？如果是后者，那就束上腰，做你需要的改变再试。例如，在人力资源招聘战略选择的过程中采取内外结合中间道路的招聘方式，这一战略对企业来说是比较理想的招聘方略，但这一战略没能成功，可能是因为执行过程中筛选的方式或筛选的内容出现问题导致的不成功。很多时候，我们的战略实施不成功，我们的思考应该是多角度的，要找到问题的症结所在。

（二）确保组织在发展过程中对人力资源的需求

组织内外部环境的不断变化使得组织对人力资源数量、质量和结构的需求处于不断变化中，需要不断进行调整，以保证组织战略目标的实现。人力资源部门必须分析组织人力资源的需求和供给之间的差距，制定各种规划，不断满足组织对人力资源的需求。

（三）有利于人力资源管理活动的有序化

人力资源规划是组织人力资源管理的出发点，是任何一项人力资源管理工作得以成功实施的基础。人力资源规划为管理活动提供可靠的信息和依据，进而保证管理活动的有序化。

（四）有利于调动员工的积极性和创造性

人力资源规划以组织发展战略为指导，是组织实现战略目标的重要保障。同时，人力资源规划也是满足员工个人需要的重要途径，通过培训、晋升、加薪等规划的制定和实施，激发员工工作的积极性和创造性。

（五）有利于控制人力资源成本

组织在运行过程中最大的成本是人工成本，人力资源规划有助于检查和测算人力资源规划方案的实施成本及其带来的收益。通过人力资源规划预测组织人员的变化，调整组织的人员结构，把人工成本控制在合理的水平上，这是组织持续发展不可缺少的环节。

谁比谁重要

RB 是一家专门生产袜子的企业，经过 10 年的发展，已经由一个家族式小企业成长为年销额为 15 亿元的集团公司。

为了适应外界瞬息万变的竞争环境，公司已经认识到管理逐渐要向规范化、精细化方向发展。近几年公司连续导入 ISO 9001：2000 质量管理体系、SA8000、规范化管理体系和基于战略的人力资源管理体系，公司发展呈现出了良好的态势。

为了让员工在公司内部合理流动，公司决定对一些岗位进行内部招聘。其中有一个岗位是销售管理部的销售管理员岗位，很多部门的人都来应聘。经过了若干轮的竞争，一名采购部的采购员脱颖而出，最终获得了胜利。这样一来采购部又缺人员了，人力资源部又决定招聘，结果一名技术部的技术员去了采购部。

但是麻烦也随之而来，采购部门的经理找到公司的人力资源经理诉苦。

"我们部门培养一个人很不容易，因为我们公司使用的原材很多，熟悉每个原材料需要很长的时间，而且有很多种混合材料。为了技术保密，混合材料是在外协厂家完成的，一个新手要熟悉整个过程，一般需要花半年到一年的时间，另外，采购员这个岗位对人员的职业素养要求非常之高，所以，我不希望她去销售管理部。但是销售部的工资比我们这里高，我又不能挡别人的路，这可难办了。其实大家都知道，销售部的工资高，工作又轻松，是公司最好的岗位之一。采购部的工作量很大，责任又重，但工资要比销售员低很多。我觉得这是因为公司的工资政策不合理，才导致这样的问题产生。这已经是第三个人离开我们部门了，从你们搞内部流动开始，我早就预料到这样的问题迟早会发生。现在倒好，到我们部门来的技术部技术员，什么都不懂，害得我现在工作都很难展开！"

技术部经理接着说："我们也是，培养一个技术员可比培养一个采购员和销售员困难多了，需要熟悉生产流程、设备性能、研发知识。但不知道你们怎么搞的，采购员、销售员的薪水比我们技术员还高，我也没办法留他，看来只有自己再慢慢培养了。"

销售管理部经理听到传闻后也去找人力资源经理，说："听说有人说我们部门不重要，工作是不能光拿工作环境来说的，我们是不用出去跑，但是你知道的，我们部门负责客户联络和客户的信用管理。如果我们部门出了问题，我们的销售就会受到很大的影响，所以我们的责任也不轻。我们部门的工资水平高是应该的。我们需要一流的人到我的部门工作。既然搞了内部招聘，就该让她到我们部门来工作。"

人力资源部经理被这件事情弄得非常烦恼。因为这个问题已经不是简单的一个内部人才流动的问题，而是公司的政策导向、薪酬政策的问题。为此，公司专门召开了好几次会议来解决这个问题。在会上，大家公说公有理，婆说婆有理，都认为自己工作量大，自己的部门最重要。

思考题：

1. 案例中的 RB 公司面临的主要问题是什么？

2. 如果你是 RB 公司的人力资源经理，你会如何解决？

3. RB 公司的案例给了我们什么启发？

第二节 人力资源规划的制定程序

在制定人力资源需求时，需要收集、整理和分析与人力资源相关的各种信息，预测人力资源的有效供给和未来需求。在对人员类型、数量、素质和劳动强度进行分析后，结合组织实际情况制定切实可行的方案，以确保人力资源规划任务的实现。制定人力资源规划一般有以下五个步骤。

一、收集相关信息资料

信息资料是制定人力资源规划的重要依据，是人力资源规划制定的基础。主要包括组织外部环境信息和组织内部条件信息。外部环境信息主要是指宏观经济形势、政府政策、行业竞争情况、劳动力市场状况等；组织内部条件信息指组织经验战略、战术规划、人力资源现状等。同时，应把职位分析相关信息作为重要的参考，职位分析明确地指出了每个岗位应有的职务、责任、权力，以及履行这些职、责、权所需的资格条件，即对员工素质的要求。

雾里看花的职位分析

A 公司是我国中部省份的一家房地产开发公司。近年来，随着当地经济的迅速增长，房产需求强劲，公司有了飞速的发展，规模持续扩大，逐步发展为一家中型房地产开发公司。随着公司的发展和壮大，员工人数大量增加，众多的组织和人力资源管理问题逐步凸显出来。

公司现有的组织机构，是基于创业时的公司规划，随着业务扩张的需要逐渐扩充而形成的，在运行的过程中，组织与业务上的矛盾已经逐步凸显出来。部门之间、职位之间的职责与权限缺乏明确的界定，扯皮推诿的现象不断发生；有的部门抱怨事情太多，人手不够，任务不能按时、按质、按量完成；有的部门又觉得人员冗杂，人浮于事，效率低下。

公司的人员招聘方面，用人部门给出的招聘标准往往含糊，招聘主管往往无法准确地加以理解，使得招来的人大多差强人意。同时目前的许多岗位往往不能做到人事匹配，员工的能力不能得以充分发挥，严重挫伤了士气，并影响了工作的效果。公司员工的晋升以前由总经理直接做出。现在公司规模大了，总经理已经几乎没有时间来与基层员工和部门主管打交道，基层员工和部门主管的晋升只能根据部门经理的意见来做出。而在晋升中，上级和下属之间的私人感情成为了决定性的因素，有才干的人往往却并不能获得提升。因此，许多优秀的员工由于看不到自己未来的前途，而另寻高就。在激励机制方面，公司缺乏科学的绩效考核和薪酬制度，考核中的主观性和随意性非常严重，员工的报酬不能体现其价值与能力，人力资源部经常可以听到大家对薪酬的抱怨和不满，这也是人才流失的重要原因。

面对这样严峻的形势，人力资源部开始着手修改创业时的公司规划，并对人力资源管理进行变革。人力资源部首先对企业内部人力资源的现状进行调查和分析，从进行职位分析、确定职位价值开始，职位分析、职位评价究竟如何开展、如何抓住职位分析、职位评价过程中的关键点，为公司本次组织变革提供有效的信息支持和基础保证，是摆在A公司面前的重要问题。

首先，他们开始寻找进行职位分析的工具与技术。在阅读了国内目前流行的基本职位分析书籍之后，他们从其中选取了一份职位分析问卷，来作为收集职位信息的工具。然后，人力资源部将问卷发放到了各个部门经理手中，同时他们还在公司的内部网也上发了一份关于开展问卷调查的通知，要求各部门配合人力资源部的问卷调查。

据反映，问卷在下发到各部门之后，却一直搁置在各部门经理手中，而没有发下去。很多部门是直到人力部开始催收时才把问卷发放到每个人手中。同时，由于大家都很忙，很多人在拿到问卷之后，都没有时间仔细思考，草草填写完事。还有很多人在外地出差，或者任务缠身，自己无法填写，而由同事代笔，此外，据一些较为重视这次调查的员工反映，大家都不了解这次问卷调查的意图，也不理解问卷中那些陌生的管理术语，何为职责，何为工作目的，许多人对此并不理解。很多人想就疑难问题向人力部进行询问，可是也不知道具体该找谁。因此，在回答问卷只能凭借自己个人的理解来进行填写，无法把握填写的规范和标准。

一个星期之后，人力部收回了问卷。但他们发现，问卷填写的效果不太理想，有一部分问卷填写不全，一部分问卷答非所问，还有一部分问卷根本没有收上来。辛苦调查的结果却没有发挥它应有的价值。

与此同时，人力部也着手选取一些职位进行访谈。但在试着谈了几个职位之后，发现访谈的效果并不好。因为在人力部，能够对部门经理访谈的人只有人力资源部经理一人，主管和一般员工都无法与其他部门经理进行沟通。同时，由于经理们都很忙，能够把双方的时间凑一块，实在不容易。因此，两个星期过去之后，只访谈了两个部门经理。

人力部的几位主管负责对经理级以下的人员进行访谈，但在访谈中，出现的情况却出乎意料。大部分时间都是被访谈的人在发牢骚，指责公司的管理问题，抱怨自己的待遇不公等。而在谈到与职位分析相关的内容时，被访谈人往往又言辞闪烁，顾左右而言他，似乎对人力部这次访谈不太信任。访谈结束之后，访谈人都反映对该职位的认识还是停留在模糊的阶段。这样持续了两个星期，访谈了大概1/3的职位。王经理认为时间不能拖延下去了，因此决定开始进入项目的下一个阶段——撰写职位说明书。

可这时，各职位的信息收集却还不完全。怎么办呢？人力部在无奈之中，不得不另觅他途。于是，他们通过各种途径从其他公司中收集了许多职位说明书，试图以此作为参照，结合问卷和访谈收集到一些信息来撰写职位说明书。

在撰写阶段，人力部还成立了几个小组、每个小组专门负责起草某一部门的职位说明，并且还要求各组在两个星期内完成任务。在起草职位说明书的过程中，人力部的员工都颇感为难，一方面不了解别的部门的工作，问卷和访谈提供的信息又不准确；另一方面大家又缺乏写职位说明书的经验，因此，写起来都感觉很费劲。规定的时间快到了，很多人为了交稿，不得不急急忙忙，东拼西凑了一些材料，再结合自己的判断，最后成稿。

最后，职位说明书终于出台了。然后，人力部将成稿的职位说明书下发到了各部门，同时，还下发了一份文件，要求各部门按照新的职位说明书来界定工作范围，并按照其中规定的任职条件来进行人员的招聘、选拔和任用。但这却引起了其他部门的强烈反对，很多直线部门的管理人员甚至公开指责人力部，说人力部的职位说明书是一堆垃圾文件，完全不符合实际情况。

于是，人力部专门与相关部门召开了一次会议来推动职位说明书的应用。人力资源部经理本来想通过这次会议来说服各部门支持这次项目。但结果却恰恰相反，在会上，人力部遭到了各部门的一致批评。同时，人力部由于对其他部门不了解，对于其他部门所提的很多问题，也无法进行解释和反驳。因此，会议的最终结论是，让人力部重新编写职位说明书。后来，经过多次重写与修改，职位说明书始终无法令人满意。最后，职位分析项目不了了之。

人力部的员工在经历了这次失败的项目后，对职位分析彻底丧失了信心。他们开始认为，职位分析只不过是"雾里看花，水中望月"的东西，说起来挺好，实际上却没有什么大用，而且认为职位分析只能针对西方国家那些管理先进的大公司，拿到中国的企业来，根本就行不通。原来雄心勃勃的人力资源部经理也变得灰心丧气，但他却一直对这次失败耿耿于怀，对项目失败的原因也是百思不得其解。

思考题：

1. 职位分析真的是他们认为的"雾里看花，水中望月"吗？

2. 该公司的职位分析项目为什么会失败呢？

二、人力资源需求预测

人力资源需求预测就是以实现组织目标为出发点，结合组织所处的外部环境和内部条件，选择适当的方法，对组织未来一段时期内人力资源需求的结构、数量、质量进行预测。

（一）影响组织人力资源需求的因素

影响组织人力资源需求的主要因素是组织外部环境、组织内部条件、人力资源自身状况。

1. 外部环境因素

影响组织人力资源需求的外部环境主要包括宏观经济形势、政府相关政策法规、行业发展情况、劳动力市场状况等。以上因素多是通过组织内部因素发挥作用，例如宏观经济形势的变化直接影响组织的战略规划，进而引起人力资源需求的变化。

2. 组织内部条件

影响组织内部条件的主要因素包括组织战略的变化、组织技术设备的变化、组织管理手段的变化。如组织改变战略，引发业务范围扩张或收缩、新业务拓展都将引起组织规模的变化，其需要的人力资源机构也就会随之发生改变；组织提高生产技术水平，更新生产设备，则会使所需人员数量减少；采用先进的管理手段，则工作效率就会得到有效提升，从而引发人力资源需求的变化。

3. 人力资源自身状况

人力资源的现状对组织人力资源需求有着重大影响。如人员的业务素质、生产效率、工作积极性、流失率、出勤率、工作负荷量等。

（二）人力资源需求预测方法

人力资源需求预测方法大致分为定性预测、定量预测两大类。

1. 定性预测方法

（1）经验预测法，是根据以往的经验将未来活动水平转化为人力资源需求的主观的预测方法。它凭借的是组织管理者所拥有的丰富经验或是个人直觉，预测的效果受经验的影响较大，预测结果的准确性不能保证，通常应用于短期预测。当组织规模较小时，可以运用此方法，可以迅速得出结论，简便易行。当组织规模变大，组织内外部环境复杂时，往往不能单独使用此方法。

（2）分合性预测法，是一种常用的预测方法，它采取先分后合的形势，可以分为"自上而下""自下而上"两种方式。

"自上而下"是指由组织高层管理者先拟定组织的总体用人目标和计划，然后逐级下达到各具体职能部门，开展讨论和进行修改，再将意见汇总后反馈至高层管理者，由高层管理者据此对总的预测和计划作出修正后，公布正式的目标和政策。

"自下而上"是由组织中的各个部门根据本部门的需要，预测将来某一时期内对各

种人员的需求量,然后由人力资源部进行横向和纵向的汇总,最后根据组织经验战略形成总体预测方案

通常情况下,两种方法会结合起来运用,先由组织提出需求的指导性建议,再由各个部门按照指导建议,会同人力资源部门共同确定人员需求,最后由人力资源部门汇总确定组织用人需求,交由组织高层审批。这种方法简单直观,下属各级管理人员能充分发挥在人力资源预测规划中的作用。但是此方法受管理者知识、经验、能力、心理成熟度等多方面因素的限制,且一般都要假设其他的一切因素都保持不变或者变化的幅度保持一致,因此具有较大的局限性,通常作为一种辅助方法供那些经营稳定的组织做短期预测。

(3)德尔菲法,又名专家评估法,是 20 世纪 40 年代末在美国兰德公司的"思想库"中发展出来的一种主观预测方法。德尔菲法分几轮进行,要求专家以书面形式提出各自对组织人力资源需求的预测结果,反复几次直至得出大家都认可的结论。通过这种方法得出的是专家们对某一问题的看法达成一致的结果。

采用德尔菲法的步骤:第一步,整理相关的背景资料并设计调查的问卷,明确列出需要专家们回答的问题;第二步,将背景资料和问卷发给专家,由专家对这些问题进行判断和预测,并说明自己的理由;第三步,由人力资源部门回收问卷,统计汇总专家们预测的结果和意见,将这些结果和意见反馈给专家们,进行第二轮预测;第四步,再由人力资源部门回收问卷,将第二轮预测的结果和意见进行统计汇总,接着进行下一轮预测。经过多轮预测之后,当专家们的意见基本一致时就可以结束调查,将预测的结果用文字或图形加以表述。

德尔菲法具备如下特点:一是吸取众多专家的意见,避免了个人预测的片面性;二是采取匿名的、"背靠背"的方式进行,避免了从众的行为;三是采取多轮预测的方式,准确性较高。

采用德尔菲法时需要注意以下几个问题:一是专家人数一般不少于 30 人,问卷的回收率应不低于 60%,以保证调查的权威性和广泛性;二是提高问卷质量,问题应该符合预测的目的并且表达明确,保证专家都从同一个角度去理解问题,避免造成误解和歧义;三是要给专家提供充分的资料和信息,使他们能够进行判断和预测。结果不要求十分精确,专家们只要给出粗略的数字即可;四是要取得参与专家们的支持,确保他们能够认真进行每一次预测,同时也要向公司高层说明预测的意义和作用,取得高层的支持。

2. 定量预测方法

(1)趋势外推预测法,又称时间序列预测法,是通过对组织历史资料进行分析,以某些因素的变化趋势为依据,预测组织未来的人力资源需求。此种方法需要有一定的假设前提:一是假定组织的生产技术构成基本不变,单位产品的人工成本大致保持不变,以产品数量的增减为根据推测组织人员需求数量;二是假定市场需求基本保持不变,在市场需求变化不大的情况下,人员数量与其他变量如产量的关系才更加明晰。这种方法一般适合短期、中期预测。

（2）回归分析法，是指根据数学中的回归原理对人力资源需求进行预测，建立人力资源需求量与其影响因素间的函数关系，从影响因素的变化推知人力资源需求变化。使用回归预测法的关键在于找出那些与人力资源需求高度相关的变量，这样建立起来的回归方程预测效果才会比较好，实践中通常采用线性回归来进行预测。

（3）转换比率分析法，是根据过去的经验，把组织未来的业务量转化为人力资源需求量的预测方法。具体的做法是，先确定组织未来的业务量，根据以往经验，估计与组织的业务规模相适应的关键技能员工的数量；其次，根据关键技能员工的数量来估计辅助人员的数量；最后，加总出组织人力资源总需求量。

值得注意的是，转换比率分析法有一个隐含的假设，即假设组织的生产率保持不变，如果考虑到生产率变化对员工需求量的影响，可以使用如下计算公式：

$$计划期所需员工数量 = \frac{目前业务量 + 计划期业务量}{目前人均业务量 \times (1 + 生产率增长率)}$$

三、人力资源供给预测

对人力资源需求做出预测后，就要进行组织人力资源的可得性预测，即进行人力资源供给预测。人力资源供给预测是对组织未来一定时期内可获得的人力资源数量和类型进行预测，它包括内部供给和外部供给两个方面。

（一）组织内部人力资源供给预测

实现组织战略，首先要立足于开发现有人力资源，弄清规划期内现有人力资源能够满足企业人力资源规划需要的程度。内部供给预测的大体思路如下：首先，确定各个工作岗位现有人员数量，然后预测计划期内这些岗位留存的人员数量；其次，预测岗位损耗人员的数量，如考虑人员的晋升、降职、平调、辞职、解聘、退休、意外事故等因素；最后，用岗位现有人数减去损耗人员数量。

1. 影响组织内部人力资源供给的因素

（1）现有人力资源的运用情况。组织内部现有人力资源的运用情况包括以下几方面：工作负荷饱满程度、员工出勤状况、工时利用状况、员工的年龄结构、性别结构、部门之间的分工是否平衡等。例如，在女员工居多的组织中，若内部员工年龄结构不合理，在同一时段结婚生子，可以预见在几年内组织员工的出勤率及工作效率会受到极大影响。

（2）组织内部的人员流动。组织内部员工的流动包括晋升、降职、平调等情况，这种员工的内部流动会对相应部门的人力资源供给产生影响。

（3）人员离职与流失。所谓员工流失是指组织不愿意而员工个人却愿意的自愿流出，这种流出方式对组织来讲是被动的，特别是特殊人才的流失，会给组织带来巨大的损失。尽管组织设法控制挽留，但人员流失依然难以避免。人员流失的原因分为外部吸引和内部推动，如外部更好的收入和发展机会，内部用人方式欠佳、人际关系紧张等。

（4）员工培训开发状况。组织为了实现其战略目标、提高竞争力，根据未来可能需要的不同技能员工，进行有计划、有组织、多层次、多渠道的学习和训练，不断提高员工的知识和技能，改善员工的工作态度、激发员工的工作积极性和创新性。使组织现有的人力资源质量、结构更能适应企业未来发展的需要。

2. 内部人力资源供给预测的方法

（1）技能清单法。技能清单是根据组织管理的需要，集中收集反映员工工作记录和工作能力特征的记录，这些能力特征包括：教育背景、工作经历、技能证书、能力评价、工作表现等。技能清单是员工竞争力的集中体现，可以帮助人力资源规划者评估现有员工调换工作岗位的可能性，决定哪些员工可以补充企业未来的空缺职位。人力资源规划不仅要保证为企业中未来出现的空缺职位和新增职位提供所需数量的员工，还要保证由合适的人员来补充这些职位。技能清单可以用于晋升人员的选取、管理人员接替计划的制订、特殊工作项目的人员分配、调动、培训、激励等。

（2）人员接替法。组织内部人员供给可以采取人员接替法，预测企业中各具体岗位的人力资源供给，避免人员流失给组织带来损失。人员接替计划的实施步骤如下：首先，根据职位分析的信息，明确工作职位对员工的要求和职位需要的员工人数；其次，确定达到职位要求的候选人，或者经过培训后能胜任职位的人选；最后，综合考虑各职位候选人的情况与组织内部员工流动情况，控制好员工流动方式与不同职位人员接替方式之间的关系，对组织内部人力资源进行动态管理。人员转移的方式如图2-1所示，在运行中需要及时了解接替人员的职业发展规划，并引导其将个人的职业目标与组织目标结合起来。

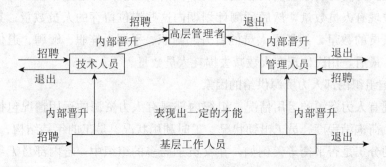

图2-1 组织接替人员流程

（3）马尔可夫模型。马尔可夫是俄国的数学家，以他的名字命名的数学方法称为马尔可夫方法，马尔可夫模型是全面预测组织内部人员转移从而预知组织内部人员供给的一种方法，它根据组织以往各类人员之间流动比率的概率来推断未来各类人员的分布状况，其前提是企业内部人员有规律地转移，其规律可以估计。

（二）组织外部人力资源供给预测

组织职位空缺不可能完全通过内部供给解决，组织人员因各种主观或自然原因退出工作职位是不可抗拒的规律，这必然需要组织不断地从外部补充人员。组织外部人力资源供给预测，主要是预测未来一定时期内，外部劳动力市场上组织所需人力资源的供给情况，其实质就是分析社会劳动力资源的供给状况。外部人力资源供给预测相当复杂，外部供给的渠道也很多样，主要有应届毕业生、复转军人、事业人员、其他企业人员等。

1. 影响组织外部人力资源供给的因素

（1）宏观经济状况。宏观经济状况包括一个国家或地区的经济状况、行业的经济状况，甚至跨国的经济状况。劳动力市场的供给状况与宏观经济形势息息相关，宏观经济形势越好，失业率越低，劳动供给越紧张；经济形势不好，则失业率上升，劳动供给越充足。

（2）劳动力市场发育程度。劳动力市场化程度越高，越有利于劳动力自由进入市场，发挥其市场工资率导向的导向作用，消除人为因素对劳动力流动的限制，增强人力资源供给预测的客观性和准确性。

（3）全国或本地区的人口状况。全国或本地区的人口总量和人力资源总量，一般来说人口总量越大，人力资源率越高，人力资源的供给就越充足。同时，人力资源的总体构成，即人力资源在性别、年龄、教育、技能、经验等方面的构成，决定了不同层次和类别上可以提供的人力资源的数量和质量。

（4）政府的政策法规。政府的政策和法规是影响外部人力资源供给的一个重要因素，如关于保护残疾人就业的法规、禁止雇用童工的法规、关于平等就业机会的法规等。在西方发达国家，有关聘用关系的法令法规和行政命令十分繁杂，它们规范和界定了聘用关系的性质以及人力资源管理活动的合法范围。

（5）劳动力就业价值观。劳动力的就业价值观、择业偏好等对人力资源供给有很大影响。例如，公务员工作比较稳定且社会地位较高，参加公务员考试的人数居高不下，人力资源的供给十分充足。

2. 外部人力资源供给预测的方法

（1）文献法。文献法是在国家或权威机构发布的统计数据基础上进行分析的方法。组织可以通过关注国家和地区统计部门、劳动人事部门发布的数据，结合所在国家和地区的有关法律、政策进行预测。

（2）市场调查法。组织的人力资源管理人员组织或亲自参与市场调查，在掌握第一手劳动力市场信息资料基础上，经过分析和推算，预测劳动力市场的发展规律和趋势。为了提高调查的准确性可以与猎头公司、人才中介、信息咨询公司等建立合作，由专业人员对目标人力资源群体进行调研分析。

（3）对应聘人员进行分析。组织可以通过对应聘人员进行分析得出外部人力资源供给的相关信息，此种调查方法的准确度与其样本数量、结构有很大关系，很难保证调查的准确度。

四、人力资源净需求

人力资源的净需求即组织人力资源需求预测总量减去组织内部人力资源供给预测总量，将会出现三种结果：一是当净需求小于零，人力资源供大于求，出现预期人力资源过剩；二是当净需求大于零，人力资源供小于求，出现预测人力资源短缺；三是当净需求等于零，人力资源供需平衡。值得注意的是人力资源供需绝对平衡的理想状态几乎是不可能存在的，多数情况是人力资源供需数量平衡，但结构不平衡。

（一）人力资源过剩时的政策

当组织人力资源供大于求时，往往会导致组织内人浮于事，工作效率降低，应对这种人力资源过剩的情况，组织通常会采用如下方法。

1. 裁员

依法永久性辞退那些劳动态度差、技术水平低、劳动纪律观念不强的员工。裁员可以快速降低人力资源成本，是解决组织人力资源过剩最直接、最有效的方式，但同时也是对组织伤害最大的方法。从组织角度上看，裁员对组织来说是一种浪费，特别是当组织不慎裁掉了那些无法替代的员工时，这种损失将难以弥补；从员工角度上看，裁员直接关系到个人和家庭的利益，对社会稳定有很大影响。

2. 降级降薪

组织可以通过降低员工职级和薪酬的方式达到降低人力资源成本的目的，此种方法可以在不减少人力资源数量的同时降低人力资源成本。但在现实中，降级降薪意味着变相裁员，降级会毁掉员工的自信、骄傲和尊严，使员工主动离职；降薪会降低员工的工作积极性，引发人力资源的流失。

3. 提前退休

提前退休是减少员工数量的一种途径，让组织中那些老年员工提前退休可以为青年员工的职位晋升提供可能。但是，老年员工经验丰富、稳定性强、在组织中影响力大，往往处于中高层管理职位，制订提前退休计划时要同时制订人员补充计划，确保组织能够正常运行。

4. 重新培训

重新培训可以提高员工的技能水平和素质，提高组织人力资源供给质量。在组织角度上，培训可以为组织培养中高层管理人员，为实现组织战略目标储备人才，提高人力资源的满意度和稳定性；在员工个人角度上，培训可以提高工作能力，增加竞争力，有利于个人职业发展。

除此以外，组织还可以通过职位调动、临时解雇、工作分担、减少工作时间等方式解决人力资源过剩问题，降低人力资源成本。

（二）人力资源短缺时的政策

当组织人力资源供小于求时，往往会导致设备闲置，固定资产利用率低，应对这种人力资源短缺的状况，组织通常会采用如下方法。

1. 鼓励员工加班

当组织出现人力资源短缺情况，根据劳动法的相关规定，延长工作时间，鼓励员工加班是最快捷的方式。但此种方式只能作为短期应急措施，不可长期使用，否则很容易造成人员流失。

2. 招聘

当组织规模扩大，人力资源需求量增加时，需要通过外部招聘补充人力资源，从而保证组织战略目标的实现。

3. 外包

外包是组织通过引进临时性员工来解决人力资源短缺的一种方法，许多代理机构由于长期从事某一项业务，积累了大量专业性人才和实践经验，会比组织自己完成某项任务更有效率。组织可以通过将某些职能外包出去的方法，提高工作的水平和效率，同时还能减少人力资源成本。

除上述方法外，组织还可以通过雇用临时工、技术创新、员工培训等方式来解决人力资源短缺的情况。

（三）人力资源总量平衡但结构不平衡时的政策

现实中，组织人力资源结构不平衡的现象极为普遍，通常组织可以采用如下方式对组织内部人力资源结构进行调整。

1. 内部流动

组织可以通过制订内部流动计划使人力资源在组织内部流动起来，通过工作轮换、晋升、调任等方式补充空缺的职位，满足组织的人力资源需求。

2. 培训开发

结构不平衡往往是专业型人才短缺而普通人力资源过剩，组织可以通过培训普通人力资源，提高其工作能力和素质，使其职业发展与组织战略目标趋同，把他们转变为组织需要的人才，从而补充到空缺岗位上。

3. 招聘与裁员并举

招聘那些组织急需又不能通过短期培训得到的关键岗位人力资源，同时裁掉那些劳动态度差、技术水平低、拒绝提升自身素质的员工，营造人力资源的良性竞争环境。

五、制订人力资源规划

根据组织战略目标及人力资源净需求量，制定人力资源总体规划和各项业务计划，提出调整供给和需求的具体政策与措施，并明确完成时间。同时，要注意总体规划和各项业务计划的相互关联，确保它们之间的衔接和平衡。制定人力资源规划要从组织和员工的长远利益出发，充分考虑内部条件和外部环境的变化，遵循以下原则。

（一）适应性原则

将组织战略目标、财务状况、生产技术条件等组织内部条件与社会需求变化、劳动力市场变化、政府政策法规等组织外部环境结合起来，制定适宜组织发展的规划。

（二）共同发展原则

人力资源规划不仅是实现组织目标的保障，同时也是员工职业发展的基础。组织和员工的发展是相互依托、相互促进的关系，只考虑组织发展而忽视员工发展，会使组织失去人力资源的有效支撑；只考虑个人发展而忽视组织发展，则会成为无源之水。

（三）目标一致原则

人力资源规划是组织整体发展规划的重要组成部分，其首要前提是服从组织整体经济效益的需要。人力资源规划的范围很广，大到影响整个组织，小到影响某个职工，在制定规划时，必须与组织发展战略相适应，以保证组织目标与资源的协调一致。

（四）系统整合原则

有效的人力资源规划能把不同的人员整合起来，形成一个有机整体，发挥整体功能大于个体功能之和的优势。当组织内部人力资源结构不合理时，易产生内耗，降低工作效率，当组织内部人力资源合理时，则会产生优势互补、功能扩大的现象。

 案例讨论

人力资源规划成功的密钥

西太平洋银行（Westpac）是澳大利亚历史最悠久的银行，其前身新南威尔士银行（Bank of New South Wales）成立于 1817 年，1982 年更为现名。该银行雇用员工27000 人，为澳大利亚、新西兰和南太平洋的部分地区超过 750 万顾客提供服务，是澳大利亚第四大银行集团，总资产超过 2000 亿澳元，是澳大利亚证券交易所（ASX）市值排名前十位的上市公司。

西太平洋银行战略人力规划部负责人阿纳斯塔·约安努（Anastasia Ioannou）根据度量指标进行调查后指出，西太平洋银行的人力规划已经取得了相当大的成功——人力规划不但已经与业务战略融为一体，而且还以"动态文档"的形式存在。这种综合了总体性和动态性的规划方案使得公司既可以对现有劳动力进行全面评价，又可以制定与集团使命、战略和预算相匹配的人员招聘和培训开发决策。

约安努进一步指出："保持人力规划与企业未来计划的持续对话非常重要，这有助于确保企业拥有与业务战略相匹配的员工能力和绩效表现，并根据战略需求建立相匹配的责任制。"

一、规划流程 合理分解

西太平洋银行的人力规划模型有八个关键流程，每个流程都围绕着八个关键问题展开。

问题一：我们是谁？

要根据企业的愿景、使命和目标来理解企业业务。

问题二：我们将走向何方？

企业的组织方向，外部劳动力市场，经济、社会等外部环境是企业战略背景的重要组成部分，是制定企业未来发展蓝图和劳动力需求计划的出发点。所以，在制定企业的未来蓝图之前，必须首先了解企业的战略背景。

问题三：我们的现状如何？

对现有员工的特征和能力进行分析，有助于我们全面了解企业现有的劳动力状况。

问题四：我们的发展目标是什么？

约安努解释说，人力资源部门可以通过识别企业的未来商业需求、未来的劳动力特征来明确企业发展的目标，并按此目标进行规划。

问题五：我们没有什么？

进行供应和需求的差距分析，比较企业未来劳动力需求量和现有的劳动力数量，确定劳动力需求缺口。借此确保高层领导者可以清晰阐述当前和未来的企业战略和劳动力状况，摸清现有的劳动力状况，识别未来的员工能力。

问题六：我们该做什么？

劳动力缺口一经确定，企业就要整合企业战略和人力资源管理战略，制定出解决当前和未来劳动力需求差距的方案。同时，确保企业的人力规划方案可以贯彻到招聘、培训和发展、人力资源信息系统和组织团队开发等过程中。

问题七：我们应该如何实现它？

这个问题主要涉及人力规划措施的执行，即为了解决人力规划问题，我们应该如何对企业的战略管理和变革管理过程进行分析和投入。

问题八：我们是否已经步入正轨？

这个问题的答案可以通过评价战略的有效性，识别企业计划的变动及其对企业绩效的影响来获得。人力规划战略实施成功的关键在于企业各层级的参与和合作，同时将人力规划直接与企业战略挂钩。

除上述措施外，西太平洋银行在人力规划过程中还应关注一些重要内容：如利用环境扫描洞察企业环境所带来的风险和机会、预测长期聘用需求；利用 PEST 模型分析企业的战略环境（政治环境、自然环境、社会环境和技术环境）；确定适当的指标体系使领导者能够随时了解人力规划的关键问题，同时这些指标也可以作为企业绩效表现的重要指示器；针对具体的员工群体制定具体的人力规划方案，包括员工保留、考核与奖惩、培训、辅导等。

二、以人为本 "聪明"规划

人力规划不但需要时间，还需要匹配专用资源——换而言之，只有具备高团队协作能力的人力规划团队，才能胜任该项工作。

"聪明"的人力规划可以从简单而有效的组织 DNA 地图搜索入手，寻找、标注出"问题高发领域"。这些领域可能存在特定问题，如员工离职率高，关键技能缺失，职位持续空缺，高旷工率，高绩效员工流失率高，任期少于一年的员工损失比较高，员工的年龄、性别等人口统计特征的不平衡，雇用模式单一等。然后把问题列入规划，一一解决。

西太平洋银行的人资部门在企业内寻找人力规划方案的受益者，与受益者一起落实人力规划方案，并在组织内的其他部门推进——榜样的力量是无穷的；或是寻找一位能与他们一起工作的拥护者，这人可以在组织某一业务单元而不是整个组织内协助人资部门推进人力规划项目。这有助于在同一空间内维持其他业务单元的正常运行，同时促进企业最佳实践和持续学习。

另外，西太平洋银行还建立了一套关键的人力规划指标体系，并将其嵌入到执行过程和反馈过程中，这是非常重要的。通过人力规划过程进一步了解他们的员工，寻找员工行为的背后动机，换句话说，就是了解他们是如何思考、感觉和行动的——所有这些都影响企业员工的工作行为和绩效。

"我认为把人力规划的结果与员工参与、离职、考核和激励、文化氛围等人力资源管理指标相链接，才能真正实现了人力资源规划过程的价值增值。"约安努如是说。

三、定位准确　巧抓关键

西太平洋银行的实践表明，人力规划的过程是有针对性地实施员工发展战略，提高企业生产力的过程。无论在全球经济危机下的企业决策过程中，还是通过裁员以战胜对手取得有利地位的竞争过程，人力规划都能够发挥重要作用。

人力规划的准确定位包含这样几个要素：

- 企业的当务之急
- 有效地执行
- 有助于更好地公司治理和领导
- 一个需要专有知识、技能和能力的新学科
- 一个着眼于企业发展和未来员工需求的持续调整过程

在实际规划过程中，需要不断检查和重视的要素是：

- 关键职位任务
- 职位技能短缺
- 难以填补的职位
- 易受影响的职位
- 供应和需求间的差距分析
- 供应的风险评估
- 以证据为基础和有针对性的劳动力发展战略

思考题：

1. 西太平洋银行进行人力资源规划的基础和依据是什么？

2. 西太平洋银行在进行人力资源规划时如何规划指标？

第三节　人力资源规划的执行

一、人力资源规划的执行原则

在人力资源规划制定后，组织要对人力资源规划加以实施和控制，并适时加以修订，使之与组织发展相适应。再完美的人力资源规划如果不能得到实施都只是纸上谈兵，实施的水平直接影响人力资源规划的效果，在规划执行过程中，我们应注意以下几个问题。

（一）明确职责

组织高层管理者负责制定和监督人力资源规划的宗旨、目标和规划任务的实现；中层管理者负责制定和贯彻人力资源行动规划；基层管理者负责人力资源规划方案的具体执行。要做好人力资源规划必须明确责任，并得到各层管理者的支持。

（二）目标分解

在明确整体人力资源目标任务的基础上，对目标进行分解，并将分解目标落实到具体部门和责任人，让各部门员工都能明确自身在整个人力资源规划中的地位、任务和职责，同时制订出相应的具体工作计划。

（三）有效控制

人力资源规划在实施过程中，会遇到内外部环境的变化，可能会造成预先制定的人力资源规划不再适宜组织发展需要，此时就需要对原人力资源规划及时地作出调整，所以必须对人力资源规划进行有效的监控，及时处理各项突发事项。

二、人力资源规划的执行层次

人力资源规划的执行主要涉及三个层次：企业层次、跨部门层次、部门层次。

（一）企业层次

在企业层次上的人力资源规划需要"一把手"的亲自参与，尤其是企业经营战略对人力资源规划的影响，人力资源规划对人力资源管理各个体系的影响及其指导方针、政策必须由企业高层决策。

（二）跨部门层次

跨部门层次上的人力资源规划执行需要企业副总裁级别的管理者参与，即对各个部门的人力资源规划的执行情况进行监督和协调，并随时对人力资源规划的实施效果给出评估意见。

（三）部门层次

部门层次上的人力资源规划分为两种情况。

1. 人力资源管理部门

人力资源管理部门不但要完成本部门的人力资源规划工作，还要指导和帮助其他部门制定和执行人力资源规划。因此，组织的人力资源管理人员既要做人力资源规划的专家、制定者，又要做人力资源规划的指导员。

2. 其他部门

人力资源规划工作应该是每个部门经理工作的组成部分。但实际情况是，许多部门经理是由技术或业务人员选拔的，对于人力资源管理工作缺乏经验，与人力资源规划的要求有很大差距。对于新晋升的经理，人力资源管理部门应对其进行适当的培训，并把人力资源规划工作作为经理绩效考核的重要内容。

三、人力资源规划的执行主体

传统意义上的人力资源管理工作主要由人事部门承担，例如，招聘、培训、员工发展、薪酬福利等方面的工作，随着现代组织对人力资源部门工作要求和期待的提升，人力资源部门觉得逐渐发生了转变，人力资源部门不再是单纯的行政管理职能部门，而是逐步向组织管理的战略合作伙伴关系转变。同时，现代的人力资源管理工作不仅仅是人力资源部门的责任，也是各层管理者的责任，人力资源规划也是如此。

企业人力资源规划的基础是人员补充计划、人员使用计划、培训开发计划和退休解聘计划等人力资源业务计划，这些计划都是在各部门负责人制定本部门的人员招聘使用、培训开发、晋升解聘等计划的基础上，层层汇总到人力资源管理部门，再由人力资源管理人员依据企业战略分析制定出来的，人力资源管理部门无法脱离各部门的人力资源基础性工作。

人力资源规划应有健全的专职部门来推动，可考虑下列几种方式：

（1）由人力资源部门负责办理，其他部门与其配合。

（2）由某个具有部分人事职能的部门与人力资源部门协同负责。

（3）由各部门选出代表组成跨职能团队负责。

 案例讨论

五金制品公司的人力资源规划

冯如生几天前才调到五金制品公司的人力资源部当助理，就接受了一项紧迫的任务，要求他在10天内提交一份本公司5年的人力资源规划。虽然老冯从事人力资源管

理工作已经多年，但面对桌上那一大堆文件、报表，不免一筹莫展。经过几天的整理和苦思，他觉得要编制好这个规划，必须考虑下列各项关键因素：

首先是本公司现状。公司共有生产与维修工人825人，行政和文秘性白领职员143人，基层与中层管理干部79人，工作技术人员38人，销售员23人。其次，据统计，近五年来职工的平均离职率为4%，没理由预计会有什么改变。不过，不同类别的职工的离职率并不一样，生产工人离职率高达8%，而技术人员和管理干部则只有3%。再者，按照既定的扩产计划，白领职员和销售员要新增10%～15%，工程技术人员要增加5%～6%，中、基层干部不增也不减，而生产与维修的蓝领工人要增加5%。有一点特殊情况要考虑：最近本地政府颁布了一项政策，要求当地企业招收新职工时，要优先照顾妇女和下岗职工。本公司一直未曾有意排斥妇女或下岗职工，只要他们来申请，就会按同一种标准进行选拔，并无歧视，但也未予特殊照顾。如今的事实却是，销售员除一人是女的外全是男的；中、基层管理干部除两人是妇女外，其余也都是男的；工程师里只有三个是妇女；蓝领工人中约有11%妇女或下岗职工，而且都集中在最底层的劳动岗位上。

冯如生还有5天就得交出计划，其中包括各类干部和职工的人数、从外界招收的各类人员的人数以及如何贯彻市政府关于照顾妇女与下岗人员政策的计划。此外，五金制品公司刚开发出几种有吸引力的新产品，所以预计公司销售额五年内会翻一番，冯如生还得提出一项应变计划以备应付这类快速增长。

思考题：

1. 老冯在编制人力资源规划时要考虑哪些情况和因素？
2. 在预测公司人力资源需求时，他能采用哪些方法？
3. 根据案例中给出的条件制定该公司未来三年的人力资源规划书。

本章小结

本章介绍了人力资源规划的概念、类型、内容及作用；着重阐述了人力资源规划的制定程序，对人力资源需求预测、人力资源供给预测的影响因素和方法做了系统讲解；并针对供需预测的不同结果归纳了不同的政策措施；提出了人力资源规划执行的原则、层次和主体。

本章练习题

1. 人力资源规划与组织战略之间是什么关系？
2. 什么是人力资源规划？
3. 简述人力资源规划的内容、作用。
4. 人力资源规划制定的流程？
5. 简述人力资源需求预测的概念、方法。

6. 简述人力资源供给预测的概念、方法。

7. 简述人力资源供需平衡的策略及其优缺点。

8. 简述人力资源规划执行的原则。

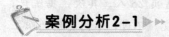

行政人事部 2014 年年度计划

前 言

为配合公司 2014 年度营销目标的实现，加强行政人事工作的准确性与计划性，根据公司 2014 年各项的发展计划和经营目标，行政人事部制定了本年度计划：

第一部分：人力资源类工作

一、人员招聘

1. 现状分析

(1) 2014 年是公司快速发展的一年，人力需求将迅猛增加、逐步到位。

(2) 利用公司号召力和春节后人才流动的高峰期这些机会，补充一些来自机械行业尤其是电动车行业的高端人才和优秀的基础人才，作为培养储备或进行人力资源的更替。

(3) 改善目前招聘渠道、流程，增加招聘投入，适应 2014 年人才猛增需求。

(4) 在 2014 年员工考核的基础上实现 2014 年的内部培养与晋升，提拔和任用有上进心、不断学习提升的内部员工。

2. 目标概述

公司目前正处在变革时期，2014 年总体人力资源目标做到三点：满足岗位需求，保证人才储备，实现梯队建设。

3. 实施方案

(1) 招聘方式：以网络招聘为主，和全国知名的招聘网站合作，至少同时签约两家以上网站半年或一年，例如，智联招聘、中华英才网、51job 网等。

(2) 猎头招聘：高层管理岗位的招聘方式。

(3) 人才市场现场招聘：保持与天津及周边地区各大小人才市场联系，参与大型招聘会、金领招聘会、专场招聘会等，这同时也是公司品牌宣传的一种形式。

(4) 内部提拔：通过绩效考核等方式提拔和任用内部员工。

(5) 熟人推荐：针对特别岗位或难点岗位实行奖励熟人推荐的形式。

(6) 学校现场招聘：对于生产基础岗位员工实行学校招聘，其他岗位慎用。

4. 实施细则

(1) 人力资源管理和行政管理分别考虑，前期需要增设人事主管 1 名，招聘培训专员1名（下半年），薪酬绩效专员1名（第二季度）。行政管理方面需要优化部门主管。

（2）招聘渠道拓展：竞争对手挖人、行业论坛招聘广告发布、定期招聘日等。

（3）做好各项准备工作：与用人部门沟通，了解特定需求；招聘广告扩大公司的形象宣传；制作公司宣传品或宣传板等。

（4）安排面试：面试方法的选定；面试专员的选定；面试题的拟定；面试结果的反馈、录用决策效率提高等，年中完善并规范指导部门内部各项工作的《人力资源手册》，作为今后人力资源部工作指导书。

二、绩效考核

1. 分析

根据2014年年末的公司新制度体系的要求来看，绩效考核工作所面临的问题已经从技术性问题向组织管理性问题上转变。绩效考核工作体现了公司对全体员工的绩效要求，核心问题是一种管理习惯的形成。养成行为习惯，关键在于坚持和制度保障。绩效考核体系应完成的任务非常明确，概括为四大任务：一是健全绩效指标（KPI），逐步减少主观考核比重；二是抓好绩效过程监控；三是严格施行考核结果反馈和应用，及时面谈；四是规范考核方式，并与薪酬挂钩。

2. 目标

绩效考核工作的根本目的不是处罚，而是激励员工不断改善。

3. 实施方案

（1）继续完善《绩效考核管理办法》和配套文件、表格；补充新增设岗位考核指标。

（2）考核结果与薪资挂钩，逐步将所有项目参与横向考核范畴。

（3）通过面谈和反馈等方式，重点对考核结果进行评估，建议对考核形式、考核项目、考核结果反馈与改进情况跟踪，保证绩效考核工作的良性运行。

（4）推行过程是一个贯穿全年的持续工作。行政人事部完成此项工作目标的标准就是保证建立合理、公平、有效的绩效评价体系。

4. 实施细则

（1）绩效考核工作牵涉到各部门各职员的切身利益，因此在保证绩效考核与薪酬体系链接的基础上，要从正面引导员工用积极的心态对待绩效考核，以达到通过绩效考核改善工作、校正目标的目的。

（2）绩效评价体系并非是行政人事部门的单独工作，在操作过程中是以公司总经理及各中心总监与总经理助理为主导，并听取各方面人员的意见和建议，及时调整和改进工作方法。

（3）绩效考核工作是一个沟通的工作，也是一个持续改善的过程。在操作过程中会注意纵向与横向的沟通，确保绩效考核工作的顺利进行。

三、员工培训

1. 分析

（1）各部门对培训的重视不够，力度不足，公司培训管理制度暂时没有建立，计划年终建立该制度并纳入绩效考核指标体系中。

(2) 未能系统化管理和规范化实施,培训存在盲目性,多为应付式的培训。

(3) 培训方式单一,多为课堂讲授为主,缺少互动和反馈,效果不明显。

(4) 培训考核机制不健全,进而影响到培训效果的达成。

(5) 未设立专门的培训专员、培训讲师队伍未能形成。

2. 目标

(1) 员工培训与开发是公司着眼于长期发展战略必须进行的工作之一,也是培养员工忠诚度、凝聚力的方法之一。

(2) 通过对员工的培训与开发,员工的工作技能、知识层次和工作效率、工作品质都将进一步加强,增强企业的竞争力。

(3) 2014年下半年行政人事部将对员工进行系统、规范的培训与开发,使公司在人才培养方面产生明显效益。

3. 实施方案

(1) 培训大纲的制订:根据各部门年初提报的培训需求,建立年度《培训纲要》,分解到每月,由行政人事部监督执行。

(2) 讲师培养计划:选拔一批内部讲师进行内部管理和工作技能培训,开发培训课程的课件,建立《讲师花名册》,并给予一定补助。

(3) 重点培训内容:营销技巧、工作沟通、客户服务、企业文化、职业规划、产品知识、项目管理、新进员工公司培训、规章制度培训和廉政培训等。

(4) 培训制度修订:第一季度完成《培训管理制度》。

(5) 培训效果评估:对培训进行跟踪评估,及时收集培训对象的反馈信息,对受训人进行考核,并于工资上体现,对讲师进行打分。

四、员工职业规划

1. 分析

(1) 根据公司战略发展、岗位需要进行员工职业发展通道设计。

(2) 明确各岗位的发展通道的能力素质标准。

(3) 明确公司晋升制度,确保员工个人发展空间。

2. 目标

(1) 编制各岗位的职业发展通道,形成《员工晋升管理制度》文件。

(2) 着力跟进员工的职业发展,提供帮助和指导。

(3) 实现内部规划和外部规划相结合,职务规划和薪资规划相结合。

3. 实施方案

(1) 第三季度前后完成《员工晋升管理制度》及相关配套文件。

(2) 内部发展渠道描述:

A. 技术职称发展途径;

B. 行政级别发展途径;

C. 个人薪酬发展途径;

D. 内部横向发展途径。

（3）外部发展渠道描述：公司委培个人深造途径。

第二部分：行政类工作——工作内容

一、企业文化生活（见表 2-1）

表 2-1　　　　　　　　企业文化生活一览表

序号	项目	内容描述
1	员工生日会	晚会上以团队竞技为主，对于优胜者给予一定奖励，单月进行
2	登山活动	员工旅游项目之一，既作为员工福利又可以对优胜者给予奖励
3	拓展活动	组织各系统员工在上半年和下半年参加拓展训练各一次
4	重要节日活动	生日、母亲节、妇女节等发放节日礼品，传递节日祝福
5	春节联欢会	年度优秀员工颁奖、年度优秀供应商颁奖；春节年会聚餐和抽奖活动
6	企业文化研讨会	讨论、学习和总结公司企业文化
7	5S 评比活动	安排检查和张榜公布成绩，年终时给予优秀部门奖励
8	公司周年庆典	组织新闻发布会或周年庆典活动
9	公司人报	公司人报创办的参与，发布重要信息
10	员工大会	采用休闲的形式与行政人事部长进行聊天，现场解决问题，双月进行

二、制度建设工作（见表 2-2）

（1）制度是工作经验的总结，是工作效果达成的保证；

（2）制度的编者和修订遵循现实工作的需要，同时要有前瞻性；

（3）制度不能一蹴而就，而是一个持续改善的过程。

表 2-2　　　　　　　　企业制度建设一览表

序号	制度名称	完成时间
1	《员工晋升管理办法》编制	2014 年 12 月 1 日前
2	《人力资源手册》编制	2014 年 5 月 30 日前
3	《培训管理办法》修订	2014 年 9 月 30 日前
4	《公司文控管理办法》编制	2014 年 4 月 1 日前
5	《团队活动管理办法》编制	2014 年 4 月 1 日前
6	《IT 运维管理制度》编制	2014 年 3 月 1 日前
7	《公司文控管理办法》修订	2014 年 12 月 1 日前
8	其他制度的修改和完善	全年进行

现代人力资源管理实务

三、法务建设战略建设思路（见表 2-3）

（1）设立专门的法务人员负责公司法务工作；

（2）前期可以由兼职的法务人员承担工作；

（3）后期考虑一名专职的法务人员负责日常工作及涉外工作。

表 2-3 法务建设一览表

序号	工作项目	范围	详细内容
1	新工厂建设相关资质证明	涉内/涉外	资质证书等文档建立
2	机关政要关系保障	涉外	加强公司社会交往能力
3	劳资纠纷	涉内	处理并预防劳资纠纷
4	合同评审	涉内/涉外	审核公司级各类合同
5	商业纠纷	涉外	处理并预防公司经营活动带来的纠纷

四、信息化建设思路（见表 2-4）

围绕有利于工作效率提高、解决实际问题，分步分期实施，确保效果达成。

表 2-4 信息化建设一览表

序号	名称	详细内容
1	条码管理系统	实现条码系统与 ERP 管理系统的整合
2	ERP 管理系统	提高系统使用效率、发挥系统全部功能
3	办公 OA 系统	提高工作效率、实现无纸化办公、节约成本
4	信息安全管理系统	对重要数据加密处理，保护商业机密
5	视频、电话会议平台	实现总部与分公司沟通顺畅、高效，节省成本
6	人力资源管理系统	考勤、培训、劳动合同、绩效考核、薪资等管理内容
7	知识库查询系统（配合 OA）	总结工作成果方便检索查询

五、文控体系建设思路

（1）行政人事部下新设立"文控室"或"档案室"，招聘专职的"文控专员"或"档案专员"。

（2）编制《公司文控管理办法》。

（3）将所有重要制度、信函和图纸、公章等进行管控，对所有输出设备进行管控。

（4）主要注意力放在对管理体系的有效辅助及绩效改善上，而不能降低效率。

（5）计划完成时间：等待公司办公室改造或搬迁规划时列入考虑。

六、日常行政事务建设思路

（1）接待：接待服务主要是人对人的工作，在一定程度上讲，人员素质对接待服务的质量起着举足轻重的作用，我们决定对接待员文化修养、礼仪和公司基本情况等进行培训，圆满完成接待任务。

（2）证照年审：对需要办理手续的证照进行登记，提前确定办理时间，安排在规定时段内办理完企业和车辆的证照年审工作，年度目标为办理及时率100%。

（3）资料整理：严格规范和执行文件资料管理制度，进行资料分类存档，文件资料收发登记率做到100%。

（4）办公用品采购和使用：依据年度预算采购和领用办公用品，耐用办公用品，如订书机、计算器等依据以坏、旧换新的原则领用。

（5）车辆管理：严格执行车辆使用管理制度，及时保养清洗，损伤时及时定责，及时处理。

（6）在建工程，监督质量，督促工期；零星修缮，及时发现，及时维修。

七、安全保卫工作思路

（1）安全保卫工作是行政后勤管理工作的一个重点，2014年度首先要做的是更新保卫人员，包括监控室人员，稳定保卫人员队伍。

（2）多和派出所沟通，争取他们更多支持，日常特别是节假日，让警车多来巡逻（如果可行的话）。

（3）和路政及交通管理部门沟通，大门两边缓冲带及北边十字口红绿灯安装。

（4）消防事故应急预案，经常演练，定期对保卫人员进行消防培训。

（5）多了解周围环境治安方面情况，如有必要进行联防合作。

（6）经常对员工进行安全教育，操作规程，交通、用电、消防，防患于未然。

（7）加强节假日和重点区域安全防范。

八、宿舍、食堂工作思路

（1）宿舍方面：各宿舍楼均配置一名"宿舍管理员"负责卫生与纪律，有考核打分的权利，具体职责见《宿舍管理员工作职责》。

（2）食堂方面：加强对菜价的管理，部门领导或派人定期下菜市场了解行情。按卫生局要求逐步与正规食堂进行接轨。下半年进行员工对菜品质量的反馈工作。

思考题：

1. 人力资源规划是一个连续计划的过程，主要包括几个方面？

2. 此案例是一个典型的人力资源计划方案，试分析其优劣。

案例分析2-2 ▶▶▶

BY集团于两年前因业务发展的需要，收购了一家国有企业。收购后，集团投入了大量的资金，更新了设备和生产线，以希望企业的生产能达到一个较高的水准。在企业人员方面，考虑到稳定和生产的持续性，集团只是对原有企业的高管层进行了更换，而队中低层管理者，包括一线工人在内的基层员工没有做出调整。

由于市场和成本的原因，新设备更新完成后，集团就急于投产，但在投产一段时间后，集团发现了诸多的问题：引进新设备后，由于员工对新设备缺乏了解和使用经验，生产效率不但没有因为新设备有任何的提高，反而降低很多；员工对引进新设备后所需要的新生产规程不熟悉，导致在生产过程中频频出错；由于企业被收购，很多员工还在惊恐和莫名之中，工作积极性及主动性普遍不高，造成生产效率人为低下；中、基层管理人员由于对自己未来不知所措，在日常管理工作中无责任心，对管理的各项工作执行不利。

集团人力资源部在得到集团管理层相关问题通报后，与该企业人力资源部进行了沟通，由于企业人力资源部在收购后，一部分人员流失，造成工作无法正常开展，集团人力资源部及时组织集团人力资源部人员进驻该企业，并及时了解了问题的各个节点，拿出了整改的意见。

首先，创办设备操作培训班，请设备生产厂家派工程师来企业现场进行操作讲解；员工培训合格后上岗，连续两次不合格的，扣发考核工资。其次，对重要岗位和一线管理人员，进行技术和管理技能的强化培训。再次，开展了技术大比武的活动，分别对3个月、6个月、1年无安全问题和质量问题的员工予以重奖。最后，请集团领导和员工分三次进行座谈，就企业的发展规划，企业未来和对员工的发展等问题与员工进行沟通和分享。

通过执行上述方案，在短短一个月内，企业职工在工作过程中，安全生产意识和质量管理意识有了明显的提高，具有了"主人翁"心态，从而提升了产能效率，节省了人力成本；各级主管的责任感也明显加强，企业因此顺利通过国家相关部门的现场生产认证，获得了产品生产批文，并获得了申报"高新科技企业"称号的资格。

思考题：

1. 人力资源规划对企业发展变革的意义有哪些？
2. BY集团的做法给你什么样的启示？

 案例分析2-3 ▶▶▶

苏澳玻璃公司的人力资源规划

近年来苏澳公司常为人员空缺所困惑，特别是经理层次人员的空缺常使得公司陷入被动的局面。苏澳公司最近进行了公司人力资源规划。公司首先由四名人事部的管理人员负责收集和分析目前公司对生产部、市场与销售部、财务部、人事部四个职能部门的管理人员和专业人员的需求情况以及劳动力市场的供给情况，并估计在预测年度，各职能部门内部可能出现的关键职位空缺数量。

上述结果用来作为公司人力资源规划的基础，同时也作为直线管理人员制定行动方案的基础。但是在这四个职能部门里制定和实施行动方案的过程（如决定技术培训方案、实行工作轮换等）是比较复杂的，因为这一过程会涉及不同的部门，需要各部门的通力合作。例如，生产部经理为制定将本部门A员工的工作轮换到市场与销售部的方案，则需要市场与销售部提供合适的职位，人事部做好相应的人事服务（如财务结算、资金调拨等）。职能部门制定和实施行动方案过程的复杂性给人事部门进行人力资源规划也增添了难度，这是因为，有些因素（如职能部门间的合作的可能性与程度）是不可预测的，它们将直接影响到预测结果的准确性。

苏澳公司的四名人事管理人员克服种种困难，对经理层的管理人员的职位空缺做出了较准确的预测，制定详细的人力资源规到，使得该层次上人员空缺减少了50%，跨地区的人员调动也大大减少。另外，从内部选选拔工作任职者人选的时间也减少了50%，并且保证了人选的质量，合格人员的漏选率大大降低，使人员配备过程得到了改进。人力资源规划还使得公司的招聘、培训、员工职业生涯计划与发展等各项业务得到改进，节约了人力成本。

苏澳公司取得上述进步，不仅仅是得力于人力资源规划的制订，还得力于公司对人力资源规划的实施与评价。在每个季度，高层管理人员会同人事咨询专家共同对上述四名人事管理人员的工作进行检查评价。这一过程按照标准方式进行，即这四名人事管理人员均要在以下14个方面作出书面报告：各职能部门现有人员；人员状况；主要职位空缺及候选人；其他职位空缺及候选人；多余人员的数量；自然减员；人员调入；人员调出；内部变动率；招聘人数；劳动力其他来源；工作中的问题与难点；组织问题及其他方面（如预算情况、职业生涯考察、方针政策的贯彻执行等）。同时、他们必须指出上述14个方面与预测（规划）的差距，并讨论可能的纠正措施。通过检查，一般能够对下季度在各职能部门应采取的措施达成一致意见。

在检查结束后，这四名人事管理人员则对他们分管的职能部门进行检查。在此过程中，直线经理重新检查重点工作，并根据需要与人事管理人员共同制定行动方案。当直线经理与人事管理人员发生意见分歧时，往往可通过协商解决。行动方案上报上级主管审批。

思考题：

1. 什么是人力资源规划？苏澳公司的人力资源规划都包括哪些内容？
2. 公司各个部门在人力资源规划过程中担任了什么样的角色？
3. 苏澳公司的人力资源规划起到了什么样的作用？

第三章　工作分析

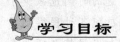 学习目标

- 理解工作分析的含义和程序
- 掌握工作分析的主要方法
- 理解工作设计的原理
- 掌握工作设计的方法

导入案例

一名操作工把大量的液体洒在设备周围的地板上，主任叫操作工把洒在地板上的液体打扫干净，操作工拒绝执行，理由是任职说明书上没有包括清扫的条文。于是车间主任找来服务工清扫。但服务工用相同的理由拒绝了，她说这个应该由勤杂工来完成，因为勤杂工的责任之一是做好清扫工作。主任威胁服务工说要解雇她，因为服务工是分配到车间来做杂务的临时工。服务工勉强同意，但是干完以后立即向公司投诉。

有关人员看到投诉以后，审阅了三类人员的任职说明书：操作工有责任保持设备的清洁，但未提及清扫地板。服务工有责任以各种方式协助操作工，但也没有提及清洁工作。勤杂工有责任清扫，但是工作时间是从正常工人下班以后开始。

思考题：

1. 服务工为什么要向公司投诉？
2. 导致他们之间发生争执的原因是什么？
3. 你认为解决此类矛盾的关键是什么？

第一节　工作分析概述

一、工作分析概述

工作分析即通过系统分析的方法来确定工作的职责，以及所需知识和技能的过程。其作用主要体现在企业管理与人力资源管理两个方面。

（一）工作分析在企业管理中的作用

（1）支持企业战略。企业战略目标的实现有赖于合理的组织结构和职位系统，而工作分析的作用之一就是实现组织结构优化与职位体系的再设计，因此出色的工作分析工作可以有效地支持企业战略。

（2）优化组织结构。企业外部环境变化将影响企业战略的变化，这就要求组织结构也随之改变。通过工作分析有助于了解组织结构上的弊端并提出改进方案，从而适应企业战略的变化。

（3）优化工作流程。通过工作分析，可以理顺工作与其所在的工作流程中上下游环节之间的关系，明确工作在流程中的角色与权限，消除流程上的弊端，优化工作流程，提高工作流程的效率。

（4）优化工作设计。工作分析确定了工作的内容、职责、工作范围等，有利于避免或者消除由工作职责重叠、职责空缺等职责设计问题所引起的一系列负面问题。

（5）改进工作方法。工作分析可以优化工作程序和方法，提高劳动生产率，降低成本。

（6）完善工作相关制度和规定。工作分析可以明确工作流程、工作职责以及绩效标准等内容，有利于完善工作相关制度和规定，为任职者提供工作标准和行为规范。

（7）树立职业化意识。工作分析能建立工作标准和任职资格条件，有利于任职者明确胜任工作应具备的知识、技术、能力以及道德素质等任职资格，指导其在工作中不断提高和发展，树立职业化意识。

（二）工作分析在人力资源管理中的作用

（1）人力资源规划。组织内每项工作的责任大小、任务轻重、时间的约束、工作条件的限制因素决定了所需的人员的数量和质量。通过对部门内各项工作的分析，确定各部门的人员编制，制订人力资源需求计划，并可以将接近的职务归类，为人力资源规划科学化提供前提保证。

（2）招聘甄选。科学的工作分析为招聘过程中用人标准、招聘信息的发布、应聘简历的筛选、面试工具的选择和设计，提供了重要的参考与基础信息，还可以为企业降低招聘成本。

比如在制定招聘广告时，应该结合职位说明书所提供的工作职责以及任职资格等信息，制定出清晰、明确的招聘广告，使应聘者对工作有一个简要但比较准确的了解；在进行简历筛选时，应该以职位说明书上面所要求的任职资格为依据，去判断应聘者是否在学历、专业、经验等方面符合要求；在进行人员甄选时，更应该时刻结合职位说明书对工作提出的各项要求，对应聘者进行全方位的考察。

（3）人力资源培训与开发。培训是实现人力资源开发、提升人力资本价值的重要途径。培训的直接目的之一就是实现组织内部的"人岗匹配"，即实现人的知识、技能、能力、素质等与工作岗位要求之间的匹配。新员工的知识、技能、能力和素质等各方面常常需要经过培训才能更好地满足岗位的要求，员工在个人职业生涯转型和发展时期也需要接受培训以适应新的岗位或为晋升、角色转换做准备。组织外部经营环境变化和科学技术的发展使工作岗位逐渐发生着变化，组织通过员工培训对这些变化做出应对。

（4）绩效管理。绩效管理在人力资源管理中具有举足轻重的地位，科学的工作分析为成功的绩效管理奠定了基础。一是绩效目标来源于工作本身的定位，工作分析是制定有效的绩效目标的基础，二是绩效评价方法的选择和绩效评价工具的设计也以工作分析的结果为依据，而绩效评价工具是否合理直接影响着绩效评价结果的有效性，也间接影响着随之而来的绩效面谈、绩效改进。作为成果文件的职位说明书也可以成为制定绩效考核指标的书面依据。

（5）工作评价。工作评价以工作分析为基础，根据工作分析提供的工作职责和要求等方面的信息，对职位的技能、强度、责任以及环境等因素进行综合评估，确定企业内职位的相对价值排序。

（6）薪酬管理。为了关注内部公平，薪酬设计的基础性工作之一是进行工作分析和工作评价，评价人员要对被评价的工作岗位进行了解。工作价值要通过诸如技能水平、努力、责任和工作条件等要素去加以评定的。工作分析所提供的信息成为工作价值评价的基础。

（7）员工职业生涯规划。岗位说明书对上岗人员的知识、技能、经验与能力做出了明确的规定。一方面，在工作过程中对于绩效标准的传达，使员工明确了组织的期望。通过对照岗位说明书，可以加强自身行为的改进，使员工体验到成就感、责任感。另一方面，岗位说明书也明确了职位上升的空间。

二、工作分析的流程

案例讨论

A公司是一家大型的家用电器集团公司。由于近年来公司发展过于迅速，人员也飞速增长，因此许多问题也逐渐暴露出来。表现比较突出的问题就是岗位职责不清，有的事情没有人管，有的事情大家都在管，但又发生推诿扯皮的现象。现在公司中使用的岗位职责说明已经是几年前的版本了，可实际情况却已经发生了很大变化，因此根本就无法起到指导工作的作用。由于没有清晰的岗位职责，因此各个岗位上的用人标准也比较模糊。这样人员的招聘选拔、提升方法就全凭领导的主观意见了；公司的薪酬激励体系也无法与岗位的价值相对等。员工在这些方面意见很大，士气也有所下降。最近，公司进行了一系列重组工作，年轻有为的新的高层团队也开始发挥作用，他们看到公司目前面临的问题，决定请专业的咨询顾问进行一次系统的人力资源管理诊断和设计工作。由于工作分析是各项人力资源管理工作的基础，因此专家建议首先从工作分析入手。

思考题：

1. 工作分析的目标有哪些？

2. 工作分析应该做哪些准备工作？

（一）确定工作分析的目的

实施工作分析，应当首先建立目标导向的工作分析系统，明确规定工作分析的具体目标和工作分析成果的具体用途，以此作为构建整个工作分析系统的依据。

（二）调查工作相关的背景信息

在确定了工作分析的实施目的之后，可以通过调查企业内部资料和外部资料来掌握工作相关的背景信息，为工作相关信息的收集、分析、整理以及结果的形成奠定基础。

（三）运用工作分析技术收集工作相关信息

对工作有了基本了解之后，应当根据企业的性质、职位的性质以及工作分析的目的来选择适当的工作分析方法，选择企业中的典型职位。运用所选技术去收集典型职位的工作活动、职责、工作联系、工作环境和任职资格要求等方面的信息，对被分析职位进行全方面的了解。

（四）整理和分析工作相关信息

在工作分析信息收集完成之后，需要对工作信息进行核对与分类，甄选出有用的信息，并对它们进行分析、综合与归纳。

（五）形成工作分析结果

工作分析的结果之一是职位说明书，它详细、准确地描述了职位的职责、工作范围、任职要求等要素。根据工作分析的目的不同，还可能需要编写工作分类和胜任特征模型。

（六）核对与应用工作分析结果

工作分析结果形成之后，要反馈给相关工作人员进行审核，对不准确之处进行修改。在应用的过程中，应遵循动态应用的原则，根据变化及时调整。

三、工作分析方法

（一）通用的工作分析方法

（1）访谈法。访谈法又称为面谈法，是通过工作分析者和工作执行者面对面地谈话来收集信息资料的方法。一般是以标准的格式进行记录，它的目的是使问题和回答限制在与工作直接有关的范围内，而且标准格式也便于比较不同员工的反应。

（2）问卷法。问卷法指发给职工一份结构性问卷，通过填写问卷来确认他们要完成的任务。该方法的优点是节省时间，不耽误生产，调查范围广，可以量化；但是设计花费时间，并限于有书写能力的人。

（3）观察法。观察法是一种传统的工作分析方法，指分析人员在一旁观察职工的工作活动，记录下工作各部分的内容、原因和方法。分析人员通常以事先准备好的标准格式来记录观察到的资料。此方法用来收集强调技能的工作信息，脑力工作、紧急和突然的工作是难以得到观察的。

（4）工作实践法。工作实践法是指工作分析人员直接参与所研究的工作，从而掌握工作要求的第一手资料的一种工作分析方法。

（5）工作日志法。这种方法是要求担任某一职位的任职者每天记录工作的日记或日志，即让他们每天记录他们在一天中所进行的工作活动。每个任职者都要将自己所从事的每一项活动按照时间顺序以日志的形式记录下来。这种方法比较常用。

（6）文献分析法。文献分析法主要是指搜集、鉴别、整理文献，并通过对文献的研究，形成对事实科学认识的方法。一般用于收集工作的原始信息，编制任务清单初稿，较为的经济而有效。

（7）主题专家会议法。主题专家会议法是指由熟悉目标职位的企业内部人员和外部人员就目标职位的相关信息展开讨论，收集数据，验证并确认分析结果。

（二）现代的工作分析方法

1. 以人为基础的系统性工作分析方法

（1）职位分析问卷法（Position Analysis Questionnaire，PAQ）。这是一种结构严谨的工作分析问卷，是目前最普遍和流行的人员导向职务分析系统。PAQ 包含 194 个项目，其中 187 项被用来分析完成工作过程中员工活动的特征，另外 7 项涉及薪酬问题。所有的项目被划分为信息输入、思考过程、工作产出、人际关系、工作环境、其他特征 6 个类别。目前，国外已将其应用范围拓展到职业生涯规划、培训等领域，以建立企业的职位信息库。

（2）工作要素法（Job Element Analysis，JEA）。工作要素法是一种典型的开放式人员导向型的工作分析系统，目的在于确定对完成特定领域的工作有显著作用的行为及此行为的依据，并由一组专家级的上级或任职者来对这些显著要素进行确定、描述、评估。工作要素法所关注的工作要素非常广泛，包括知识、技术、能力、愿望、兴趣和个性特征等。工作要素法的分析对象通常是某一类具有相似特征的工作。工作要素法的工作分析系统主要包括四个步骤，依次是收集工作要素、整理工作要素、划分工作分析维度以及确定各类要素。

（3）能力要求法（Ability Requirements Approach，ARA）。能力要求法是指完成任何一项工作的技能都可由更基本的能力来加以描述。例如，击打棒球的技能可以用反应时间、腕力、眼手协调的基本能力加以描述。

2. 以工作为基础的系统性工作分析方法

（1）关键事件法（Critical Incident Technique，CIT）。关键事件法是指确定关键的工作任务以获得工作上的成功。关键事件是使工作成功或失败的行为特征或事件，例如盈利与亏损、高效与低产等。关键事件法要求分析人员、管理人员、本岗位人员，将工作过程中的"关键事件"详细地加以记录，并在大量收集信息后，对岗位的特征和要求进行分析研究的方法。这种方法的优点是针对性比较强，对评估优秀和劣等表现十分有效；缺点是对关键事件的把握和分析可能存在某些偏差。

（2）管理职位描述问卷法（Management Position Description Questionnaire，MP-DQ）。管理职位描述问卷法指利用工作清单专门针对管理职位分析而设计的一种工作分析方法。它是一种管理职位描述问卷方法，是一种以工作为中心的工作分析方法，是国外近年的研究成果。这种问卷法对管理者的工作进行定量测试，它涉及管理者所关心的问题、所承担的责任、所受的限制和管理者的工作所具备的特征，包括 208 个问题，划分为 13 个类别。

（3）工作任务清单分析法（Task Inventory Analysis，TIA）。工作任务清单分析法是一种典型的工作倾向性工作分析系统。任务清单系统中收集工作信息的工具实际上是一种高度结构化的调查问卷，一般包括背景信息和任务清单两大部分。任务清单部分就是把工作按照职责或其他标准以一定的顺序排列起来，然后由任职者根据自己工作的实际情况对这些工作任务进行选择、评价等，最终理顺并形成该工作的工作内容。该方法主要包括以下三个步骤：构建任务清单、利用任务清单收集信息、利用计算机软件分析任务清单所收集的信息。

四、工作分析的实施技巧

（一）工作分析实施的时机

如果出现了以下三种情形时，需要进行工作分析：企业刚成立，新职位出现时，新方法、新技术、新流程或新系统的出现导致工作产生变化时。

（二）工作分析的实施主体

工作分析的实施主体，是指具体实施工作分析，负责收集信息、分析信息和编写结果性文件的人员。实施主体通常可以有以下三种选择。

（1）企业内人力资源部门：即人力资源部门成立工作分析小组，其他部门配合。优点在于节省成本且对企业更加了解；缺点在于耗费大量人力和时间，且实施人员经验不足。

（2）企业内各部门：由各部门自己实施工作分析，人力资源部门提供专业辅导。优点在于其非常熟悉本部门工作且节省成本；缺点在于工作分析结果可能不专业，影响信度。

（3）咨询机构：聘请咨询机构实施工作分析，人力资源部门配合咨询顾问协调计划的实施。优点在于节省企业人力，且作为第三方在工作中更有说服力、更公正；缺点在于耗费资金，且对企业不了解，企业需要花费时间与其进行沟通。

（三）标杆职位的选取

当需要分析的工作职位很多又彼此比较相似时，可以选择标杆职位来完成工作分析。选择标杆职位可以参考以下标准：职位的代表性、职位的关键程度、职位内容变化的频率和程度以及职位任职者的绩效。

（四）取得相关人员的支持

工作分析是一项系统性工程，需要企业内不同层级、不同部门的配合共同完成。

1. 企业高层应明确

（1）是否清楚地了解工作分析的必要性？

（2）工作分析的目标是什么？

（3）实施工作分析的流程是什么？

（4）将要花费多少时间、金钱和人力？

（5）在工作分析实施中，自己的责任是什么？

2. 中层管理者应明确

（1）是否了解工作分析的必要性？

（2）工作分析对本部门的影响是什么？

（3）在工作分析实施中，自己的责任是什么？

3. 一般员工应明确

（1）工作分析的目的是什么？

（2）工作分析过程中自己需要给予哪些配合？

案例讨论

华益国际食品有限公司是一家生产方便面的外商独资企业。由于开创初期实施了卓有成效的经营战略，使产品一炮打响，并迅速占领了我国市场。随着市场的扩大，企业规模也急剧扩张，生产线由初期的两条扩展到12条，人员也增至上千人，随之而来的是管理上暴露出种种问题。最为突出的是报酬问题，各部门人员都觉得自己的付出比别人多，而得到的并不比别人多，所以都认为报酬不公平，戏称这是资本主义的大锅饭。生产部门的人员强调自己的劳动强度大。确实，在炎热的夏天，车间温度高达摄氏40多度，劳动强度可想而知。经营部门的人员强调自己整天在外面跑，既辛苦又承受着很大的心理压力。还有的部门强调自己的责任大，等等。大家各执一词。又到了分奖金的时候了，究竟该怎么分配？总经理决定聘请外界专家协助解决。

思考题:

1. 为什么分配会有问题?

2. 专家诊断应从什么地方着手?

五、工作分析的成果

职位说明书是工作分析的产出成果,是通过职位描述把直接的实践经验归纳总结上升为理论形式,使之成为指导性的管理文件,包括两个部分,即工作描述和工作规范。

(一) 工作描述

工作描述是指在该职位上员工在实际工作的业务流程以及授权范围。它是以"工作"为中心,从而对岗位进行全面的、系统的、深入的说明,为工作评价、工作分类提供依据。

(二) 工作规范

工作规范是指任职者要胜任该项工作必须具备的资格与条件。工作规范说明了一项工作对任职者在教育程度、工作经验、知识、技能、体能和个性特征方面的最低要求,是工作说明书的重要组成部分。工作规范是在岗位说明的基础上,解释什么样的人员才能胜任本岗位的工作,以便为企业职工的招聘、培训、考核、选拔、任用提供依据。工作描述包括对岗位各有关事项的性质、特征、程序、方法的说明。而工作规范涉及对岗位人员任职资格条件的要求。

第二节　工作设计

一、工作设计概述

工作设计是对工作完成的方式和某种特定工作所要求完成的任务进行界定的过程。

工作设计的方法较多,方法的选择与企业的业务特点和岗位层次有关。先要通过职位分析全面了解这个职位,再通过工作流分析了解这个职位所处的地位后,才能科学地开始工作设计。

工作设计的内容包括工作责任、工作活动、工作协调合作、工作权限、工作关系、工作方法等。工作设计是否科学对于激发员工的积极性和提升工作满意度都有重大的影响。因为在员工需求向高层次发展时,其积极性主要与工作本身相关。

二、工作设计的原理与方法

最初，工作设计几乎是工作专门化或工作简单化的同义语。亚当·斯密在《国富论》中指出，把工作划分为一系列小部分，这样可以减少工作转化浪费的时间，并提高熟练性和技能，从而提高生产率。随着管理理论的发展，工作设计的方法也逐渐丰富。

（一）工作设计的原理

工作设计的理论主要包括科学管理原理、人体工程学原理、人际关系理论和工作特征模型理论。

1. 科学管理原理

泰勒提出的科学管理，研究出了标准化高效率的作业方法，实行有差别的计件工资制，实行职能工长制，倡导劳资双方利益一致。实施科学管理的结果确实能够提高效益，但是这种设计过于机械化，使得员工容易烦躁厌恶，导致了怠工、矿工、离职、罢工等事件时有发生。管理者需要在工作丰富化上和对员工的精神关怀上有所行动，不能够以"胡萝卜加大棒"式的方式进行粗放型管理，需要考虑到人性的因素。

2. 人体工程学原理

人体工程学的研究对象是人的心理与物理工作环境特征之间的交互作用。人在工作时使用身体的方法（重体力或者脑力活动）对他们的身体状况以及工作的质量和时间长短等都会产生影响。

最初的人体工程学考虑用什么形状和尺寸的工具才能把劳动者的体力发挥出来，取得较好的劳动成果。而现代人体工程学的基本指导思想是以人为本，以人为主体，主要研究的是工作活动发生的各种背景条件，比如光线、空间以及时间等如何进行重新的设计，为了将劳动者身体的紧张程度降到最低，有助于减少劳动者的身体疲劳、各种疼痛和其他与身体健康有关的问题。

3. 人际关系理论

人际关系理论提出了如下观点：

（1）工人是"社会人"而不是"经济人"。科学管理把人当作"经济人"看待，认为金钱是刺激人的唯一动力，而事实证明，人是社会人，人们的行为并不单纯出自追求金钱的动机，还有社会方面的、心理方面的需要，即追求人与人之间的友情、安全感、归属感和受人尊敬等，而后者更为重要。因此，不能单纯从技术和物质条件着眼，而必须首先从社会心理方面考虑合理的组织与管理。

（2）企业中存在着非正式组织。企业中除了存在正式组织之外，还存在着非正式组织。正式组织中以效率逻辑作为其行为规范；而非正式组织中以感情逻辑作为其行为规范。因此，管理当局必须重视非正式组织，注意在正式组织的效率逻辑与非正式组织的感情逻辑之间寻求平衡，以利于管理人员与工人之间充分地协作。

（3）要不断提高工人的满意度。人的创造性是有条件的，这个条件是以其能动性为前提的。"只有满意的员工才是有生产力的员工",即富有生产力的员工才是企业真正的人才,他们才是企业发展的动力之源。因此,企业的管理者既要做到令股东满意、顾客满意,更要做到令员工满意。

4. 工作特征模型理论

每种工作都有其自身特征,这些特征可从五个方面予以描述,而这五个方面的特征就构成工作特征模式。

(1) 技能多样性(Skill Variety),指完成一项工作任务需要员工具备的各种技能和能力的范围。技能多样性高的例子是:小型汽车修理厂的所有者和经营者。他的工作主要包括:进行电子维修、装配发动机、做一些体力劳动、与顾客接触、收款并记账、采购零配件等。技能多样性低的例子是:汽车制造公司装配线上的工人。他只负责装配汽车中的座椅,所需要的技能只是搬运物体和拧紧螺丝。

(2) 任务的完整性(Task Identity),指在不同程度上工作需要作为一个整体来完成并能明确看到工作结果。任务完整性高的例子是:个体裁缝店的裁缝。他需要完成设计图样、裁剪、缝纫、熨烫、添加饰品等制作一件衣服的全体工作。任务完整性低的例子是:服装厂流水线工人。他只负责为每件衣服钉上商标。

(3) 任务的重要性(Task Significance),指工作对其他人的生活或工作有多大的影响。任务重要性高的例子是:医院里危重病房的护理人员。任务重要性低的例子是:医院的保洁人员。

(4) 自主性(Autonomy),指工作使员工具有多大程度的自由、独立性、裁决权、支配权。工作自主性高的例子是:推销员。他可以自己决定会见客户的日程安排,以及会见客户的方式,独立自主地完成销售活动。工作自主性低的例子是:超市的收银员。他必须在规定的时间内、在指定的工作岗位上将顾客选购商品的价钱输入收款机,收钱并找回多余的钱,对工作的程序和时间安排不得进行改动。

(5) 反馈性(Feedback),指工作是否能使员工直接、明确地了解工作的绩效。工作反馈性高的例子是:电子产品工厂中进行电子元器件安装,然后进行检测了解其性能的工人。工作反馈性低的例子是:电子产品工厂中进行电子元器件安装,然后将产品交给检验员进行检测的工人。

上述五个核心维度决定了工作特征模式。其中前三者,即技能多样性、任务的完整性和任务的重要性,使员工了解工作的意义,自主性赋予员工责任感,反馈性使员工了解工作成果。员工在这三方面感受越深,工作本身对他提供的内在奖励就越大,其士气、绩效、满足感就越大。

这五种工作特征模式通过影响三种关键的心理状态——工作意义性体验、责任以及对结果的了解,决定了一个职位的激励潜能。由此可见,我们可以运用这一模型来提高工作的内在激励度,原理是:当职位的核心特征很强时,个人就会受到较高水平的内在工作激励。而这种内在的工作激励又会带来更多的工作数量和更高的工作质量,同时也会带来较高的工作满意度,降低缺勤率和离职率。在职位设计时,应当考虑给员工一定的自主权力,提供附加责任,以增强员工的自尊心和被重视的感受。如果员工没有自主权，就会引起对工作的冷漠和低绩效；工作设计过于简单，就会因为单调枯燥而产生厌烦，影响员工的身心健康；同时还要让员工感觉到该工作对于实现组织总目标的意义，从而产生成就感；员工如果不能参与一些比较完整的工作，就会缺乏对工作成果的骄傲感受，从而失去责任感；组织还要对员工的过错绩效给予及时的反馈，才能正确引导和激励员工，使其不断改进自己的工作。总之，通过增加工作技能的多样性、完整性、重要性、自主性和反馈性，改善员工的关键心理状态，强化员工对工作意义的体验，增强对工作结果负责的精神，进而增加工作的内在激励程度和员工对工作的满意度，保证高质量的工作绩效以及降低缺勤率和离职率。

（二）工作设计的方法

工作设计的方法可以分为以下四类：

1. 基于工作效率的设计方法：效率型工作设计法

效率型工作设计方法是科学管理之父泰勒所倡导的管理内容之一。它的一个前提条件就是通过对职位的设计来确保员工尽可能高效率地完成任务，一方面，这使组织能够从每位员工身上获得更高水平的产出和更低的成本，另一方面，将员工的工作疲劳程度尽可能地减到最轻。它强调的是围绕工作任务的专门化、技能简单化以及重复性来进行工作设计，公司可以按照最优方式完成工作的细节对员工进行培训，还应当通过制定合理的薪酬结构来激励员工在工作中付出努力。

2. 基于人体工程学思想的设计方法：生物型工作设计法和知觉运动型工作设计法

（1）生物型工作设计方法。生物型工作设计法是指在对体力要求比较高的工作当中对技术进行再设计，以降低某些工作的体力要求，使得每个人都能完成它。对设备也要进行再设计，比如使座椅设计符合人体工作姿势的需要。

（2）知觉运动型工作设计方法。知觉运动型工作设计法来源于对人性的研究，所注重的是人类的心理承受能力和心理局限。这种工作设计法的目标是，在设计工作的时候，通过采取一定的方法来确保工作的要求不会超过人的心理承受能力和心理界限之外。

3. 基于人际关系理论及工作特征模型理论的设计方法：激励型工作设计法

激励型工作设计法的具体形式包括工作扩大化、工作丰富化、工作轮换、自我管理工作团队、灵活的工作时间安排等。

（1）工作扩大化。工作扩大化是指工作范围的扩大或工作多样性，从而给员工增加了工作种类和工作强度。工作扩大化使员工有更多的工作可做。这种工作设计导致高效率，是因为不必要把产品从一个人手中传给另一个人而节约时间，同时它也减少了工作的重复性。

（2）工作丰富化。工作丰富化是指在工作中赋予员工更多的责任、自主权和控制权。它不是水平地增加员工工作的内容，而是垂直地增加工作内容。这样员工会承担更重要的任务、更大的责任，员工有更大的自主权和更高程度的自我管理，还有对工作绩效的反馈。

工作丰富化的优点是：认识到员工在社会需要方面的重要性，可以提高员工的工作动力、满意度和生产率，降低缺勤率和离职率；但是，这种方法也存在一些缺点：成本和事故率都比较高，还必须依赖管理人员来控制。

（3）工作轮换。工作轮换是将员工轮换到另一个同样水平、技术要求相接近的工作职位上去工作。

工作轮换是一项成本较低的组织内部调整和变动，既能给企业员工带来工作的新鲜感和挑战性，又不会带来太大的组织破坏。人们在同一岗位时间长了，就会产生厌烦感，适当的轮换岗位会使人有一种新鲜感。当员工面临一个新的工作岗位，员工就面临新岗位的挑战，这样就可以培养员工适应新环境的能力。对一般员工来说，可以增加员工对多种技能的掌握；对于管理人员，可以加强对企业工作的全面了解，提高对全局性问题的分析能力。在不同岗位上的轮换，可以增加员工的交流机会。此外，适时的工作轮换，可以健全内部控制制度，防止腐败。公司通过工作轮换，可以避免一些要害部门的人员因长期在一个部门工作而滋生腐败。长期坚持工作轮换制度，公司的员工可以从不同的角度加强对公司业务和企业文化的理解，提高整个公司的效率并形成强大的凝聚力。

工作轮换的优点是：丰富了工作内容，减少员工对工作的枯燥单调感，使员工的工作积极性得到提高；员工能学到更多的技能，提高对环境的适应能力，也为员工的职业生涯设计提供参考。不少大公司内部提升的管理人员都要求有在几个不同的部门或职位工作的经验；有助于员工认清本职工作与其他部门工作的关系，从而理解本职工作的意义，提高工作积极性；使管理部门在安排工作、应付变化、人事调动上更具弹性。比如，降低由于人员的流失导致的工作衔接滞后，避免了给后期工作的开展留下真空地带的弊端；为人员流出后顺利开展工作做了根本性的弥补，有利于人员的稳定与业务持续的推进；降低了员工的离职率。很多员工离职是因为对目前的工作感到厌倦，希望尝试新的有挑战的工作。如果能够在公司内部提供员工流动的机会，使他们能有机会从事自己喜欢的有挑战性的工作，他们也许就不到公司外部寻找机会了。

工作轮换的缺点是使训练员工的成本增加，而且一个员工在转换工作的最初时期效率较低，此外，变动一个员工的岗位就意味着其他相关联的岗位会随之而变动，因此会增加管理人员的工作量和工作难度。

（4）自我管理工作团队。有的时候企业会通过自我管理工作团队来完成工作，以实现对员工的授权。团队拥有决策权力，团队成员有权安排工作进度、雇用成员、解决绩效问题，并承担了很多应该由管理层履行的职责。这种团队的工作方式使得团队成员要在自主性、技能多样性和任务完整性上考虑得更加完善一些。

（5）灵活的工作时间安排。组织可以考虑到组织的需求以及单个职位的需求的基础上，灵活地安排员工的工作时间。弹性工作制就是其中的一种形式。

弹性工作制是指在完成规定的工作任务或固定的工作时间长度的前提下，员工可以灵活地、自主地选择工作的具体时间安排，以代替统一、固定的上下班时间制度。企业可以决定，一个工作日的工作时间由核心工作时间（通常为5个小时）和前后两头的弹性工作时间组成。核心工作时间是每天某几个小时所有员工必须上班的时间，弹性时间是员工可以自由选定上下班的时间。

4. 工作设计的综合模式：社会技术系统

社会技术系统方法是 20 世纪 80 年代创建的一项工作设计方法，建立社会技术系统是指为了提高组织效益而采用同时集中于技术和社会两方面的变革，使他们相互最佳配合的一种有计划的组织变革方法。这种方法试图发展一些能够调节生产过程中技术需要和员工、工作团队需要之间相互关系的工作。这种方法强调组织的技术和人的因素的最佳结合，强调对完成工作的方法重新设计。它认为，组织既是一个社会系统，又是一个技术系统，十分强调技术系统的重要性，认为技术系统是组织同环境进行联系的中介。

为了更好地提高生产效率与管理效果，企业需要对社会系统和技术系统进行有效的协调。当二者之间发生冲突时，通常应在技术系统中做出某些变革以适应社会系统。社会技术系统方法主要集中适用于工业生产如运输、产品装配和化学加工等技术系统，以及与员工关系更为密切的工业工程学领域。

三、工作设计中需要注意的问题

工作设计的一个主要内容就是使员工在工作中得到最大的满足，人们的需求层次提高了，除了一定的经济收益外，他们希望在自己的工作中得到锻炼和发展，对工作质量的要求也更高了。只有重视员工的要求并开发和引导其兴趣，给他们的成长和发展创造有利条件和环境，才能激发员工的工作热情，增强组织吸引力，留住人才。否则随着员工的不满意程度的增加，带来的是员工的冷漠和生产低效，以致人才流失。因此工作设计时要尽可能地使工作特征与要求适合员工个人特征，使员工能在工作中发挥最大的潜力。

工作设计最基本的目的是为了提高组织效率，增加产出。工作设计离不开组织对工作的要求，进行具体设计时，应注意工作设计的内容应包含组织所有的生产经营活动，以保证组织生产经营总目标的顺利有效实现；全部工作构成的责任体系应该能够保证组织总目标的实现；工作设计应该能够助于发挥员工的个人能力，提高组织效率。这就要求工作设计时全面权衡经济效率原则和员工的职业生涯和心理上的需要，找到最佳平衡点，保证每个人满负荷工作，使组织获得组织的生产效益和员工个人满意度两方面的收益。岗位设计必须从现实情况出发，要考虑与人力资源的实际水平相一致。例如，在人力资源素质不高的情况下，工作内容的设计应相对简单，在技术的引进上也应结合人力资源的情况。

工作设计是一项系统工程，需要关注领导层、企业文化和设计方法三个层面。首先，需要领导对工作设计有足够的重视，充分与员工沟通，可以使全体员工积极地理解和支持设计工作；其次，要对在实施过程中可能遇到的阻力充分地考虑和准备，使得职位都能够清楚明晰；最后，在方法论层面，要从整体的视角思考出发，采用系统的理论和观点对待和解决问题。

本章介绍了工作分析的含义和作用，对工作分析的流程和方法做了详尽的阐述，并对实施技巧做了特别提示，对所产生的文件成果进行了描述。随后对工作设计的原理和方法进行了详细的解释说明，同时提示了工作设计中可能遇到的问题所在。

 本章练习题

1. 简述工作分析的基本含义。
2. 简述工作分析的基本程序。
3. 简述工作分析的主要方法。
4. 简述工作设计的步骤与方法。
5. 简述工作设计的原理与方法。

 案例分析3-1 ▶▶▶

KG公司人力资源部张经理最近有烦恼，因为总经理安排给人力资源部一项艰巨的任务，就是要求人力资源部建立公司内各个岗位的职位说明书。张经理完全理解老总的目的，她还清楚地记得五年前刚来公司的时候，KG公司还是家四处借钱、白手起家、总共是几个人的小厂内部没有明确的组织结构，也没有明确的书面职责分工，大家所做的工作之间经常会出现交叉。不过，由于老板对每个人采取直线领导，很容易进行协调，所以组织的工作效率倒也很高。

随着近两年市场局面的逐步打开，公司进入了高速成长期，企业的经营规模和人员都迅速膨胀，以老板依靠个人意愿安排工作的方式已经开始导致内部发生很多混乱，如岗位设置随意、职责界定不清、相互推诿责任等。

在上次高层管理会议上，总经理提出：公司在现阶段一定要在提高管理水平上下工夫，而以组织结构为基础，规范岗位职责便是首要工作。这个工作自然而然落到人力资源部的头上。让张经理头痛的原因是：第一，工作分析是一个耗时耗力，且持续性较强的工作，而目前600多人的公司，人力资源部只有4个人，每个人光是忙招聘、培训、核算工资就占了大部分时间，哪里还有专门的时间做工作分析。第二，目前现有300多个岗位，且属于专业技术较强的岗位，而人力资源部人员几乎没有在这些专业岗位工作的经验，如果仅依靠人力资源部的能力简直是"不可完成的任务"。第三，张经理与其他公司的人力资源经理也曾交流过工作分析的事情，他们的工作分析往往是在动用了公司大量的人员之后，内容还是严重脱离实际，最终无疾而终。

思考题：

依据上述案例请你谈谈怎样进行工作分析。

 案例分析3-2 ▶▶▶

某公司是一家发展迅速的企业，随着企业发展，公司的组织结构、技术条件等都发生了改变。公司在发展中不仅设立了新的职位，而且原有很多职位的工作内容和任职资格也发生了变化。但公司仍然沿用原有的职位说明书，造成职位说明书严重脱离实际。

公司意识到了问题，决定聘请咨询机构重新实施工作分析。由于没有与公司进行充分的沟通、咨询机构对公司的状况和业务情况并不了解，而且前期的动员和宣传工作没有做好，多数员工并不了解工作分析的重要性和意义，在确定了工作分析的目的后，咨询机构在人力资源部门的配合下，在公司内发放问卷，进行访谈，但收效甚微。

在公司的催促下，新的职位说明书终于制定出来了，但由于与现实情况有较大差距，所以遭到了很多部门的指责和批评。公司投入大量资金实施的工作分析最终没能达到预期效果。

思考题：

1. 聘请咨询机构进行工作分析有什么缺点？
2. 如何做好该公司的工作分析？

 案例分析3-3 ▶▶

某公司是一家成立时间不长，但发展迅速的民营公司，随着市场拓展和员工数量的增加，公司新成立了人力资源部，希望能专业化地开展人员的聘用和绩效考核工作。解决人员配置和绩效管理等方面存在的突出问题，人力资源部张经理为了更好地解决人力资源管理方面的问题，首先要开展工作分析，厘清每个职位的职责和职位说明书，然后在此基础上制定每个职位的绩效考核指标，并根据职位的要求定员。为此，他参照网上相关资料编制了一个职位说明书的调查问卷，发给公司所有员工填写。由于员工素质参差不齐，回收上来的问卷填写质量并不理想，只好组织人力资源部门的人员，根据大家平时对公司各部门职位的了解重新编制说明书，这个过程耗费了很长时间。

思考题：

1. 该公司采用了什么方法进行了工作分析？还有哪些方法可以采用？
2. 该公司这样进行工作分析的优缺点是什么？

 案例分析3-4 ▶▶

人力资源经理 Luna，刚从某外企跳槽到一家民营企业，发现企业管理有些混乱，员工职责不清，工作流程也不科学。她希望进行工作分析，重新安排组织架构。一听是外企的管理做法，老板马上点头答应，还很配合地作了宣传和动员。

Luna 和工作分析小组的成员，积极筹备一番后开始行动。不料，员工的反应和态度出乎意料地不配合。"我们部门可是最忙的部门了，我一个人就要干3个人的活。""我每天都要加班到9点以后才回去，你们可别再给我加工作量了。"

多方了解后，Luna 才知道，她的前任也做过工作分析。不但做了工作分析，还立即根据分析结果进行了大调整。不但删减了大量的人员和岗位，还对员工的工作量都作了调整，几乎每个人都被分配到更多活。有了前车之鉴，大家忙不迭地夸大自己的工作量，生怕工作分析把自己"分析掉了"。

　　思考题：

　　1. 你认为 Luna 的前任在进行工作分析时为什么会出现以上问题？

　　2. 你认为现在 Luna 应如何办？

第四章　人员招募与甄选

 学习目标

- 了解招募和甄选的含义和作用
- 理解员工招聘的策略
- 掌握员工招募和甄选的方法

导入案例

宝洁（中国），钟情应届毕业生

一、宝洁，员工是我们最重要的资产

始创于 1837 年的宝洁公司（P&G），是世界最大的日用消费品公司之一。每天，在世界各地，宝洁公司的产品与全球一百六十多个国家和地区消费者发生着四十亿次亲密接触。宝洁公司全球雇员近 10 万，在全球 80 多个国家设有工厂及分公司，所经营的 300 多个品牌的产品畅销 160 多个国家和地区，其中包括洗发、护发、护肤用品、化妆品、婴儿护理产品、妇女卫生用品、医药、食品、饮料、织物、家居护理及个人清洁用品。

1988 年，宝洁公司在广州成立了在中国的第一家合资企业——广州宝洁有限公司，从此开始了其中国业务发展的历程。（宝洁）大中华区总部位于广州，在广州、北京、上海、成都、天津、东莞及南平等地设有多家分公司及工厂，员工总数超过 7000 人，在华投资总额超过 17 亿美元。

20 多年来，宝洁公司一贯奉行"生产和提供世界一流产品，美化消费者的生活"的企业宗旨，在华生产出了众多质量一流、深受消费者喜爱的产品。宝洁的飘柔、海飞丝、潘婷、舒肤佳、玉兰油、护舒宝、碧浪、汰渍和佳洁士等已经成为家喻户晓的品牌。一般人只看到宝洁的产品开发、推销和广告，但事实上，在企业优秀业绩背后，支持宝洁产品掌握较高市场占有率的，是宝洁一整套人力资源管理系统。

宝洁公司高层曾经说过："如果你把我们的资金、厂房及品牌留下，把我们的人带走，我们的公司会垮掉；如果你拿走我们的资金、厂房及品牌，而把我们的人留下，10 年内我们将重建一切。"

宝洁在全球拥有近十万名员工，他们被认为是比品牌更有价值的资源，被称之为

公司"最为重要的资产"。

二、宝洁招聘的最爱：应届大学毕业生

中国宝洁在用人方面，是外企中最为独特的。与其他外企强调有工作经验不同，宝洁对应届大学毕业生情有独钟。由于我国只在每年的 7 月才有毕业生，宝洁才不得不接收少量的非应届毕业生。

在中国，宝洁 90％的管理级员工是从各大学应届毕业生中招聘来的。宝洁自进入中国的第二年就开始在高校中招聘应届毕业生，20 多年来，宝洁已招收了 1000 多名应届大学毕业生（不含中专毕业的技术工人）。为什么宝洁喜欢招收应届大学毕业生？

首先，宝洁看中的是应届大学毕业生的可塑性。

由于应届毕业生刚跨出大学校门，思维没有条条框框，容易接受宝洁的管理模式。宝洁公司不惜每年花费 2000 万～4000 万美元从美国本土派遣 100 多名美国人进驻中国。这 100 多名美国人带着美国宝洁的商业观念，来到中国招兵买马，用优厚的薪金在中国最优秀的大学招聘最优秀的大学生，这些大学生进入宝洁后便要"洗脑"，接受美国企业管理思维。

现在，经美国宝洁训练出的中国员工，已为宝洁公司在中国攻占市场上立下了汗马功劳。

其次，宝洁喜欢招收应届毕业生与其内部提升制密切相关。

内部提升机制是宝洁文化中重要的一部分，所有高级经理都是从加入公司的新人做起，一步一步成长起来的。所以从应届大学毕业生中招聘新员工对于宝洁很重要，而且是要招到最优秀的人才。

由于宝洁实行从内部提升的制度，所有的人都是从大学中刚出来，处在同一个起跑线，竞争与升迁的条件是均等的。如果突然给某人从外面聘来一个有着多年工作经验的上司，实际上等于剥夺了他的升迁机会，他自然不会心情愉快的。那些有工作经验的人如果被招聘进来，还是和应届毕业的大学生享受同样的待遇，同样不会高兴。因此，宝洁在招聘过程中，尽量不要有多年工作经验的人，万不得已，如果招来了非应届毕业生，基本上也会被安排和其他应届生一样，从起点职务干起。

三、宝洁招聘：只要你合适，专业是其次

在宝洁的整个招聘过程中，没有一道题是考死记硬背的知识。宝洁在招聘中，除有些较专业的部门，如产品供应部、产品发展部、管理系统部和财务部等，要求应聘者最好有一些基本的专业背景外，大多数宝洁职位并不要应聘者求专业对口。在宝洁，"学非所用"的人比比皆是。宝洁不盲目追求高学历，在每年的招聘中，被录用的本科生往往占到了总数的 70％～80％。在宝洁，毕业生只要有能力，不分专业，不看学历，不看牌子；宝洁讲究团队合作和个人能力。在招聘时，宝洁公司钟情于应届毕业生，他们把对人才素质的要求归结为 8 个方面：领导能力、诚实正直、能力发展、承担风险、积极创新、解决问题、团结合作、专业技能。并且，这 8 个方面是并列的。宝洁公司不强调专业技能，一方面，因为目前大学的课程设置和社会的职业发展、能力培养有一定差距，学习成绩并不能说明一个人是否是公司需要的优秀人才；另一方面，

工作中所需要专业技能，公司会通过一系列的培训帮助员工提高。

宝洁在招聘中，钟情大学生，但唯一的要求是：学生不能有受过处分的记录。

思考题：

1. 宝洁公司的招聘渠道和策略有哪些？

2. 宝洁公司的招聘效果会不会好？为什么？

第一节　人员招聘与招募

一、人员招聘与招募的内涵

当今社会，企业的生存和发展离不开优秀人才。在企业生产和发展的进程中，如何吸引、选拔和留住优秀人才是人力资源管理的一项重要职责和活动。企业吸引和选拔人才，主要是通过人力资源管理活动中招聘这项工作来实现的。在人力资源管理中，招聘是有招募、甄选和录用等活动构成的，这几项中任何一项活动都直接影响整个招聘工作的成败。

人力资源招聘的定义指组织为了发展的需要，根据人力资源规划和工作分析的要求，寻找、吸引那些有能力又有兴趣到本组织任职，并从中选出适宜人员予以录用的过程。在人力资源招聘过程中，招聘的核心是通过人力资源选拔实现"人和事"匹配。通过人力资源招聘，要达到的目的是：寻找具备最适合的技能，而且具有劳动的愿望，能够在企业相对稳定地工作的雇员。在整个人力招聘过程中，人力资源招聘的意义在于招聘工作是整个企业人力资源管理工作的起点。

具体来说，招聘具有三个含义。招聘包括招募、甄选与录用三部分：招募（Recruitment）是企业采取多种措施吸引候选人来申报企业空缺职位的过程；甄选（Selection）是指企业采用特定的方法对候选人进行评价，以挑选最合适人选的过程；录用（Employment）是指企业做出决策，确定入选人员，并进行初始安置、适用、正式录用的过程。招募是甄选的前提和基础，招募的任务就是吸引足够充分的合格应聘者。

当然，人力资源招募过程涉及几个环节，是一项非常复杂的活动。在企业开展人力资源招募活动时，应考虑几个问题：

（1）当企业有用人需求时，是否需要招募新员工。如果真的需要招募员工完成新的工作任务，是通过内部选拔，还是通过外部招聘。还应考虑空缺职位是需要长期员工还是短期员工，是需要全职还是兼职。

（2）确定了招募需求后，明确招聘职位所需人员的必备资格和条件。

（3）当企业确定所需人员职位，并明确应聘人员必备资格和条件后，需要制定具体的招募方案并执行。

（4）评估整个招募过程。完整的人力资源招聘过程，在招募结束后，需要评估整个招募活动。评估是否实现了招募目标。

　　一般认为，成功的招募活动应该达到以下目标：第一，在招募之前，把空缺职位的完整信息以及企业的相关信息传递给目标候选人。第二，能够吸引数量足够的合格应聘者。第三，作为一个企业招聘环节，应考虑成本，以最低投入成本完成招募工作。

　　成功招聘工作的有效实施，不仅对人力资源管理本身，而且对于整个企业都具有非常重要的作用。通过职位匹配落实企业的目标，让更多优秀人才聚集到企业中来，促进企业发展壮大；优秀的人才招聘，可以优化团队能力，让企业有更多的人力资源竞争力，确保企业发展的每一个环节，有人可用，有人能用。前通用电气公司总裁，著名管理学家杰克·韦尔奇曾说，提升企业竞争力最好的方法之一，就是把公司淘汰的人员送给竞争对手。由此可以看出，企业的发展壮大，就是以招聘环节为起点，摒弃那些被公司淘汰的人员，吸引那些适合企业发展的优秀人才。

二、影响招募的环境因素

　　很多因素都可以影响企业的招募过程，从企业自身内部分析，涉及企业的声望、企业的发展阶段、企业的人力资源招聘政策、企业提供职位的福利待遇以及企业投入在招聘中的成本和时间。从企业招聘外部环境来分析，国家法律法规、劳动力市场状况和同行业竞争者都会影响自身企业招募活动。

（一）影响招募的内部因素

1. 企业的声望

　　企业形象和声望是影响招募工作的重要因素。企业树立良好的自身形象，就会吸引更多的申请者。优良的企业文化、将从精神方面影响着招聘活动。如果企业声望好，有良好的工作环境，融洽的工作氛围，合理的福利待遇，公平的晋升渠道和职业发展路径，那么以他们在公众中的声望，就能很容易的吸引大批的应聘者。

2. 企业的发展阶段

　　企业招募随着企业不同发展阶段和不同工作岗位需求而变化。人力资源管理职能的相对重要性是随着企业所处的发展阶段而变化的。比如，企业进入产品或服务范围的上升扩充期，企业需要增设新的岗位和更多的人员，招募活动会针对企业上升发展阶段进行活动安排。此时，处于增长和发展阶段的企业比成熟或下降阶段的企业需要招聘更多的员工。除了改变招聘规模和重点以外，处于发展阶段还在迅速扩大的企业可能在招聘信息中强调雇员有发展和晋升的机会，而一个处在成熟期发展的企业可能强调其招募工作岗位的安全性和所提供的高工资和福利。

3. 企业的人力资源招聘政策

　　在企业人力资源活动中，企业的人力资源招聘政策影响着招聘人员选择的招聘方法。例如，对于要求较高业务水平和技能的工作，企业可以利用不同的来源和招聘方法，这取决于企业高层管理者是喜欢从内部还是从外部招聘。目前，大多数企业倾向于从内部招聘上述人员，这种内部招聘政策可以向员工提供发展和晋升机会，有利于调动员工现有的积极性。其缺点是可能将不具备资格的员工提拔到领导或重要岗位。

此外，企业内的用人制度是否科学，内部员工关系是否融洽，员工职业发展和晋升路径的设置是否合理，对有很多应聘人员来说，在一定程度上比薪酬待遇更吸引他们。

4. 企业提供职位的薪酬福利待遇

企业内部的薪酬制度是员工良好付出是否得到回报的主要体现，企业的福利措施是企业是否关心员工的重要反映。因此，合理的薪酬待遇体系将从物质方面影响着招聘活动。

5. 企业投入的成本和时间

在企业招聘过程中，招聘目标包括成本和效益两个方面。不同的招聘方法，起效果的时间不同。但是作为一个企业来说，投入在招聘过程中的成本和时间明显的影响招聘效果。

企业投入成本影响其效果。比如，招聘资金充足的企业在招聘方法上可以有更多的选择，这些企业有充足的经费投入广告，所选择的传播媒体可以是在全国范围内发行的报纸、杂志和电视等。此外，也可以去大学或其他地区招聘。在各种招聘方法中，对西方企业来说，最昂贵的方法是利用高级招聘机构。在中国，并没有专门的招聘机构，各级政府的人才交流中心只起信息沟通的作用。广告费一般比较贵，其费用水平取决于所用媒体的类型、地点和时间的长短。

企业规划的招聘时间也影响着招聘方法的选择。如果某一企业正面临着扩大产品或服务所带来的突发性需求，那么它几乎没有时间去大学等单位招聘，因为学生毕业时间有一定的季节性，而且完成招聘需要较长的过程。因此，企业或组织必须尽快地想法满足对员工的新需求。一般来说，许多招聘方法所涉及的时间随着劳动力市场条件的变化而变化。当劳动力市场短缺时，一方面应聘人的数目减少，另一方面他们愿意花更多的时间去比较和选择，所以一般要花较长的时间才能完成。一般来说，通过人员需求的预测可以是招聘费用降低和效率提高，尤其是在劳动力市场短缺时，对某类劳动力需求的事先了解可以使企业减少招聘费用和有效的获取所需的合格员工。

（二）招募的外部因素

1. 国家的政策、法规

国家的政策法规从客观上界定了企业招聘对象选择和限制的条件。例如，西方国家中的人权法规定在招聘信息中不能有优先招聘哪类性别、种族、年龄、宗教信仰的人员表示，除非这些人员是因为工作岗位的真实需要。再如，在西方一些国家中，如果企业或其他组织在联邦政府管辖的范围内招聘 100 个以上的雇员，那么，雇主的招聘计划和目标尤其要受到法律的约束。也就是说，雇主必须设计其招聘计划和方法以在特定的人口组内吸引有资格的应聘人，他们应包括妇女，本地人，外裔和残疾人等。我国《劳动法》第 12 条规定："劳动者就业，不因民族、种族、性别、宗教信仰不同而受启示。"在企业招聘活动中，应遵循国家政策法规，以免引起诉讼。

2. 劳动力市场

劳动力市场状况对招聘具有重要影响。首先，劳动力市场的地理位置。在劳动力市场状况中，一个因素是劳动力市场的地理位置。根据某一特定类型的劳动力供给和需求，劳动力市场的地理区域可以是局部性的，区域性的，国家性的和国际性的。通常，那些不需要很高技能的人员可以在局部劳动力市场招聘。而区域性劳动力市场可以用来招聘那些具有更高技能的人员，如水污染处理专家和计算机程序员等。专业管理人员应在国家的劳动力市场上招聘，因为他们必须熟悉企业的环境和文化。最后，对某类特殊人员如宇航员、物理学家和化学家等，除了在国内招聘外，还可在国际市场招聘。

其次，劳动力市场状况还包括市场的供求关系。市场的供求关系中，我们把供给小于需求的市场称为短缺市场，而把劳动力供给充足的市场称为过剩市场。一般来说，当失业率比较高时，在外部招聘人员比较容易。相反，某类人员的短缺可能引起其价格的上升并迫使企业扩大招聘范围，从而使招聘工作变得错综复杂。

总之，劳动力市场状况影响招聘计划、范围、来源、方法和所必需的费用。为了有效地工作，招聘人员必须密切关注劳动力市场条件的变化。

3. 同行业竞争者

企业在招募过程中，还要时刻关注所属的行业的同行业竞争者。应聘人员在岗位选择时，肯定会比较其他公司的招募活动和招募政策。只有知己知彼，才能保持住自己的招募优势，吸引大量的人才涌入其企业。

三、员工招聘的策略

（一）员工招聘策略的具体内容

人员招聘过程，是一个复杂而又重要的环节。在整个招聘过程中，招聘策略主要包括招聘计划与策略、招聘人员策略、招聘时间策略及招聘地点策略四个方面的内容。

1. 招聘计划与策略

在人力资源部门招聘中，制订招聘计划是一项核心任务，通过制订计划来分析公司所需人才的数量和质量，以避免招聘工作的盲目性。招聘策略是招聘计划的具体体现，是为实现招聘计划而采取的具体策略。在招聘中，必须结合组织的实际情况和招聘对象的特点，为招聘计划提供有特色的活动，吸引合适的应聘者，这就是招聘策略。

2. 招聘人员策略

在招聘过程中，企业招聘人员作为组织机构的代表，是企业的一种形象体现，其素质的高低影响到组织能否吸引优秀人才。因此，选择合适的招聘人员，负责招聘，也是一种策略。

3. 招聘时间策略

遵循劳动力市场上的人才规律，计划好招聘时间。比如，在人才供应高峰期到劳动力市场上招聘，可节约成本，提高招聘效率。

4. 招聘地点策略

在人力资源招聘过程中，应该考虑招聘地点。

（二）企业不同发展阶段，招聘策略的选择

1. 创业期企业的招聘策略

企业在发展初期，还没有得到社会广泛认可，公司发展规模不大、企业人员数量少。但企业发展初期朝气蓬勃，具有成长性。企业成长阶段，虽然各方面均不成熟，可能企业制度基本没有，企业文化也未完全形成，这个阶段企业发展战略的目标是求得生存与发展。企业的发展与业务的开展主要依靠老板的个人能力，大家高度团结，效率高，品牌知名度差，市场占有率低，面对的主要问题是市场开拓和产品创新。创业期高层团队依靠创业精神维系比较稳定，中层相对稳定，但一般员工却由于企业管理制度不完善，保障体系不健全，工资待遇低等因素的影响流动率通常较高。企业创业初期，对外部人才的需求不突出，数量少，以一般员工尤其是销售人员的招聘为主，招聘极少的中层，基本没有高层招聘。对人员的要求较高，丰富的工作经验和工作业绩是重点选择标准，最好是全能人才，对各个岗位都可以胜任的员工，尤其是一些对企业发展方向和目标比较认同、年纪较轻的人员。

创业期企业吸引人才的手段主要依靠良好的职业前景、工作的挑战性和领导者的个人魅力。此时，企业提供薪酬虽然较低，但弹性相对要高，企业给个人提供较大的发展空间；同时，企业也可采取股票期权的激励方式吸引人才。

创业期企业由于资金不充裕，招聘费用较低，多采用朋友介绍、网络招聘和招聘会等招聘渠道。创业期企业，可能还没有形成人力资源的专业部门，甄选主要依赖老板的个人判断力。此阶段人员招聘方式灵活，一人多岗和因人设岗的现象明显，对招聘时间和招聘效率没有明确的要求。

2. 企业在成长期的招聘策略

成长期企业，在发展过程中逐步走向正规化，经营规模不断扩大并继续增长，人员规模迅速增大，品牌知名度快速上升，机构和规章制度不断建立和健全，企业的经营思想、理念和企业文化逐渐形成；跨部门的协调越来越多，并越来越复杂和困难；企业面临的主要问题是组织均衡成长和跨部门协同。高层之间开始出现分歧，跟不上企业发展步伐的员工主动辞职，员工流动性相对较大。

成长期企业人才需求大，外部招聘数量多，岗位需求涉及高层、中层、一般员工等各层级。其中，特别对专业技术人才和中层管理人才的需求大幅度增加，要求人员具备相同职位的工作经验，能直接上手，具备一定的发展潜力，同时对变化的适应速度快。

成长期企业吸引人才的手段主要依靠较大的职业岗位晋升空间、良好的职业发展前景和与行业平均水平接近或以上的薪酬福利。成长期企业上升发展，有一定的招聘费用，由于招聘需求急迫，因此采用以招聘会为主，网络招聘为辅，在专业人才的招聘上开始引入猎头，建立广泛而灵活的招聘渠道。

成长期企业此时已经设置了人力资源部，但专业性不强，甄选主要依赖用人部门的部门经理进行评判。此阶段的企业招聘过程要推测业务的发展进行人力资源需求预

测，用人开始有一定的计划性，对招聘时间和招聘效率的要求高。

3. 企业在成熟期的招聘策略

成熟阶段的企业是企业发展的繁荣时期，在这个阶段规模大，业绩优秀，资金充盈，企业制度和结构非常完善，企业各项决策能得到有效实施，重视市场和公司形象，要求计划能得到百分之百的执行，而如何使繁荣期延长并力争使企业进入到一个新的增长期成为制定企业发展战略的关键。

在企业的成熟期，员工岗位晋升困难，各层面人员的流动率低，企业整体员工规模相对稳定。企业的发展，主要是靠企业的整体实力和规范化的机制，企业内部的创新意识可能开始下降，企业活力开始衰退。

此时期的企业整体岗位人才需求不多，外部招聘数量少，只在公司开拓新业务和新市场时才会产生大量的外部人才需求。企业对岗位人员要求高，强调综合能力素质，尤其是创新意识、执行力和明确的职业发展方向。成熟期企业吸引人才的手段主要依靠企业综合实力、企业形象以及领先于行业平均水平的福利薪酬。

成熟期企业招聘费用充裕，高级人才的招聘以猎头公司为主，辅以内部推荐、专场招聘会、网络招聘、校园招聘、平面媒体等丰富多样的招聘渠道。人力资源部具备较好的专业性，开始使用评价中心技术对人才的能力素质进行评价，业务水平则由用人部门的部门经理进行评判。人力资源部门在招聘过程中，具备规范的招聘计划，对招聘时间和招聘效率有明确的规定。

4. 企业在衰退期的招聘策略

企业生命周期中，企业衰退期是最后阶段，企业市场占有率下降，整体竞争能力和获利能力全面下降，赢利能力全面下降，资金紧张，企业危机开始出现，企业战略管理的核心是寻求企业发展方向的重整和再造，使企业获得新生。

衰退期，企业内部官僚风气浓厚，人浮于事，制度多却缺乏有效执行，员工做事越来越拘泥于传统、注重于形式，只想维持现状，求得稳定。人心涣散，核心人才流失严重，一般人员严重过剩，高层更替频繁，并波及中层。

企业衰退期对外部人才的需求集中在一把手上，其他层级基本以内部竞聘为主，无对外招聘。此时招聘的高层要求具备改革意识、大局观、决策能力、战略眼光和驾驭企业的整体能力，尤其是同行业类似企业的运营经验，有扭亏为盈的经历最好。衰退期企业吸引人才的手段主要依靠利益分享机制和操作权限。这个阶段企业招聘经费锐减，但由于招聘时间短，而且还是高级、稀缺人才，因此仍然以猎头为主要渠道。衰退期企业招聘高层由董事会直接进行评价，并引入专业的人才评价机构辅助。

（三）企业选择招聘渠道的主要步骤

（1）分析单位的招聘请求。

（2）分析潜在应聘人员的特色。

（3）确定适合的招聘来源。按照招聘筹划中岗位需求数量和资历请求，根据对成本收益的盘算来选择一种结果最好的招聘来源，是内部招聘还是外部招聘，是学校选

现代人力资源管理实务

拔还是社会纳贤等。

（4）选择适合的招聘方法。招聘什么样的人员选择什么样的招聘渠道，不同的人才招聘的方式也不同。一个组织在进行招聘活动的时候，是采取内部招聘还是外部招聘，取决于多种因素，招聘方法是选择发布广告还是上门招聘，借助中介等，主要考虑的因素有招聘职位的要求、组织的文化、外部环境资源状况，并结合招聘筹划中岗位需求数量和资历请求，根据对成本收益的盘算来选择一种结果最好的招聘方法。

（四）企业参加招聘会的主要程序

由于社会招聘会的参展单位和应聘者众多，必须事先做好充足的准备，否则很难取得理想结果。因此，参加外部招聘会的主要步骤是：

1. 准备展位

为了吸引求职者，参加招聘会的重点是在会场设立一个有吸引力的展位。如果有条件的话，可以争夺选择一个尽量好的位置，并且有一个比较大的空间。在制造展台方面最好请专业设计展会的公司帮助设计，并且妥善保留出富余的时间和空间，以便可以对设计不满意的地方进行修改。在展台上可以应用放像机或盘算机投影等方式放映公司的宣扬片、在展位的一角可以设计一个相对安静的区域，单位的人员可以和一些有必要进行较为详细交谈的人员在那里交谈，了解详细的信息。

2. 准备资料和装备

在招聘会上，通常可以发放一些宣扬品和招聘申请表，这些资料须要事先打印好，而且准备充足的数量，以免很快发完。有时在招聘会的现场须要用到电脑、投影仪、电视机、放像机、录像机、照相机等设备，这些都应该事先准备好，检查其的状况。并且，要注意现场是否有合适的电源装备。其他要用到的资料、设备也要在会前一一准备好。

3. 招聘人员的准备

参加招聘会的现场人员最好有人力资源部的人员，也要有用人部门的人员，所有现场人员都应该做好充足的准备。这些准备首先包括要对求职者可能会问到的问题了如指掌，对答如流，并且所有人在回答问题时口径要一致，另外，招聘人员在招聘会上要着正装，服装服饰要整齐大方，体现自己的专业性。

4. 与协作方沟通联系

在招聘会开始之前，一定要与协作方进行沟通。这些协作方包括招聘会的组织者、负责后勤事务的单位、还可能会有学校的负责部门等，在沟通中一方面了解协作方对招聘会的请求，另一方面提出须要协作方提供帮助的事项，以便提早做准备。

5. 招聘会的宣扬工作

如果是专场招聘会，会前要做好宣扬工作，可以斟酌和利用报纸、广告等传统媒体，或者在自己的网站上发布招聘会信息。如果是在校园里举行招聘会，一定要在校园里张贴海报，以及利用校内微信公众平台分享等方式。这样才能保证是全校人员都知道了解此次招聘会，并且有足够的人员参加招聘会。

6. 招聘会后的工作

招聘会停止后，一定要用最快的速度将收集到的简历整理一下，通过电话或电子邮件方式与优秀的应聘者取得联系。因为很多应聘者都在招聘会上给多家公司投递了简历，回复速度比较快的公司会给应聘者留下公司管理效力较高的印象。

四、员工招聘来源的选择

通过学习，学生进一步了解控制企业选择人员各种招聘渠道的来源。企业人员的补充有内部补充和外部补充两个方面的来源，即通过内部和外部两个渠道招募员工。通过本节，进一步了解内外招募的优缺点。

(一) 内部招募优点和不足

内部招募是指通过内部晋升、工作调换、工作轮换、人员重聘及人员返聘等方法，从企业内部人力资源储备中选拔出合适的人员补充到空缺或新增的岗位上去的活动。

内部招募具有如下优点：

(1) 精确性高。从招聘的有效性和可信性来看，由于对内部员工有较充足的了解，如对该员工过去的业绩评价资料是较容易获得的，管理者对内部员工的性情、工作动机，以及发展潜能等方面也有比较客观、精确的认识，使得对内部员工的全面了解更加可靠，提高了招聘的成功率。

(2) 适应较快。从运作模式看，内部员工更了解本组织的运营模式，与从外部招募的新员工比拟，他们能更快地适应新的工作岗位。

(3) 激励性强。从激励方面来分析，内部招募能够给员工提供发展的机会，强化员工为组织，企业工作的动机，也增强了员工对组织的义务感。尤其是各级管理层人员的招募，这种晋升式的招募往往会带动一批人作一系列晋升，从而能鼓舞员工士气，提高员工的积极性。同时，也有利于在组织内部树立榜样。通过这种相互之间的良性互动影响，可以在组织中形成积极进取、追求成功的良好氛围。

(4) 费用较低。内部招募可以节俭大量的费用，如广告费用、招聘人员与应聘人员的差旅费等，同时还可以省去一些不必要的培训项目，减少了企业因岗位空缺而造成的间接损失。此外，从组织文化角度来分析，员工在组织中工作了较长一段时间后，已基本融入了本组织的文化，对本组织的价值观有了一定的认同，因而对组织的忠实度较高，离职率较低，避免了因招聘不当造成的间接损失。许多企业都特别重视从内部选拔人才，尤其是高层管理者。

尽管内部选拔有如上所述的许多优势，但其本身也存在着显明的不足，主要表现在以下一些方面：

(1) 因处置不公、方法不当或员工个人原因，可能会在组织中造成一些矛盾，产生不利的影响。内部招聘须要竞争，而竞争的结果必然有成功与失败，并且失败者占多数。竞争失败的员工可能会心灰意懒、士气低下，不利于组织的内部团结，打击了失败员工的积极性。内部选拔还可能导致部门之间呈现"挖人才"的现象，不利于部门之间的团结协作。此外，如果在内部招聘过程中，按资历而非按照才能进行选择，将会诱发员工养成"不求有功，但求无过"的心理，也给有才能的员工的职业生涯发展设置了障碍，导致优秀人才外流或被埋没，减弱企业竞争力。

（2）容易克制创新。同一组织内的员工有相同的文化背景，可能会产生"集团思维"现象，克制了个体创新，尤其是当组织内部主要岗位主要由基层员工逐级升任，就可能会因缺少新人与新观念的输入，而逐渐产生一种趋于僵化的思维意识，这将不利于组织的长期发展。许多观察人士以为，通用汽车公司 20 世纪 90 年代所面临的严峻问题就是与其长期实施的内部招聘策略有关。幸运的是，通用汽车公司已经意识到这点，也开始注意接收"新颖血液"改变自己用人的战略战策。

此外，组织的高层管理者如多数是从基层逐步晋升的，大多数年纪就会偏高，不利于冒险和创新精神的发扬。而冒险和创新则是新经济环境下组织发展至关主要的两个因素。要弥补或消除内部选拔的不足，须要人力资源部门做大量更细致的工作。

总结内部招聘渠道的利弊如表 4 - 1 所示。

表 4 - 1　　　　　　　　　　　内部招聘渠道的利弊

渠道	优势	劣势
内部招聘	（1）有利于提高员工的士气和发展期望。 （2）对组织工作的程序、企业文化、领导方式等比较熟悉，能够迅速展开工作。 （3）对企业目标认同感强，辞职的可能性小，有利于个人和企业的长期发展。 （4）风险小，对员工的工作绩效、能力和人品有基本了解，可靠性较高。 （5）节约时间和费用	（1）容易引起同事间的过度竞争，发生内耗。 （2）竞争失利者感到心理不平衡，难以安抚，容易降低士气。 （3）新上任者面对的是"老人"，难以建立起领导声望。 （4）容易近亲繁殖，思想、观念因循守旧，思考范围狭窄，缺乏创新与活力

（二）外部招募优点和不足

相对于内部选拔而言，外部招募成本比较大，也存在着较大的风险，但有以下优点：

（1）带来新思维和新方法。从外部招募来的员工对现有的组织文化有一种崭新的、勇敢的视角，而较少有感情的迷恋。典型的内部员工已经彻底地被组织文化同化了，受惯性思维影响，既看不出组织有待改进之处，也没有进行变革、自我提高的意识和动力，使组织缺少竞争的意识和氛围，可能呈现出一潭死水的局势。通过从外部招募优秀的技术人才和管理专家，就可以在无形中给组织原有员工施加压力、激发斗志，从而产生"鲶鱼效应"。特别是在高层管理人员的引进上，这一长处尤为突出，因为有他们才能重新塑造组织文化。例如，惠普公司的董事会，出人意料地聘请朗讯公司的一个部门经理来任首席执行官（CEO），以重塑惠普公司的文化。

（2）有利于招聘一流人才。外部招募的人员来源广，选择余地很大，能招聘到许多优秀人才，尤其是一些稀缺的复合型人才、这样可以节省内部培训费用。

（3）树立形象的作用。外部招募也是一种很有效的交流方式，组织可以借此在其员工、客户和其他外界人士中树立良好的形象，并且提高自己在外界的知名度。

同样，外部招募也有如下不足：

（1）筛选难度大，时间长。组织期望能够比较精确地了解应聘者的才能、性情、态度、兴致等个人条件，从而预测他们在未来的工作岗位上能否达到组织的期望。而研讨表明，仅仅依靠招聘时的了解来进行科学的录用计划是比较艰苦的。为此，一些组织还采用诸如推举信、个人资料、自我评定、同事评定、工作模拟、评价中央等方法。这些方法各有各的优势，但也都存在着不同程度的缺陷。这就使得录用计划耗费的时间较长，成本相对略高。

（2）进入角色慢。从外部招募来的员工须要破费较长的时间来进行特训和定位，才能了解组织的工作流程和运作方式，增添了培训成本。

（3）招募成本大。外部招募需要在媒体发布信息或者通过中介机构招募，一般需要支付一笔费用，而且由于外界应聘人员相对较多，后续的挑选过程也非常的烦琐与复杂，不仅耗费巨大的人力、财力，还占用了很多的时间，所以外部招募的成本较大。

（4）计划风险大。外部招聘只能通过几次短时间的接触，就必须判断候选人是否符合本组织空缺岗位的请求，而不像内部招聘那样经过长期的接触和考察，所以，很可能因为一些外部的因素（例如应聘者为了得到这份工作而夸大自己的实际才能等）而做出不精确的判断，进而加大了计划的风险。

总结外部招聘渠道的利弊如表 4-2 所示。

表 4-2　　　　　　　　　　　外部招聘渠道的利弊

渠道	优势	劣势
外部招聘	（1）为企业注入新鲜的"血液"，能够给企业带来活力。 （2）避免企业内部相互竞争所造成的紧张气氛。 （3）给企业内部人员以压力，激发他们的工作动力。 （4）选择的范围比较广，可以招聘到优秀的人才	（1）对内部人员是一个打击，感到晋升无望，会影响工作热情。 （2）外部人员对企业情况不了解，需要较长的时间来适应。对外部人员不是很了解，不容易做出客观的评价，可靠性较差。 （3）外部人员不一定认同企业的价值观和企业文化，会给企业的稳定造成影响

五、人员招募的方法

（一）内部招募的主要方法

1. 推举法

推举法可用于内部招聘，也可用于外部招聘。它是由本企业员工根据企业的需要推举其认为的合适人员，供用人部门和人力资源部门进行选择和考察。由于推举人对用人单位及被推举者的情形都比较了解，使得被推举者更容易获得企业与岗位的信息，便于其选择，也使企业更容易了解被推举者，因而这种方法较为有效，成功的概率较大。在企业内部最常见的推举法是主管推举，其长处在于主管一般比较了解潜在候选人的才能，由主管提名的人选具有一定的可靠性。而且主管们也会认为他们具有全体的决议权，满意度比较高。它缺陷在于这种推举会比较主观，容易受个人因素的影响，主管们可能选拔的是自己的心腹而不是一个胜任的人选。有时候，主管们并不盼望自己的得力下属被调到其他部门，这样会影响本部门的工作实力。

2. 布告法

布告法的目的在于企业中的全体员工都了解到哪些职务空缺，需要补充人员，使员工感觉到企业在招募人员这方面的透明度与公平性，并有利于提高员工士气。布告法是在确定了空缺岗位的性质、职责及其所请求的条件等情形后，将这些信息以布告的形式，公布在企业中一切可应用的墙报、布告栏、内部报刊上，尽可能使全体员工都能获得信息，所有对此岗位有兴趣并具有此岗位任职才能的员工均可申请此岗位。目前在很多成熟的企业当中，张榜的形式由原来的海报形式改为在企业的内部网上发布，各种申请手续也在网上生成从而使全部过程更加快捷、方便。一般来说，布告法常常用于非管理层人员的招聘，特别适合于普通职员的招聘。布告法的长处在于让企业内更多的人员了解到此类信息，为企业员工职业生涯的发展提供了更多的机会，可以使员工脱离原来不满意的工作环境，也促使主管们更加有效的管理员工，以防本部门员工的流失。它的缺陷在于这种方法破费的时间较长，可能导致岗位较长时期的空缺，影响企业的正常运营。而员工也可能由于盲目地变换工作而损失原有的优势。

3. 档案法

人力资源部门都有员工档案，从中可以了解到员工在岗位、培训、经验、技能、绩效等方面的个人信息，帮助用人部门与人力资源部门寻找合适的人员补充岗位空缺。员工档案对员工晋升、培训、发展有着主要的作用，因此员工档案应力求精确、完备，对员工在岗位、技能、培训、绩效等方面信息的变化应及时做好记载，为人员选择与配备做好准备。

（二）外部招募的主要方法

1. 发布广告

通过报纸杂志、广播电视等传统媒体进行广告宣传，向公众传达招聘信息，覆盖面广、速度快。相比而言，在报纸、电视中刊登招聘广告费用较大，但容易醒目地体现组织形象；很多广播电台都辟有人才交流节目，播出招聘广告的费用较少，但效果也比报纸、电视广告差一些。招聘广告应该包含以下内容：

（1）组织的基本情况。

（2）招聘的职位、数量和基本条件。

（3）招聘的范围。

（4）薪资与待遇。

（5）报名的时间、地点、方式以及所需的材料等。

外部招募员工采用媒体广告招聘存在优点与不足。其优点是信息传播范围广、速度快、应聘人员数量大、层次丰富，组织的选择余地大，组织可以招聘到素质较高的员工。不足是招聘时间较长；广告费用较高；要花费较多的时间进行筛选，投资成本较高。

 案例讨论

如何设计招聘广告

招聘广告既是一种吸引人才的功能性广告，又是企业扩大社会与商业影响力的一种有效的宣传方式，已经日益被更多企业所关注，视为企业人才战略、企业文化战略、品牌宣传战略的宣传途径。如何有效地设计并应用招聘广告最大限度地服务于企业？

（1）企业在设计招聘广告时当遵循以下四个原则：

①Attention：注意——会不会引起别人注意、醒目？

②Interest：兴趣——会不会产生兴趣？

③Desire：渴望——会不会产生加入愿望？

④Action：行动——会不会采取具体行动？

（2）在铺天盖地的招聘广告中，如何能够在第一时间抓住眼球，尤其是目标人群的注意力？影响注意力的因素包括发布渠道、发布时间、广告位置的选择、广告版面的设计；在进行选择时，不妨认真回答以下的问题：

发布渠道：企业所选择的渠道是否是目标人群比较关注的渠道？

发布时间：招聘广告在什么时候发布最合适？发布多长时间？选择持续性发布还是阶段性发布招聘广告？

广告位设计：在确定的招聘渠道与发布时间范围内，选择哪种广告方式既能够吸引更多的注意力，尤其是吸引目标应聘人群的注意力，又能够做好费用成本控制？这需要对应聘人群进行一定的行为分析与预测，同时有侧重点地分析招聘渠道的广告位特色也十分重要，专业的招聘业务合作伙伴往往能够给您提供一些务实的建议。

广告版面设计：版面是否够醒目？色彩与版面整体设计是否符合目标人群的偏好？是否符合公司整体形象与企业文化？

与商业广告相似的是，招聘广告的第一目的是吸引目标人群——求职者。在设计招聘广告时，除了做好发布渠道、时间、位置选择的决策外，招聘广告内容的"匹配性"同样至关重要，做得好达到事半功倍的效果，反之则可能适得其反——负面地宣传了企业形象。

思考题：

1. 你认为一则好的招聘广告还应该有什么方面的内容？

2. 请设计一份招聘广告。

2. 校园招聘

学校是人才高度集中的地方，是组织获取人力资源的重要源泉。对于大专院校应届毕业生招聘，可以选择在校园直接进行。包括在学校举办的毕业生招聘会、宣讲会、招聘张贴、招聘讲座和毕业生分配办公室推荐等。校园招聘，即由企业单位的招聘人员通过到学校招聘、参加毕业生交流会等形式直接招募人员。对学校毕业生最常用的招募方法是每年举行的人才供需洽谈会，供需双方直接会晤，双向选择。除此之外，有的单位则自己在学校召开招聘会，在学校中散发招聘广告等。有的则通过定向培育、委托培育等方式直接从学校获得所需缺的人才。

对于应届生和暑期临时工的招聘也可以在校园直接进行。主要方式有招聘张贴、招聘讲座和毕业分配办公室推举三种。校园招聘通常用来选拔工程、财务、会计、盘算机、法律，以及管理等范畴的专业化初级水平人员。一般来说，工作经验少于 3 年的专业人员约有 50% 是在校园中招聘到的。

3. 人才交流服务机构与人才交流中心

我国很多城市都设有专门的人才交流服务机构，这些机构常年为企事业用人单位提供服务。他们一般建有人才资料库，用人单位可以很方便地在资料库中查询条件基本相符的人才资料。通过人才交流中心选择人员，有针对性强、费用低廉等优点。

人才交流中心或其他人才交流服务机构每年都要举办多场人才招聘会，用人单位的招聘者和应聘者可以直接进行接洽和交流。招聘会的最大特点是应聘者集中，用人单位的选择余地较大，费用也比较合理，而且还可以起到很好的企业宣传作用。

4. 猎头公司

"猎头"（Headhunting），在国外，这是一种十分流行的人才招聘方式，香港和台湾地区把它翻译为"猎头"，所以引进大陆后我们也称之为猎头，意思即指"网罗高级人才"。高级人才委托招聘业务，又被称之为猎头服务或人才寻访服务。专门从事中高级人才中介公司，又往往被称之为猎头公司。一般认为，"猎头"公司是一种专门为雇主"猎取"高级人才和尖端人才的职业中介机构。此外，猎头公司和简单的中介公司存在很大不同。猎头公司不对个人进行收费，中介公司谁需要对谁收费，个人要找工作就对个人收费，企业找人就向企业收费，做的层次比较低；猎头公司是向企业收费。如果向个人收费的话，那肯定不是猎头，而是中介。

5. 网络招聘

20 世纪 70 年代以后，互联网的出现，给人类社会的经济发展，以及人们的出产、生涯、文化等方面带来了革命性的变化。从企业管理的角度看，不仅呈现了信息化人力资源管理的新理念和新模式，也使企业人员招聘方式发生了深刻的变化。目前，越来越多的企业借助互联网承担起公司人力资源管理与开发的多项职能。采用互联网招聘的方式，可以从某种程度上满意企业的请求，因为网络招聘具有以下长处：首先，成本较低，方便快捷；选择的余地大，涉及的范围广。其次，不受地点和时间的限制，在网上距离感好像已经不复存在，无论你身处何地都不会妨碍你工作的开展。互联网不但有助于你在世界各地广招贤才，还可以在网上帮助你的公司完成应聘人员的背景调查审核，才能素质评估，以及笔试面试，互联网已经不仅仅是一个在网上发布招聘广告的媒体，而是具有多种功能的招聘服务体系。此外，网络招聘使应聘者求职申请书、简历等主要资料的存储、分类、处置和检索更加便捷化和规范化。

6. 熟人推举

通过单位的员工、客户、合作伙伴等熟人推举人选，也是单位招募人员的主要来源。据有关资料显示，美国微软公司有大约 40% 的员工是通过员工推举方式招聘的。在我国珠江三角洲、长江三角洲的广大地区，也有大量中资或外资企业，在招聘一般员工时，采用"老乡介绍老乡"的推举方式。

熟人推举的招聘方式，其长处是对候选人的了解比较精确；候选人一旦被录用，顾及介绍人的关系，工作也会更加尽力；招募成本也很低。问题在于可能在组织中形成裙带关系，不利于公司各种方针、政策和管理制度的落实。

熟人推举的方式，适用的范围比较广，既适用于一般人员，也适用于企业单位专业人才的招聘。采用该方式不仅可以节俭招聘成本，而且也在一定程度上保证了应聘人员的专业素质和可信赖度。有些公司为了鼓励员工积极推举人才，还专门设立推举人才奖，以此嘉奖那些为企业单位推举优秀人才的员工。

招聘渠道之间的比较如表 4 - 3 所示。

表 4 - 3　　　　　　　　　　招聘渠道之间的比较

招聘方法	主要特点	适用对象	不太适用
媒体广告	覆盖面宽权威性强 时效性强，费用合理	高中初级人员	特别急需上岗的人才
一般职业 中介机构	地域性强，费用不高	中初级人员	热门、高级人员
人才网站	开放互动性强，传播面广，速度快，信誉度存在一定问题	中高级人才、初级专业人员	一般初级人员
猎头公司	专业服务水平高，费用高	热门、尖端人才	中初级人员

招聘方法	主要特点	适用对象	不太适用
上门招聘	合适人选相对集中	初级专业人员	有经验的人员
熟人推荐	了解情况，有保证作用，有人际关系干扰	专业人员	非专业人员

第二节 人员测评与甄选

一、人员甄选的内涵与内容

(一) 人员甄选的含义

招聘中的人员甄选是指综合利用心理学、管理学等学科的理论、方法和技术，对候选人的任职资格核对工作的胜任程度，即与职务匹配程度进行系统的、客观的测量和评价，从而做出录用决策。所谓甄选，是指企业机构为了寻找符合待补所需条件的人员，吸引他们前来应聘，并从中挑选出适合人员，并加以任用的过程。有效的员工甄选，有利于职位需求选择，并满足组织当前与企业未来持续发展的需要。对大多数的组织机构来说，员工甄选工作多由人力资源管理部门掌管。当然，企业发展初期或者小型组织机构的员工甄选都由直线工作人员及其主管来从事。

有效的员工甄选计划与活动，必须依托人力资源规划和需要补充岗位的特定工作需求来进行。当有了人力资源需求时，组织机构及相关部门需要主动进行员工甄选。员工甄选必须能吸引或找到合适的岗位应聘者，否则就不是成功的员工甄选。不管员工甄选是否依据现有的或新设的职位需求而进行，都必须尽可能地明确描述工作需求，如此才能开展有效的甄选活动。

此外，员工甄选与工作分析、人力资源规划都是一脉相承的。工作分析给予特定的工作本质和需求，人力资源规划决定了所要补充的工作岗位数目，而员工甄选则在选定一些合理人员以补充工作职位空缺。在甄选过程中，人力资源管理部门应考虑合格人员的来源，甄选的标准及其程序，以及甄选方法的运用。甄选工作的合适，将影响到企业用人是否合理合需。有效科学的员工甄选可帮助组织机构找到最适任的人员，来担任空缺的职位。

(二) 人员甄选的内容

在甄选候选人员是否适合岗位需求时，候选者的任职资格和对工作的胜任程度主要取决于他所掌握的与工作相关的知识基础、综合能力，个人的个性特点、行为特征和个人价值观取向等因素。因此，人员甄选是对候选者的这几方面进行测量和评价。

1. 知识基础

知识是候选者展现个人综合能力的系统化信息，可分为普通知识和专业知识。普通知识也就是我们所说的常识，而专业知识是指特定职位所要求的特定的知识。在人员甄选过程中，专业知识通常占主要地位。应聘者所拥有的学历学位和一些专业技能证书可以证明候选者掌握的专业知识的广度和深度。候选者对知识的掌握程度可分为记忆、理解和应用三个不同的层次，适合岗位需求的候选者，要能够学以致用，灵活运用所学知识。在考量候选者的过程中，候选者的学历只是一个考核标准，但人员甄选时不能仅以文凭为依据判断候选者掌握知识的程度，还应结合笔试，测试等多种方式进行考察候选者。

2. 综合能力

综合能力是引起个体绩效差异的持久性个人心理特征。通常我们将综合能力细分为一般能力与特殊能力。一般能力是指在不同活动中表现出来的一些协同能力，如记忆力、想象力、观察力、注意力、思维能力、操作能力等。这些能力是我们完成任何一种工作不可缺少的能力。特殊能力针对不同的岗位，可能具体指专业能力，特殊能力是指在某些特殊活动中所展现出来的特有才能，如服装设计师需要具有良好的色彩运用能力；企业公共关系人员就需要具有较强的人际沟通能力、组织协调能力等。

3. 个性特点

绩效通常是由个人特征造成的，如态度、动机，尤其是性情。企业通过人格测试来测量和预测这些无形的素质，通常个性特征通常采用自陈式量表和投射技术来衡量。每个人都有自己的个性，在工作岗位和人际关系中总有自己独特的风格，这就是个性的体现。个性是指人的一组相对稳定的性格特征，这些特征决定着特定的个人在各种具体不同情况下的行为表现方式。

 案 例 讨论

自陈式量表——卡特尔 16PF 人格测验量表
（完整量表共有 187 道题，节选 20 道题）

本测试包括一些有关个人生活情形的问题，每个人对这些问题会有不同的看法，每个人的回答也就自然会有所不同。因而对问题如何回答，不存在"对"与"不对"之分，只是表明您对这些问题的态度。请您尽量表达您个人的意见，不要有所顾忌。

（测验题）

每一个问题都有三个被选项，但您对每个问题只能选择一个项目。请尽量少选中性答案。每个问题都要回答。务必请您根据自己的实际情况回答。对每个问题不要过多考虑，请尽快回答。

1. 我很明了本测试的说明：
A. 是的　　　　　　　　B. 不一定　　　　　　　　C. 不是的

2. 我对本测试的每一个问题，都能做到诚实地回答：
A. 是的　　　　　　　　B. 不一定　　　　　　　　C. 不同意

3. 如果我有机会的话，我愿意：
A. 到一个繁华的城市去旅行
B. 介于 A，C 之间
C. 浏览清静的山区

4. 我有能力应付各种困难：
A. 是的　　　　　　　　B. 不一定　　　　　　　　C. 不是的

5. 即使是关在铁笼里的猛兽，我见了也会感到惴惴不安：
A. 是的　　　　　　　　B. 不一定　　　　　　　　C. 不是的

6. 我总是不敢大胆批评别人的言行：
A. 是的　　　　　　　　B. 有时如此　　　　　　　C. 不是的

7. 我的思想似乎：
A. 比较先进　　　　　　B. 一般　　　　　　　　　C. 比较保守

8. 我不擅长说笑话，讲有趣的事：
A. 是的　　　　　　　　B. 介于 A，C 之间　　　　C. 不是的

9. 当我见到邻居或新友争吵时，我总是：
A. 任其自己解决　　　　B. 介于 A，C 之间　　　　C. 予以劝解

10. 在群众集会时，我：
A. 谈吐自如　　　　　　B. 介于 A，C 之间　　　　C. 保持沉默

11. 我愿意作一个：
A. 建筑工程师　　　　　B. 不确定　　　　　　　　C. 社会科学研究者

12. 阅读时，我喜欢选读：
A. 自然科学书籍　　　　B. 不确定　　　　　　　　C. 政治理论书籍

13. 我认为很多人都有些心里不正常，只是他们不愿承认：
A. 是的　　　　　　　　B. 介于 A，C 之间　　　　C. 不是的

14. 我希望我的爱人擅长交际，无须具有文艺才能：
A. 是的　　　　　　　　B. 不一定　　　　　　　　C. 不是的

15. 对于性情急躁、爱发脾气的人，我仍能以礼相待：
A. 是的　　　　　　　　B. 介于 A，C 之间　　　　C. 不是的

16. 受人侍奉时我常常局促不安：
A. 是的　　　　　　　　B. 介于 A，C 之间　　　　C. 不是的

17. 在从事体力或脑力劳动之后，我总是需要有别人更多的休息时间，才能保持工作效率：
A. 是的　　　　　　　　B. 介于 A，C 之间　　　　C. 不是的

18. 半夜醒来，我常常为种种不安而不能入睡：

A. 常常如此 　　　　B. 有时如此 　　　　C. 极少如此

19. 事情进行的不顺利时，我常常急得涕泪交流：

A. 常常如此 　　　　B. 有时如此 　　　　C. 极少如此

20. 我以为只要双方同意可离婚，可以不受传统观念的束缚：

A. 是的 　　　　B. 介于 A，C 之间 　　　　C. 不是的

4. 动力因素

员工在工作过程中是否努力，能否在工作中取得良好的工作绩效，不仅取决于他的综合知识、能力水平，还取决于员工完成这项工作的意愿是否强烈，即是否有足够的动力激励自己努力工作。在动力因素中，最重要的是员工的个人价值观，即人们关于目标和信仰的观念。具有不同价值观的员工对不同企业文化的相融程度不同，企业的激励系统对他们的作用效果也不同。所以，企业在招聘员工时有必要对应聘者的价值观等动力因素进行鉴别测试。动力因素通常采用问卷测量的方法进行。

 案例讨论

问卷法——新入职员工职业价值观问卷调查

您好：非常感谢您抽时间完成此项调查，本问卷针对新入职员工群体，探讨他们的职业价值观！本调查不是测验，答案没有对错之分。调查结果仅用于学术研究，您的回答也是严格保密的。非常感谢您的合作！

A 公司 　人力资源管理部

第一部分　工作价值观 说明：人们在就业时会考虑各种条件，以下条件对您的重要程度如何？请根据您的实际情况在适当的数字上打"√"或在右侧空白处填写数字（任选一种即可）	很不 重要	→		非常 重要	
1. 工作环境和工作条件良好	1	2	3	4	5
2. 有充足的休闲时间	1	2	3	4	5
3. 有一个公正体贴的上司	1	2	3	4	5
4. 有较多与他人打交道的机会	1	2	3	4	5
5. 能得到他人尊重	1	2	3	4	5
6. 同事间能友好相处	1	2	3	4	5
7. 薪水高	1	2	3	4	5
8. 福利待遇好	1	2	3	4	5

第一部分　工作价值观 说明：人们在就业时会考虑各种条件，以下条件对您的重要程度如何？请根据您的实际情况在适当的数字上打"√"或在右侧空白处填写数字（任选一种即可）	很不重要		→		非常重要	
9. 工作稳定有安全感	1	2	3	4	5	
10. 能获得升迁	1	2	3	4	5	
11. 有个人成长机会	1	2	3	4	5	
12. 工作有意思	1	2	3	4	5	
13. 工作中有成就感	1	2	3	4	5	
14. 对所从事的具体工作感兴趣	1	2	3	4	5	
15. 能自由、独立地开展工作	1	2	3	4	5	
16. 能更多地对单位和工作负责	1	2	3	4	5	
17. 工作完成后能得到及时反馈	1	2	3	4	5	
18. 所在单位能引起自豪感	1	2	3	4	5	
19. 所做工作有益于社会	1	2	3	4	5	
20. 工作中具有发言权	1	2	3	4	5	
21. 在单位的地位高	1	2	3	4	5	
22. 在单位具有影响力	1	2	3	4	5	
23. 能在工作中充分发挥自己的才能	1	2	3	4	5	
24. 工作做好后能得到相应的认可	1	2	3	4	5	
第二部分　培训与职业发展 说明：请根据您所在企业的实际情况在适当的数字上打"√"	完全不符合		→		完全符合	
1. 刚进入这家公司时，我会接受正式技能培训	1	2	3	4	5	
2. 新员工在培训期间不会接触正式员工	1	2	3	4	5	
3. 直到熟悉工作程序和工作方法后，我才正式接手工作	1	2	3	4	5	
4. 刚到公司时我非常小心地学习新技能	1	2	3	4	5	
5. 公司对新职工的培训是以集体为单位进行的	1	2	3	4	5	
6. 刚到公司的半年内，我一直参加集体培训	1	2	3	4	5	
7. 接收集体培训的新职工会相互帮助	1	2	3	4	5	
8. 新员工们有一种"大家在同一条船上"的感觉	1	2	3	4	5	
9. 公司使我认识到我所掌握的技能是很重要的	1	2	3	4	5	

第二部分 培训与职业发展 说明：请根据您所在企业的实际情况在适当的数字上打"√"	完全不符合		→		完全符合	
10. 几乎所有的同事都会帮助新员工	1	2	3	4	5	
11. 同事在我适应工作的过程中，给了我很大的帮助	1	2	3	4	5	
12. 在新员工适应工作之前，老员工总是与新员工保持距离	1	2	3	4	5	
13. 要让公司接受自己，就必需改变过去的习惯和态度	1	2	3	4	5	
14. 公司会按一套标准的程序培训员工	1	2	3	4	5	
15. 不同的培训阶段有不同的培训内容	1	2	3	4	5	
16. 公司有非常清晰的晋升和发展通道	1	2	3	4	5	
17. 在工作和职位的变动上，公司有明确的标准和程序	1	2	3	4	5	
18. 员工如果要调动岗位，必须积累一定的经验和技能	1	2	3	4	5	
19. 刚到公司时老员工会教我如何开展工作	1	2	3	4	5	
20. 我从老员工那里了解到我的工作职责	1	2	3	4	5	
21. 老员工认为协助新员工是他们的责任	1	2	3	4	5	
22. 我身边的老员工会帮助新员工适应工作	1	2	3	4	5	
23. 通过观察其他职工，我很清楚我的发展路径	1	2	3	4	5	
24. 我在公司的发展要遵循固定的时间表	1	2	3	4	5	
25. 我很清楚什么时候会被提升或转岗	1	2	3	4	5	
26. 如果要晋升，我知道要积累哪些经验和能力	1	2	3	4	5	
第三部分 自我工作评价 说明：请根据您的实际工作情况在适当的数字上打"√"	完全不符合		→		完全符合	
1. 我能够称职地完成公司交给我的工作	1	2	3	4	5	
2. 我能够完成上级期望完成的任务	1	2	3	4	5	
3. 我能够达到工作质量上的要求	1	2	3	4	5	
4. 我能够达到工作数量上的要求	1	2	3	4	5	
5. 我非常乐意今后一直在这家单位工作	1	2	3	4	5	
6. 我对这家单位有很深的个人感情	1	2	3	4	5	
7. 我真的把单位的事情当作我自己的事情来处理了	1	2	3	4	5	
8. 我在单位有那种"大家庭里一分子"的感觉	1	2	3	4	5	
9. 我会找我的主管讨论工作中的问题	1	2	3	4	5	

第三部分　自我工作评价 说明：请根据您的实际工作情况在适当的数字上打"√"	完全不 符合	→			完全 符合	
10. 我会请同事给我提出工作上的意见	1	2	3	4	5	
11. 我会找领导谈谈我对工作的看法	1	2	3	4	5	
12. 我会向领导提出改善工作的建议	1	2	3	4	5	
13. 我的价值观与组织的价值观相适应	1	2	3	4	5	
14. 在公司我可以保持自己的价值观	1	2	3	4	5	
15. 我的价值观和上司的价值观非常不一样	1	2	3	4	5	
16. 我的价值观和上司的价值观非常相同	1	2	3	4	5	
17. 我对我从事的工作本身非常满意	1	2	3	4	5	
18. 总体来说，我对目前的工作非常满意	1	2	3	4	5	
19. 我经常考虑辞职	1	2	3	4	5	
20. 我想要辞去现在的工作	1	2	3	4	5	
21. 我会接受朋友介绍给我的新工作	1	2	3	4	5	
22. 如果离开该单位，我很容易找到满意的工作	1	2	3	4	5	
23. 如果离开该单位，我有能力找到同样好的工作	1	2	3	4	5	

第四部分　个人信息

（说明：在相应的"□"上打"√"或标红）

加入该企业时间：□不足半年　□半年～1年　□1～2年　□2～3年　□3年以上

您所从事工作：□生产　□研发　□工程技术　□营销　□财务　□人事行政　□其他_____

您的性别：□男　□女

年龄：□20岁以下　□21～25岁　□26～30岁　□31～35岁　□36岁以上

教育程度：□初中或以下　□高中/中专　□大专　□本科　□研究生

调查至此结束，再次感谢您的支持！

××××年×月

二、人员甄选的过程

（一）人员甄选过程

接待应聘者—填写《应聘人员岗位申请表》—核查所填资料—考试和测验—应聘面试—调查背景和资格—有关主管录用—体检—安置，试用—正式录用（测试与面试是比较复杂和关键性的步骤，其余的相对比较简单）。人员甄选流程如图 4 - 1 所示。

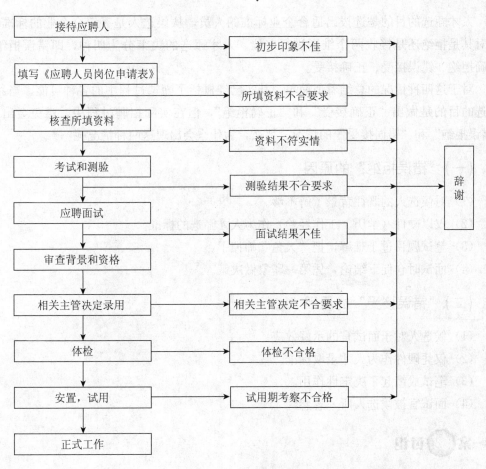

图 4 - 1 人员甄选流程

（二）筛选申请材料（人员选择的第一步）

（1）个人简历：筛选个人简历。个人简历是求职者用来向企业提供其背景资料和进行自我陈述的一般方法，没有严格、统一的规格。其优点是形式灵活，便于求职者充分进行自我表达，其缺点是缺乏规范性，随意性大，有时不能系统、全面地提供企业所关注的所有信息，并且求职简历可能存在自我夸大的倾向。

（2）申请表：申请表的优点是可以克服简历的弊端，系统、详细地提供企业所关注的信息。申请表涉及主要内容包括申请人的客观信息、申请人过去的成长与进步情况、申请人的工作稳定性和求职动机等。申请表可以帮助组织预期求职者实际工作绩效的信息。但申请表中需要注意事项包括：设计要以职务说明为依据，每一栏均有一定的目的，不要烦琐、重复，符合国家的法规与政策。

三、甄选决策

人才甄选的目的是选拔出适合企业标准的人员，从候选人是否符合企业的标准以及对其是拒绝还是接收两个维度进行定位。人才甄选的决策分为四种，即错误拒绝、正确拒绝、错误接受、正确接受。

对于这四种情况的总结看似简单，其实已经概括了甄选过程中的各种可能，当然，甄选的目的是做出"正确接受"和"正确拒绝"，但在实际招聘过程中，难免会出现"错误拒绝"和"错误接受"的情况。那么，为什么会出现这两种情况呢？

（一）"错误拒绝"的原因

（1）对候选人的既往背景了解不够。

（2）仅以硬件（学历、工作经验）作为人才筛选的标准。

（3）笔试题目过于难解，把"大鱼"筛掉了。

（4）面试时仓促下结论，凭第一印象做决策。

（二）"错误接受"的原因

（1）候选人对于面试官的示好效应。

（2）仅凭硬件作为人才录取标准。

（3）笔试成绩起了决定性作用。

（4）面试官被候选人所"忽悠"。

甄选录用决策

普顿斯化学有限公司是一家跨国公司，以研制、生产、销售药品、农药等为主，露秋公司是普顿斯化学有限公司在中国的子公司，主要生产、销售医疗药品，随着生产业务的扩大，为了对生产部门的人力资源进行更为有效的管理、开发，他们希望在生产部建立一个处理人事事务的职位，工作主要是生产部与人力资源部的协调，人力资源部经理 Peter 对应聘者作了初步的筛选，留下了 5 人交由生产部经理 Lily 再次进行筛选，Lily 对其进行选择，留下了两人，决定由生产部经理与人力资源部的经理两人协商决定人选。这两个人的简历及具体情况如下：

陈涵：男，32 岁，有企业管理硕士学位，有 8 年一般人事管理及生产经验，在此之前的两份工作均有良好的表现。面谈结果：可录用。

赵鹏：男，32 岁，有企业管理学士学位，有 7 年的人事管理和生产经验，以前曾在两个单位工作过，第一位主管评价很好，没有第二位主管的评价资料。面谈结果：可录用。

看过上述的资料和进行面谈后，生产部经理 Lily 来到人力资源部经理室，与 Peter 商谈何人可录用。Peter 说："两位候选人，看来似乎都不错，你认为哪一位更适合呢？"Lily 说："两位候选人的资格审查都合格了，唯一存在的问题是，赵鹏的第二位主管给的资料太少，但是虽然如此，我也看不出他有什么不好的背景，你的意见呢？"Peter 说："很好，Lily，显然你我对赵鹏的面谈表现都有很好的印象，人吗，有点圆滑，但我想我会容易与他共事，相信在以后的工作中不会出现大的问题。"Lily 说："既然他将与你共事，当然由你作出决定更好，明天就可以通知他来工作。"于是，赵鹏被公司录用了，进入公司 6 个月以后，他的工作不如期望做得好，指定的工作，他经常不能按时完成，有时甚至表现出不胜任其工作的行为，所以引起了管理层的抱怨，显然，赵鹏对此职位不适合，必须加以处理。

思考题：

1. 招聘过程中存在什么样的问题？
2. 试想一下可以采用什么样的方法规避掉这些问题的产生？

企业组织的生存与发展取决于它们在竞争环境中所处的优势地位，而在所有的竞争优势要素中，人力资源的质量是最为重要的，人力资源称为组织发展的"第一要素"。因此，企业组织中人力资源管理的各个环节和组成部分都必须以人力资源的质量要素为前提。如果将人力资源管理看成是一个动态的系统的话，那么，人员的招聘与录用工作就可称为人力资源管理系统的输入环节。人员招聘与录用工作的质量将直接影响企业、组织人力资源的输入和引进质量。如果人员招聘与录用的质量高，将会促进组织的健康、快速、高效地发展。更好地实现组织的战略与发展目标；相反，如果人员招聘与录用的质量较低，或录用的人员不符合组织的要求，则会阻碍组织的发展。在组织需要用人的时候，找不到合适的人选，这时企业组织的正常发展极为不利。所以，人员招聘与录用，将随着企业组织的发展，在人力资源管理中占有越来越重要的地位，人员招聘与录用的成功与否将直接影响一个组织的兴衰成败。

四、人员甄选的方法

（一）口试法

所谓口试法，具体是指由主试者提出问题，由应聘者以口头表达方式来回答该问题而言，口试是最常用的人员甄选的方式。口试与面谈虽可合而为一，然而两者或多或少有些不同。

口试形式上是面对面的考试，然而其考试内容偏重于应征者的专业能力、语文能力，故口试的本质上与笔试颇为类似。

（二）笔试法

所谓笔试法，具体是指在甄选过程中，由应征者以纸与笔来解答主试者所提出的问题而言。笔试法通常具有下列三项优点：甄选方法容易管理，故可节省人力及时间；在同一时间可集体参加笔试，故迅速而确实；应试者的答案有文字为凭，故比其他甄选方法较为客观。

笔试法通常具有下列三项缺点：笔试法仅能测量应试者的记忆能力，不易考察应试者的推理与创造力；笔试法容易引起应试者之猜度及作弊；笔试法在问题之编撰上较为费时费力。

（三）面试法

面试法的方式包括很多种，按面试者人数分类，分为一对一面试、多对一面试、一对多面试。按考察方分类，分为结构化面试、非结构化面试，情景面试，无领导小组面试等。按考察内容分类，分为情景假设、经验考问，如 STAR、BEI 等。不同的面试方式需要应聘者采用不同的方式来对待。

1. 结构化面试

结构化面试又称标准化面试，它指面试前就面试所涉及的内容（要素）、试题评分标准、评分方法、分数使用等一系列问题进行系统的结构化的面试方式。结构化面试的一项主要要求是对报考相同职位的应试者，应测试相同的面试题目，使用相同的评价标准。面试者根据应试者的应答表现，对其相关能力素质做出相应的评价。一般由面试者按照既定程序、既定问题来询问，考题往往经过精心设计，按照一定的顺序排列，如依次考察求职动机、沟通能力、交际能力、反应能力、思维方式、情绪控制能力等。也有可能同一道题目考察两个方面的要素。

2. 非结构化面试

由面试者根据考察目的，结合应聘者简历的情况因人而异地进行随意性的询问，有时可能就某个问题深入了解，会提出挑战性的问题。

3. 多对一面试

由一组来自相关部门的面试者组成小组进行面试，从各个方面进行询问。最终考察结果也是各个面试者所给成绩的平均分数。

4. 一对多面试

由一个面试者同时面试多个人，这一般发生在应聘人数较多的情况下。他可能只问一个问题，但要求所有的应试者给出自己的答案，往往后来回答问题的应聘者需要做出更多的思考。

5. 无领导小组面试

这种面试被同学戏称为"群殴"。由 5～10 名互不相识的应聘者组成一个小组，不指定负责人，按照面试者指定的要求去完成一个团队任务，包括讨论一个自相矛盾的命题、讨论既定案例给出解决方案等。面试者可能旁听，但不发表任何看法，也可能用摄像机记录。

6. 情景面试

要求应聘者模拟职位要求的某些特定情形进行操作或给出解决方案。包括公文筐测验等具体形式。

7. 行为事件面试法（Behavioural Event Interview，BEI）

通过询问特定条件下你采取的关键行为来对你的能力、经验等进行判断。在 BEI 中，面试者一般遵循 STAR 原则来提问。即 Situation——应聘人当时遇到的情况如何，Task——应聘人当时的主要任务或责任，Action——应聘人采取或未采取的特定行为，Result——行为的结果或导致的变化。

（四）测验法

1. 认知能力测验（Cognitive Aptitude Tests）

认知能力测验是用来评量一般应征者的推理能力，记忆能力、字汇、口语流利度，以及数理能力。这些测验可以帮助公司了解哪些工作候选人具有广泛的知识基础。由于工作性质的内容范围日渐扩大，而且变动的情形也更为快速，因此员工必须要能够适应工作上的变动，并跟得上日新月异的科技进步。公司需要的可能是涵盖范围更广的甄选方法，以决定能达到成功的应征者所需具备的特质有哪些。

2. 神经肌肉运动能力测验（Psychomotor Abilities Tests）

神经肌肉运动能力测验所测验的就是应征者的力量、协调性以及灵巧度。公司之所以测验这些能力的原因，是因为随着机械操作的精密化发展越来越快速，因此，现在有许多精密工作的出现。有些工作的精密程度，甚至精密到员工们必须戴着放大镜的眼镜才能以进行操作。而要能做好此种工作，就必须具备良好的神经肌肉运动能力。一般标准化的测验中，并无法涵盖所有这类能力测验的每个项目。但是，其实在一些生产性工作和一些办公室工作的例行评量中，就已包含有表现这些能力的测验。

3. 工作知识测验（Job-Knowledge Tests）

工作知识测验是设计以评判一位工作候选人对其所申请的工作所需负责的职务是否了解。这种测验可以在市面上买到考题，但是也有可能依据工作分析中的资料，以针对任何不同的工作出题。给他们一项工作任务，然后去评价申请者的表现。该方法的假设是：在测试中能学会并完成抽样工作的申请者，也能学习和完成整个工作。

4. 工作实例练习测验（仿真）（Work-Sample Tests（simulations））

工作实例练习测验或是所谓仿真，需要的是应征者实际操作一项或是多项其所申请之工作的代表性职务。因此，这些测验的本质是与工作有相当关联性的。可以猜想到的是，关于此种测验类型的数据证实，此种测验具有很高的预期性效度，而且可避免一些由测验所产生的不良影响。这种方式也是应征者最能接受的一种测试。

若是有一个职位所需要的条件，是要能够在一定期限内快速完成写作，那么测验的内容便可以要求应征者在一定时间限制内完成一篇文章。所有应征者必须在时间和面试环境的压力下，展现出自己最佳的能力，以尽力表现完美。有些专家认为，只要是具有效度的实际模拟测验，都可以当作是员工工作表现的评量标准。毕竟提供了工作机会给员工，还必须要让其能有表现工作能力的机会。

5. 职业兴趣测验（Vocational Interest Tests）

职业兴趣测验能显示出一个人最感兴趣和最能从中获得满足的工作为何。这些测验是将应征者个人的兴趣，与那些在特定工作中表现成功的员工的兴趣，互相做比较。虽然在甄选中可能会应用到应征者的职业兴趣来做评估，但是这项测验的结果通常是用于咨询和就业指导方面的辅助功能。

6. 个性测验（Personality Tests）

个性测试是指自我报告特性、性情或性格。由于美国的企业每年因员工偷窃而损失 150 亿～250 亿美元，因此个性测试（特别是诚实与正直）经常都获得使用。个性测验是用来测验一个人是否具有高度的工作动机和意愿，以及是否适应且能够在团队工作中有良好的表现。有些公司用这些数据以区分员工的个性种类。有了这些资料，公司便可以将员工组成多元性质的工作团队，以激发创造力；或者是组成同构型的工作团队，以激发员工间互相竞争。但是，就当作一个甄选工具而言，个性测验是具有争议性的，因为其缺少了表面上的效度显示。但无论如何，使用个性测验的潮流有越来越普遍的倾向。根据调查，有 18％的公司会要求那些按时计薪的员工们接受个性测验，而 22％的公司会要求管理职位者做此种测验。

7. 心理测验（Psychological Tests）

所谓心理测验，系指标准化的测验模式，用来客观地观察人类的心理状态、行为模式及工作绩效。

心理测验在人员甄选的应用上，具有预测和诊断两大功能。

所谓心理预测，系指根据心理测验的结果，推估受测者将来的工作绩效或工作成就所采用的方法。假若将心理预测应用于人员甄选上，则可将员工汰弱留强。此外，还可借由心理测验，将录用的人员安置于适合他们的能力、个性与兴趣的职位上，使每个人将来得以向最大的成就迈进。

至于心理诊断，系指根据心理测验的结果，分析人类的行为特质，进而发现某些人可发展的优点及必须加以矫正的缺点。假若将心理诊断应用于人员甄选上，则可对录用人员加以矫正或弥补其不足。

心理测验具有心理测验与心理诊断两大功能，故可用于提升人员甄选之正确性，并降低甄选与安置的时间与费用。

8. 人格测验

在人类心理成长与发展的过程中，一些个人特征，例如害羞、攻击性、顺从、懒惰、忠诚或胆怯等持续出现在许多不同情境，因而形成人格特质，近年来人格测验逐渐被重视的一个最重要的原因是人格定义的整合成功，五大人格特质分别是：亲和性、勤勉正直性、外向性、情绪稳定性、经验开放性，如表 4-4 所示。

表4-4 五大人格特质类型

五大人格特质	因素
亲和性	体贴、同情心、依赖性、思维敏捷、开放性、信任度
勤勉正直性	注意细节、尽忠职守、责任感、专注工作、恪守准则、坚守道德法律
外向性	适应能力、竞争力、成就需求、成长需求、活力、影响力、主动性、风险承担、社交性、领导力
情绪稳定性	情绪控制、负面情感调解、乐观、自信、压力、忍耐力
经验开放性	独立、创造力、人际灵活、注意力集中、洞察力

五、面试与录用

按照程序招聘面试，为什么员工纷纷不满意

C公司是一家衣帽生产型的企业，由外国私人投资兴办，成立于1994年。公司成立20多年以来，业务量日益增长，市场逐渐扩大，特别是在海外的市场已经占据了相当优越的地位，在国内也站稳了脚跟。目前跟C公司合作的企业和单位也越来越多，订单也急剧增加。为了适应业务量的日益增长，C公司不得不扩大生产规模，提高衣帽的产量，同时也希望引进一批新的人才。最近一段时间，公司新添加了一些新产品的制造器械，增加了新的生产车间，同时也增设了相应的新岗位。因此，公司急需引进一批人才，开展新的生产，于是人力资源部门的王经理向李总提出了招聘的要求。这一建议立即得到了李总的支持，希望他能尽快解决人才的引进，快点进入正轨。

公司发展到现在，业务得到了新的拓展，要增加一些新的岗位，如衣帽设计师，新产品的制造部经理、技术主管，销售人员等岗位。现有的在职员工的知识素质、技能似乎已经跟不上时代的发展，比如设计师，老的设计师根本无法适应新时代潮流的变化，目前的营销渠道与方式也与以前发生了巨大变化，也需要新的人才。因此，王经理想利用此次机会招聘优秀的外部人才为公司新产品的生产设计制造和营销注入新的血液。人力资源部门决定抽取了一些工作人员，然后加上一些重要部门的主管，构成了招聘小组，开始了招聘工作。此次招聘与以往不同的是，王经理认为公司要获取持久的竞争优势，并能够长久的发展，首先需要招聘一些知识层次较高、工作经验丰富、能力素质都很优秀的人，其次还要招聘一批年轻的具有潜力的人才，为工作未来的人力资源做好储备。于是他们选择了职业介绍机构网络招聘的方式去选择高层优秀人才，另外他们还希望通过在国内重点高校举行校园招聘选拔年轻有为的储备人才。

在人员招聘的过程中，C公司都是按照基本流程进行的。他们采用了如下的基本流程：第一，对空缺岗位进行职业分析，确定职位人员应具备的资格条件等方面。第二，制订人员招聘计划，拟定企业人员补充政策和方向后，将企业所需招募人员的数量和结构具体化。第三，拟定招募简章，发布招募信息。第四，简历的收集与筛选，人力资源部门和用人单位把通过各种渠道收集到的应聘简历进行初步筛选，合格者通知面试。第五，笔试、面试和评价，人力资源部门组织个部门主管组成面试小组。第六，人员录用，对符合岗位要求并通过人员测评的应聘者通知录用。

招聘后，新员工试用的效果并不尽如人意。许多刚刚应聘的人员提出了换岗或者干脆主动放弃该工作机会。从猎头公司推荐来的高层管理人员和技术人员与之前想象中的差别很大，并不能及时改变公司的现状。人力资源部的李经理对此困惑不已。通过猎头公司新招进来的员工共六个，基本上都有两年以上衣帽服饰的工作经验。从学历看，其中有三个博士，两个硕士，一个本科生。他们都被安排在了新产品设计各个岗位中，公司提供的薪水不低，工作环境比较理想。其次，还通过其他渠道招聘的人员都已经安排就职了，太多都是基层岗位，各方面的条件也比较好。一段时间后，问题接二连三地出现了，招进的高端人才有些觉得自己具有良好的专业背景，并且拥有相关的工作经验，他们的能力已经超过了岗位对员工的技能要求，他们认为工作没有激情，得不到成就感。有些人却因为能力有限经常完不成规定的业务量，还有些员工抱怨说与之前说好的工作要求不符。一批刚招进来的大学生也因为自己的才能得不到施展已经有提出辞职的想法了，各个部门也开始向人力资源部门抱怨此次招聘的人才很多都没有达到预测的要求。人力资源部门王经理陷入了沉思，开始反思此次招聘的问题了。

思考题：

1. 此次招聘的问题有哪些？
2. 这些问题如何改进？

面试，就是对应聘者施以不同的考试和测验，可以就他们的知识、能力、个性品质、职业方向、动机和需求等方面加以评定，从中选出优良者，进入到面试候选人的范围。最后确定参加面试的人选，发布面试通知和进行面试前的多项准备工作。具体来说包括以下几个方面：

（一）确定面试考官

面试考官应由三部分人员组成：人事部门主管、用人部门主管和独立评选人。但是，无论什么人担任面试考官，都要求他们能够独立、公正、客观地对每位面试应聘者作出准确的评价。

（二）选择合适的面试方法

（1）面试方法有许多种类，面试考官应根据具体情况选择最合适的方法组织面试。

（2）设计评价量表和面试问话提纲。面试过程是对每位参加面试的应聘者的评价，因此，应根据岗位要求和每位应聘者的实际情况设计评价量表和有针对性的面试问话提纲。

（3）面试场所的布置与环境控制。要选择适宜的场所供面试时使用，许多情况下，不适宜的面试场所及环境会直接影响面试的效果。

（4）面试过程的实施。这一阶段是面试工作程序中最主要的环节，它凭借面试考官的面试技巧有效地控制面试的实际操作。实际上，面试过程的操作质量直接影响着人员招聘与录用工作的质量。

（5）分析和评价面试结果。这部分工作主要是针对应聘者在面试过程中的实际表现得出结论性评价，为录用人员的取舍提供建议性依据。

（三）录用

1. 确定人员录用的最后人选（如有必要进行体格健康检查等）

（1）做出录用决策。在经过笔试、面试或心理测试后，招聘录用工作进入了决定性阶段。这一阶段的主要任务是通过对甄选评价过程中产生的信息进行综合评价与分析，确定每一位应试者的综合素质和能力特点，根据预先确定的人员录用标准与录用计划进行录用决策。其中，测评数据资料的综合分析是通过专门的人事测评小组或评价员会议进行的。测评小组共同讨论每个评价维度的行为表现，得出对某一求职者有关这方面情况的一致评价意见。在对每一评价维度都进行了类似标准的综合评定后，评价员们就要考虑明确该求职者在所有评价维度上的长处和弱点，然后做出最后的录用决策。这里需要注意两点：第一，如果人事部门与用人部门在人选问题上意见有冲突，应尊重用人部门的意见。第二，组织应该尽可能地选择那些与企业精神、文化相吻合的个性特点的应聘者，即使他们没有相应的知识背景和工作经验，也尽量选择前者，因为这些可以通过培训而习得，相对来讲，一个人的个性品质是较难改变的。

（2）决策的准确性。应聘者的个体差异为人员选择提供了理论基础，选择过程的目标在于利用个人差异挑选那些更具有某种特性的人，这些特性被看作是干好工作的重要因素。工作分析是整个选择过程的基础。在此基础上，选择一个或一个以上敏感、相关、可靠的效标；同时，选择一个或一个以上与效标有某种关系的预测因子（如个性、能力、兴趣的量度）。对预测因子的选择应以工作分析信息为依据，这种信息可具体提供一种预测因子最有可能准确地预测标准绩效的线索。当我们把预测因子作为决策的依据时，可从正确决策的比例评价预测因子的作用。

这一模式简单、易懂，它只要求把根据预测因子所做的决策划分为两个或两个以上相互排斥的类型，对效标数据也作类似的分类，然后对两组数据进行比较。决策正确性的指标之一是正确决策与总决策之比。

2. 面试结果的反馈

人员选聘与录用工作的每个环节都包含两个方面的结果：录用过程和辞谢过程。录用过程是指应聘者在应聘过程中逐步被组织接纳，而辞谢过程则是招聘录用过程中的淘汰，二者是同时延续和完成的。

面试结果的反馈有两条线路，一是由人事部门将人员录用结果反馈到组织的上级和用人部门。二是逐一将面试结果通知应聘者本人，对录用人员发布"试录用通知"，对没有被接受的应聘者发布"辞谢书"。

3. 面试资料存档备案

最后，将所有面试资料存档备案，以备查询。至此招聘测试与面试工作全部完成，重新回到人员招聘与录用的程序之中。

本章主要介绍了人员招募和招聘的含义和区别，对招聘的主要渠道和方法进行了阐述，对内外部招募的方法和利弊做出了列举和对比；同时，解释说明了人员测评和甄选的内涵和流程，对于口试、笔试和面试方法进行了讲解。

本章练习题

1. 什么是员工招聘？
2. 员工招聘应遵循哪些基本原则？
3. 员工招聘的程序是什么？
4. 招聘的渠道和方式有哪些？
5. 面试的种类有哪些？
6. 面试的过程是什么？

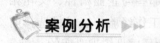

H 公司的招聘烦恼

H 公司是一家生产型企业，由私人投资兴办，成立于 2000 年。其公司负责人刘总正在为公司的人才引进问题烦恼。H 公司成立 8 年多来，业务量日益增长，市场逐渐扩大，逐步站稳了脚跟。前一段时间，公司新添加了一些新产品的制造业务，同时也增设了相应的新岗位。因此，人力资源部门的李经理向刘总提出了招聘的要求。这一建议得到了刘总的支持。公司发展到现在，业务得到了新的拓展，要增加一些新的岗位，如新产品的制造部经理、技术主管等岗位。现有的在职员工的知识素质、技能似乎还差一截。因此，李经理想利用此次机会招聘优秀的外部人才为公司新产品的生产制造注入新的活力。人力资源部门抽取了一些工作人员，再加上一些重要部门的主管，构成了招聘小组，开始了招聘工作。此次招聘与以往不同的是，李经理认为公司要获取持久的竞争优势，并能够长久的发展，必须招聘一些知识层次较高、工作经验丰富、能力素质都很优秀的人才加入到公司中来。

招聘后，新员工试用的效果并不尽如人意。许多刚刚应聘的人员提出了换岗或者干脆主动放弃该工作机会。人力资源部的李经理对此困惑不已。新招进来的员工共六个，基本上都有两年以上制造业的工作经验。从学历看，其中有三个博士，两个硕士，一个本科生。他们都被安排在了新产品制造各个岗位中，公司提供的薪水并不低，领导对他们的工作还是基本持满意态度，再者，工作环境也还比较理想，因此，对于新员工提出的主动辞职，李经理陷入了沉思。他找来部门主管，询问了新产品的制造情况，发现岗位设置不大合理，特别是岗位对任职者的需求和实际任职者的能力之间存在较差异。新招的员工具有良好的专业背景，并且拥有相关工作经验，他们的能力要求超过了这些岗位对员工的技能要求。因此，许多人认为工作没有挑战性，工作成就感很难获得，因此，提出了辞职的要求。李经理认为应该好好再认真思考一下这些问题了。

思考题：

1. 招聘过程中出现了什么样的问题？
2. 李经理需要如何改进？

第五章 人力资源培训与开发

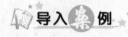

学习目标

- 了解人力资源培训与开发的含义
- 理解培训与开发的分类和内容
- 掌握培训的方法
- 掌握培训开发的方案设计与实施

导入案例

中电电气关于人才战略的核心观念——人人是人才

中电电气集团有限公司总部位于南京,前身为国家能源部扶持企业。公司自1990年成立至今,秉持"远见、创新、责任"的核心价值理念,以"为世界输出优质动力"为己任,专注生产制造二十余年,形成电力变压器、光伏太阳能、电力电子、蜂窝材料四大产业,在江苏、上海、江西、香港等地发展形成15家控股、全资子公司。2003年经过改制,组建成跨地区、跨产业、跨所有制形式经营的国家大型企业集团。集团率先成为行业内集中国驰名商标,中国名牌产品和国家免检产品三个国家级殊荣于一身的大满贯企业。2007年5月18日,中电电气(南京)光伏有限公司在美国纳斯达克证券交易所挂牌交易(股票代码CSUN),成为南京首家在纳斯达克上市的企业。

中电电气集团是一家跨地区、跨产业、跨所有制形式经营的国家大型企业集团,拥有电力变压器(世界最大)、太阳电池(国内最大)和绝缘防护材料三座生产基地,是美国杜邦、澳洲太阳能光伏研究中心、法国施耐德电气、美国DSI公司、德国MKM公司、英国利物浦管理咨询公司、中国武钢的长期战略合作伙伴。凭借领先技术,中电电气在神州载人航天工程、长江三峡工程、黄河小浪底工程、北京长安街、广州白云机场、深圳会展中心、苏州世遗会主会场、亚洲小卫星研制基地等国家重点建设项目中频频中标。

在中电电气集团,"人人是人才"。公司重视"吸纳人才",但更看重"发展人才",培育员工是企业的责任,也是企业的希望。中电电气培训规划的第一页写着:编制本规划的目的在于加强对培训工作的管理,提高培训工作的计划性、有效性和针对性,使得培训工作能够有效地促进集团经营战略目标的实现。"锁定战略与未来发展需求"

是培训的第一要求。培训主要分为三大类，分别是新员工培训、在职培训和重点培训。新员工培训又分为两个部分，一个是在报到之日进行的入司培训，一个是每两个月内统一举行的新员工培训。培训的主要内容是集团发展历史、公司文化、规章制度、礼仪、产品知识和相关岗位业务知识，针对销售人员还要设置品牌、合同法、售后服务、销售技巧、销售人员 11 项修炼等培训项目。重点培训是培训中的一个亮点，得到受训者的一致好评。有针对性地安排培训内容，巧妙地设计培训方式，通过非常规的培训使受训者得到更深切的感悟和更实用的知识。培训结束后，要对培训效果进行评估。

思考题：

1. 这个集团的培训有什么特色？还有什么改进之处吗？

2. 你觉得培训的效果应该如何评估？

第一节　人力资源培训与开发概述

一、人力资源培训与开发的含义

（一）人力资源培训与开发的概念

1. 人力资源培训的概念

培训（Training）是企业向员工提供工作所必需的知识与技能的过程。它是一种有组织的知识传递、技能传递、标准传递、信息传递、信念传递、管理训诫行为。其中最为主要的是技能传递，侧重上岗前进行，是企业有计划地实施以提高员工学习与工作相关能力为目的的活动。这些能力包括知识、技能和对工作绩效起关键作用的行为，它是人力资源开发的基础性工作。案例中，对新员工入职培训，了解集团发展历史、公司文化、规章制度、礼仪、产品知识和相关岗位业务知识，针对销售人员还要设置品牌、合同法、售后服务、销售技巧、销售人员 11 项修炼等都属于培训项目。

别具一格的杜邦培训

作为化工界老大的杜邦公司在很多方面都独具特色。其中，公司为每一位员工提供独特的培训尤为突出。因而杜邦的"人员流动率"一直保持在很低的水平，在杜邦总部连续工作 30 年以上的员工随处可见，这在"人才流动成灾"的美国是十分难得的。

杜邦公司拥有一套系统的培训体系。虽然公司的培训协调只有几个人，但他们却把培训工作开展得有声有色。每年，他们会根据杜邦公司员工的素质、各部门的业务发展需求等拟出一份培训大纲。上面清楚地列出该年度培训课程的题目、培训内容、培训教员、授课时间及地点等。并在年底前将大纲分发给杜邦各业务主管。根据员工的工作范围，结合员工的需求，参照培训大纲为每个员工制订一份培训计划，员工会按此计划参加培训。

杜邦公司还给员工提供平等的、多元化的培训机会。每位员工都有机会接受像公司概况、商务英语写作、有效的办公室工作等内容的基本培训。公司还一直很重视对员工的潜能开发，会根据员工不同的教育背景、工作经验、职位需求提供不同的培训。培训范围从前台接待员的"电话英语"到高级管理人员的"危机处理"。此外，如果员工认为社会上的某些课程会对自己的工作有所帮助，就可以向主管提出，公司就会合理地安排人员进行培训。

为了保证员工的整体素质，提高员工参加培训的积极性，杜邦公司实行了特殊教员制。公司的培训教员一部分是公司从社会上聘请的专业培训公司的教师或大学的教授、技术专家等，而更多的则是杜邦公司内部的资深员工。在杜邦公司，任何一位有业务或技术专长的员工，小到普通职员，大到资深经理都可作为知识教师给员工们讲授相关的业务知识。

思考题：

1. 杜邦公司的培训有什么特点？有什么优缺点？

2. 还有什么培训方法适合杜邦公司？

2. 人力资源开发的概念

开发（Development）是指为员工未来发展而开展的正规教育、在职实践、人际互动，以及个性和能力的测评等活动。

人力资源开发的对象是人的智力、才能，即人的聪明才智。相较于自然资源的开发，人力资源开发的方法不同。另外因为人的潜能是无限的，因此人力资源开发方法活动是无止境的。

3. 培训与开发的关系

人力资源培训与人力资源开发既有联系又有区别。培训的侧重点在于近期目标，其核心是企业向员工提供工作需要的基本知识、方法、步骤，开发员工的技术性技巧，提高员工当前工作的绩效。培训所需时间较短，阶段目标比较清晰。开发的侧重点则在于培养提高管理人员的有关素质，帮助员工为从事企业的其他工作做准备，提高其面向未来职业的能力，同时帮助员工更好地适应由新技术、工作设计、顾客或产品市场带来的变化。开发更加注重的是长远性的人才培养。虽然有一定的区别，但培训与开发是一个相互联系的过程，培训是开发的基础，开发是在培训的基础上进一步的对员工进行针对性的提高培养。

（二）人力资源培训与开发的作用

1. 人力资源培训的作用

世界上很多知名企业在员工培训方面倾注了大量的人力物力，由此不难看出培训在一个企业中占据了重要的地位，摩托罗拉公司每年用于培训的费用超过 10 亿美元。对于人员的培训与开发，麦当劳创始人雷克罗克先生曾说过两句话：不管我们走到哪里，我们都应该带上我们的智能，并且不断给智能投资；钱跟智能是不一样的，你可以赚到钱，但是你想随处去抓到智能却是不可能的，所以必须花心思去发展。为什么培训对于企业如此重要呢？看看他们的作用就知道了。

（1）人力资源培训可以使员工更快地适应工作内容。培训是实现人才能够多快好出现的重要途径。人才的定义是指，在一定社会条件下，具备一定的知识和技能，并能以其劳动对社会发展做出更多贡献的人。随着新经济时代的到来，企业组织生存的环境变得更加纷繁复杂与快速多变，来自全球一体化、信息网络化、知识与创新、投资者、组织的速度与变革等各种力量的挑战和冲击，都对人力资源培训与开发提出了新的要求。我国现有教育模式和资源很难满足目前企业对高素质人才的需求。而且专业人才需要更长的培养周期，如中专和大学专科一般是 2～3 年，本科是 4～5 年，高级技术工人更是需要更长的培养周期。因此各类人才不可能全部由传统国家教育渠道补充。同时，由于教育的局限性，很多专业人才最初具备的丰富理论知识并不能立刻与实际工作很好的融合。况且，并不是所有的人都能得到传统的教育系统的培训，因此很多人只能依靠更具有针对性的内部的培训，才能提高科学文化水平和各种能力。培训是企业使员工更快适应工作内容必不可少的环节。

（2）提高企业人才的素质从而提升企业的竞争力。通过培训，企业可以增强员工的分析能力、创造能力、沟通能力、自我管理与控制能力和自我教育能力等，强化员工综合素质。员工是企业的最基本单元，强化了最基本单元，整个系统的能力才会提高。培训使得员工素质提高进而可以增强企业自身的竞争能力。当今时代，各种科学技术发展迅猛，竞争市场更是瞬息万变。依托于企业培训，可以拓展员工的技能范围，有利于企业更好地迎接技术革命挑战，这样才能在风起云涌的市场中立足脚跟。

（3）培养员工积极的工作态度，强化组织的结构。通过培训，使得员工提高胜任工作的能力，组织的管理实践也可以得到良性的发展，从而使员工对组织产生新的认识，在一定程度上可以改变员工的工作态度，缓解员工队伍的波动情绪。稳定的员工情绪才能构筑稳定的组织结构。

（4）增进员工对于企业的认同感，有利于人才的引进，减少人才的流失。人才是企业构筑核心竞争优势的最关键资源。人力资源开发的一个重要目标就是如何吸引、留住人才，最大限度地激发他们的活力，使其为企业创造经济效益。实践证明，环境就是吸引力，哪个企业人才培养环境优越，哪个企业就能聚集各种优秀人才，聚集了人才才能使企业充满生机和活力。反之，没有好的培养环境，人才就会流失，企业就会缺乏发展的潜力和优势。

人才引进问题解决了，怎样把人才留住也是企业需要重点关注的问题。一方面要靠优厚的物质待遇，另一方面则是事业是否有发展前景和吸引力。因为高技能人才都希望自己能够从事具有挑战性的工作，希望自己在本职工作岗位上作出业绩的同时，能使自己的未来有一个更加广阔的发展空间，有一个更加好的职业生涯发展规划。这就要求企业的经营管理者不断加强人力资源培训与开发工作，给员工提供事业发展的平台，从而提高他们对工作、对企业的满意度。

2. 人力资源开发的作用

（1）开发可以促进企业战略布局优化转变，提升组织竞争力。企业的发展是在企业不断创新的基础上实现的。企业创新是通过企业战略的不断调整与转变来完成的。战略布局的优化需要新的人力去开发产品、开辟市场，这样企业必须进行有目的、有计划的员工开发工作，保证人力资源对企业战略调整的需求。进行人力资源开发，能够增添新的人力资源，这些新的人力资源是组织战略调整的有力保证。

（2）为企业未来发展提供充足的人力保证。任何企业的发展除了要依靠先进的技术、性能优良的设备，更重要的是要依靠企业的人力资本。妨碍组织发展的原因，主要是缺乏高质量的人力资源，是人才与知识的不足。组织对员工的开发，就是要为组织培养高素质的人才，为组织的发展储备人力资源。

二、培训与开发的原则

（一）战略性原则

战略性原则含义有两层：一是企业培训需要服从或服务于企业的整体发展战略，最终的目的是为了实现企业的发展目标；二是培训本身也要从战略角度考虑，要以战略眼光去组织企业培训，不能只局限于某一个培训项目或某一项培训需求。培训内容不同会导致培训效果显现时间不同。如果期望受训者生产效率提高和质量方面的精益求精，那么技术操作培训的效果会很快显现，有时培训效果则需要经过一段时间才能显现出来，如高级管理人才的培训。因此，很多企业对培训开发存在一定的思想误区，只有把培训提升到战略高度，才能为企业的长期战略发展培养后备力量，从而使企业长期持续受益。

（二）实用性原则

员工培训应当从实际工作的需要出发，具有明确的针对性，培训要与企业类型和员工职位特点紧密结合，与培训对象的年龄、知识结构、能力结构、思想状况紧密结合，只有这样才能通过培训让员工掌握必要的技能以完成规定的工作，最终实现企业经济效益的提高。只有密切结合实际充分考虑实用性的培训才能收到实效，才能提高工作效率。另外在培训项目实施中，要把培训内容和培训后的使用衔接起来，这样培训的效果才能体现到实际的工作中去，才能达到培训的目的。如果不能按需培训、培训与使用脱节，不但会造成企业人力、物力的浪费，而且会使培训失去意义。从工作的实际需要出发，主要表现在要与职位特点紧密结合，与培训对象的年龄、知识结构、能力、思想状况紧密结合，切忌概念化、一般化。进行分层次、针对性的培训，更新员工的知识储备，提升员工的技能，适应经济形势的发展，适应企业发展的需要。对待不同层次的员工，建立相配套的培训开发方案，提供个性化的发展空间，使每一层次的员工都有一个明确的方向，最大限度地激发出员工活力、创造力，促进企业核心竞争力的提高。

（三）持续性原则

麦当劳的管理人员 55％要从基层员工做起，他们正是在得到长期系统的培训后才得以成长。人力资源培训需要企业投入大量的人力、物力，这对企业的当前工作可能会造成一定的影响。有的培训项目有立竿见影的效果，但有的培训要在一段时间以后才能反映到员工的工作效率或企业经济的效益上，尤其是管理人员和员工观念的培训。因此，要正确认识智力投资和人才开发的长期性和持续性，要用"以人为本"的经营管理理念来搞好人力资源培训。

（四）全面性与针对性兼顾原则

培训的全面性就指要有计划、有步骤地对在职的所有员工进行培训，这样可以提高全员的素质。但人的能力是有区别的，为了提高培训的收益率，培训必须做到有重点，即对企业兴衰有着重大影响的管理和技术骨干，特别是中高层管理人员、再者就是有培养前途的梯队人员，更应该有计划地进行培训与开发。

（五）培训效果反馈强化原则

在培训结束后，要依据培训的目的和要求，运用一定的评估指标和评估方法来检查和评定培训的效果。培训评估的目的是提高培训质量，它贯穿于培训的全过程。一是对教师授课技巧以及授课效果的评估；二是对员工所学知识情况进行评估。评估后的信息必须及时反馈到公司的培训管理部门，以便制订与实施下阶段的职工培训计划。企业员工培训是一个持续改进的过程，任重而道远。只有不断加强学习，提高认识，努力做到"四个创新"，即培训制度创新、培训机制创新、培训形式创新和培训管理创新，企业的人力资源开发才能不断提高，才能更有力地支持企业的改革发展。

可口可乐：员工是企业的灵魂

可口可乐公司从 1886 年创立以来，一直以其可口的碳酸饮料系列产品风靡全世界，历经 117 年长盛不衰。可口可乐公司于 1927 年进入中国，因故撤出后于 1979 年重返中国，并且成立了可口可乐（中国）有限公司。现在可口可乐（中国）有限公司已成为中国最大的饮料合资企业，每年上缴国家各项税款达三十亿元人民币。三十几年来，可口可乐（中国）有限公司取得了卓越的成绩，已成为饮料销售市场的领袖先锋，被视为同行业的标本和典范。可口可乐（中国）有限公司被视为中国最成功的本土化跨国企业，其实施的本土化人才策略功不可没。可口可乐公司的战略性用人策略，最为独特的一点就是"本土化"。其精髓就是：在市场当地设立公司，所有员工都用当地人；销售方针、人员培训由总公司统一负责。通过本土化策略的实施，不但大大节约了管理资源，使管理更切合当地实际，同时与当地政府关系也更加紧密和融洽；不但培养了大批本土化管理人才、业务人才，使各项政策顺利实施，同时也为长远发展提供强有力的后劲；不但使本土文化跟上全球化发展，使内外沟通更加容易，为当地带来巨大的经济效益和社会效益，同时也使文化融合更和谐，企业因而长盛不衰。

在可口可乐人才培养体系中，把人才培养视为企业的灵魂。人才是企业最重要的经营资源，是一切财富中最为宝贵的财富。正确地制定和选择人才战略，努力开发挖掘人才，充分发挥各类人才的积极作用，是企业走向兴旺发达的关键。可口可乐公司在中国的迅速发展很重要的一个原因就是公司非常重视发掘和培养人才。可口可乐公司的一位领导曾经说过，"可口可乐公司在人才培养方面，最注重的是每一个人对可口可乐品牌的一片赤诚热爱之情，把员工视为企业的灵魂，把员工能够全身心地投入工作，努力地为公司做出贡献的人才培训体系放到一个战略性高度。"

结合本土化特色，持续的进行员工培训，把员工培训与开发放到组织发展的战略性地位上，使可口可乐公司得到了快速发展。

思考题：

你认为可口可乐公司培训的优缺点是什么？

第二节　人力资源培训开发的方法和内容

一、培训开发的分类

（一）按照培训对象分类

按照培训对象的不同，培训可以分为新员工培训和在职员工培训。在职员工按照级别的不同又可以分为基层员工培训，中层员工培训和高层员工培训。

（二）按照培训形式分类

培训形式一般分为在职培训和脱产培训两种。

（三）按照培训内容分类

依据培训内容的不同，培训可以分为知识型培训，技能性培训，态度性培训等。

二、培训开发的方法

（一）案例研究法

很多公司在碰到难题时，会花重金到外寻求管理顾问的帮助，西门子却不这样，他相信"员工是公司内的企业家"，有问题让员工自己解决。在这样理念的指导下，西门子设计了一项企业内部的训练计划。企业的内部训练计划很像 MBA 的训练课程，让学员分析和讨论案例。不同的是，学员均是西门子的分析人员和工程师，而案例都是西门子碰到的实际问题。这个训练计划不但能解决实际问题，而且还能有效地培养人才。这些学员原先并不具备解决这些问题的专长，在接受任务后不得不学习自己并不熟悉的各类知识，并在整个过程中培养了解决相关问题的能力。企业的内部训练计划之所以成功，最重要的一点是，打破了部门界限，每个人必须与来自其他部门的人员交流，甚至与国外的人员交流，在分享、碰撞的过程中相互学习、激发思维，最终解决现实问题。

案例研究法是确定一定的培训目的后，选取适合的实际案例，正面的成功案例较多，但根据培训目的也有选取失败案例的情况。为了提高员工的判断力和分析能力，往往会将案例典型化经典化，通过让受训员工分组讨论和研究分析，从而达到提高学员的解决和分析问题的能力。往往选取现有的成功企业，对其进行案例分析，这样员工能从案例分析中学习其成功的关键，学会面对相似案例时如何正确分析、解决问题。比如选取英特尔、联想、百度、GE 等著名大企业，由于这些案例具有情节真实、理论综合、结论开放的特点，很适合小组讨论，是学习型组织中使用较多的培训方法，差异化企业应鼓励使用案例培训，以提高学员应变能力。然而，作为企业本身而言，也应该要结合自身情况，取其精华。

（二）讲座法

讲座法就是属于传统模式的培训方式，是通过教师的语言表达，系统地向学员传授知识，期望这些听讲者能记住其中的重点内容与特定知识。在讲授的过程中常常还辅之以问答、讨论或者案例分析等形式。讲座法是一种最为常用的培训方法。

传统的讲座法的特点是成本低、短时间内既可以向大量的受训者提供某种专题信息的方法之一。此外，受训者越能够积极地参与，在课程讲授中引用的例子越多，穿插的练习越多，受训者就越有可能尽早学会并且在工作中及时应用培训时所掌握的信息。这种方法的支配者是教师，属单向沟通，这种方法最适用于以简单的获取知识为目标的情形（如在对新员工培训时描述公司历史）。采用这种方法，特别要考虑如何使学员有强烈的学习兴趣，专心一意。这就要求教师对课题有深刻的研究，并对学员的知识、兴趣及经历有所了解。

讲座法的形式多种多样，主要包括灌输式、开放式、发现式以及启发式等。但是不同形式的讲座，都是一种单向沟通的方式——从培训者到听众。

讲座法具有低成本，省时间，可同时对多人进行培训的优势。另外可以对知识进行系统的讲解，还可以掌握和控制培训的进度。对于深入理解难度大的知识讲座法也具有很大的优势。除了具备上述优势，讲座法的缺陷主要包括学习方法被动，学员无权选择学习的内容。如果讲授人不能能使材料变得有内涵，不能鼓励学员提问和讨论，一般不能赢得学员的专心。且讲授形式具有强制性，是对学员的单向沟通。在实际应用中受训者的参与、反馈与工作实际环境的密切程度会阻碍学习和培训成果的转化，缺乏实际操作的机会，学习的知识不容易被巩固。

(三) 互动训练法

互动训练法是将拓展训练和成功训练相结合，形成的一种卓有成效的团队培训方法。这种方法具有受训者广泛参与、形式生动活泼的特点，使他们在活动中亲身感受某种人生哲理、工作理念和生活态度，并兼有培训、沟通和对外宣传等多种意义。这种方法主要适用于心理调节、成功励志等专题。互动训练法涵盖的种类多样。

 案例讨论

奥康：员工培训灵活多样

奥康目前有5 000多名员工，随着在西部投资8个亿的新工业园的建立，公司规模越来越大，员工数量也日益增多。

培训教育作为企业发展战略的一个有机组成部分，在奥康已被纳入了制度化的管理。公司颁布的2003第5号文件就是经全员讨论修改后的《培训管理制度》，它就培训宗旨、原则、方法、组织管理、培训需求分析与计划、培训项目设计、成果转化、效果评估、员工的培训权利与义务和今年投入培训的687万元专款使用等都做了明确的规定，使得培训收效显著。

"五训"育人

奥康培训员工采用"五训"：军训、岗前培训、在职综合培训、专业技术培训和选择培训。

1. 军训

军训这个词我们并不陌生，部队里面有军训，学校里有军训，但很少听说过民营企业将军训以制度来规范。但奥康集团从建厂以来就明文规定，每名新员工上岗之前必须先接受一个星期严格的军训。通过军训有利于使员工克服害怕吃苦、作风散漫、意志脆弱、集体观念和纪律观念淡薄等缺点；有利于培养员工的爱国、爱厂精神，增强组织纪律性，养成勇敢顽强、坚韧不拔、吃苦耐劳、勇争一流的奥康品德；有利于发扬团结友爱、互相帮助的集体主义精神；有利于锻炼意志、增强体质。

2. 岗前培训

岗前培训意味着员工必须放弃某些理念、价值观念和行为方式，来适应奥康的要求和目标，学习新的工作准则和有效的工作行为。当一名新员工进入公司后，首先，由分管行政的副总裁向其介绍公司的信念、期望及公司对员工的要求。然后由培训处进行一般性的指导。在这一过程中，培训处的代表和新员工要讨论一些共同性的问题，包括介绍组织的概念、各种政策与规定、薪酬制度、工作时数和福利等。其次，由新员工的直属上司执行特定性的指导，包括介绍部门的功能、新员工的工作职责、工作

地点、安全规定、绩效检查标准和一起合作的同事等。

3. 在职综合培训

为了提高员工的素质和适应能力，公司所有的管理人员和行政人员都由人力资源部统一安排，每个月接受培训学习的时间不能少于 20 小时。培训的主要内容是：知识、技术、工作态度、熟练技巧、综合素质、人际关系、整体形象等。培训的方法主要有：教练法——让有经验的员工或直接上司进行训练；助理制——用来培养公司的未来高级管理人才；工作轮调——让未来的管理人员有计划地熟悉各种职位，以及由内部资深专业讲师和临时到外面聘请的专家教授来公司授课等。

4. 专业技术培训

人才差距是造成企业经营差距的最大因素。要想在激烈的社会环境中生存下来，就必须要拥有专业的合格人才，来增强企业的核心竞争力。随着技术革新的加速发展和深化，每名员工所需的专业知识技术仅仅靠学校教育获取，是远远不够的。奥康从实际情况出发，将专业技术岗位分为两大方面：一是工程技术人员岗位；二是技术工人岗位。

5. 选择培训

随着世界范围的贸易往来、资金融通和技术转换的规模日益扩大，全球一体化的时代已来临，奥康也在努力打造国际品牌。为了使管理人员与时俱进，公司每年都有计划、有选择地组织骨干到外面接受培训。同时，奥康还与温州职业学院进行合作，共同培养人才。对于高层管理人员，则分批被派送到浙江大学、清华大学、中国企业培训中心等单位进行短、中期深造。

6. 培训效果评估

培训效果评估就是培训活动实际绩效的考察和测定。培训活动的任何环节出现问题和不足，都会最终影响到培训的效果。因此，在每次项目培训完毕后，公司都从培训的内容、强度、环境、时间及培训活动净收益等方面来进行评估，从中找出问题、不足和薄弱环节，寻求改进的途径和方法。

思考题：
奥康多种培训方法的优缺点各是什么？

（四）探险学习法

探险学习法运用结构性的室外活动来开发受训者的协作能力和领导能力的一种培训方法，也称为野外培训法或户外培训法，目前使用最为广泛的互动训练法就是探险学习法。利用自然环境，通过一系列精心设计的活动，使学员在解决问题、应对挑战的过程中，达到"磨炼意志、完善人格、挑战自我、熔炼团队"的培训目的。实践表明，探险学习法十分有利于培养和开发与群体有效性相关的技能，如自我意识能力、问题解决能力、冲突管理能力和风险承担能力等。在探险学习中，也可能包括一些非常耗费体力且颇具挑战性的活动，可以利用一些结构性的个人和群体户外活动来进行，如狗拉爬犁、爬墙、过绳索、信任跳（每一位受训者都要分别站到桌子上，然后背朝后跳下，倒在团队同伴的手臂中）、爬梯子及利用连接两座塔的绳索从一座塔爬到另一座塔等。

（五）行动学习法

培训中的行动学习法，就是透过行动实践学习。即在一个专门以学习为目标的背景环境中，以组织面临的重要问题作载体，学习者通过对实际工作中的问题、任务、项目等进行处理，从而达到开发人力资源和发展组织的目的。行动学习法是由英国管理学思想家雷吉·雷文斯（Reg Revans）在 1940 年发明的，并将其应用于英格兰和威尔士煤矿业的组织培训。

行动学习法一般包括 6～30 名员工组成的团队，其成员中还可以包括客户和销售商。例如，惠普公司就采用行动学习法来解决因从巴西进口压缩机而造成的过高关税损失问题。公司各部门员工组成了一个团队来努力研究这个问题，即如何才能很好地执行公司所制定的降低成本和控制库存的战略。该团队最后开发出一套关税损失弥补流程，结果每年为惠普公司节约数十万美元。

行动学习法是一种在欧洲得到普遍使用的培训方法。尽管对行动学习法尚未进行正式的评价，但是这种方法却能够实现学习和培训成果的最大转化，这是因为它所提出的问题都是员工们所面临的现实问题。

综上，行动学习法的作用主要有：减少了由学习到应用的时间；将学习者的注意力集中于结果和过程；着眼于现在与未来；降低成本；可对团队成员的表现进行及时反馈；产生富有创意的解决方案；增加组织凝聚力；加强组织学习能力，真正成就一个学习型组织。

（六）团队培训法

波音公司共有 250 个分别由 8～15 人组成的团队，这些团队共同从事电机的设计工作。团队的成员包括来自不同专业领域的各种工程师（比如设计工程师、制造工程师等）、可靠性专家、质量专家以及市场营销专业人员。这种团队被称为同步工程团队，这是因为来自不同业务职能领域的员工需要在一起进行飞机的设计工作。同步工程团队要取得成功，其团队成员就必须了解他们所从事的工作程序或产品是如何与最终端产品匹配起来的。由于每一架波音 777 客机都包括数百万个零部件，这种不同领域部门的匹配、组合能最有效地让飞机飞起来。

波音公司团队培训的第一个步骤是让团队成员有一个综合性的定位。定位完成之后，团队成员会分别领到自己的工作任务。培训者会在最需要的时候来帮助团队解决各种问题。也就是说，只有在团队请求帮助的时候，培训者才会出现，培训并帮助其提高沟通技能、冲突处理技能及领导能力等。

波音公司所用的就是团队培训法。团队培训不同于传统的培训模式，它没有教室、黑板、讲义和老师，它使用的是游戏教学法。团队培训法重在协调为达成共同目标而努力工作的不同个人之间的绩效。在群体整合性要求较强的企业内部，这种培训是非常重要的。在这些企业之中，许多工作都是由一个群体或者一个班组来共同完成的。成功与否取决于在个人决策活动中的相互协调、团队的业绩和处理潜在危险情况的思想准备三个方面的因素。团队培训法又可以分为有交叉培训、协调性培训、团队领导技能培训三种方式。

团队培训法的主要内容是知识、态度和行为的培训，是由团队领导培训。团队行为是指团队成员必须采取可以让他们进行沟通、协调、适应且能完成任务以实现目标的行动；团队知识是使团队队员记忆力好、头脑灵活，使其能在意料外的或新的情况下有效地工作；团队队员对彼此的感觉或态度会影响对任务的理解。同时团队绩效与团队的士气、凝聚力、统一性密切相关。研究表明，受过有效培训的团队能设计一套程序，做到能发现和改正错误、协调收集信息及相互鼓舞士气。

在团队培训中，可以利用课堂讲授或者观看录像的方式向受训者传播关于沟通技巧的知识，利用角色扮演法或模拟训练法为受训者提供一个练习的机会，从而将在课堂上讲授的沟通技巧通过实地练习加以体会。研究发现，在培训中比较有效的团队能够建立相应的工作程序来发现和解决问题，协调信息收集，加强团队成员之间的相互协作。

团队培训是一种开放式、参与性的培训方法，培训过程中每个学员都是主角，教师与学员的关系是互动的，因此在培训过程中学员通过全身心的体验可以真正领悟到，自己本身就是一座充满无限潜能的宝藏。另外，这种培训方式在激发学员潜能的同时，进一步训练了他们彼此间的高度协作精神，鼓励他们将个人潜能的发挥完全融入到团队中去。目前这种培训被大量运用于企业的员工培训中。在硬件资源和人员规模无法改变的情况下企业如何才能达到"1＋1＞2"的效果呢，团队精神的培养是一种很好的方法。

（七）辩论法

辩论法是指站在不同立场的参与者面对争议性的议题时提出自己的看法并反驳对方的论点的一种公开竞赛的方法。辩论的目的主要是为了提高受训者的逻辑思维能力和语言表达能力。

辩论法具有可以激发受训者参与的热情，并为受训者提供动态学习的机会与经验的优点，同时能够为受训者提供生动、活泼、热烈的学习气氛。还能够提高受训者在一定压力的情形下独立思考问题和随机应变的能力。

辩论法的开展需要需耗费相当长的时间研究准备议题，而且受训者的个性差异可能会影响辩论的程序与效果。

（八）讨论法

讨论法是指通过培训师与受训者之间或受训者与受训者之间的语言交流的方式来解决实际工作中出现的问题，从而巩固和拓展所学到知识的一种方法。

现代人力资源管理实务

讨论法可以通过受训者主动地提出问题，表达个人感受，来激发他们的学习兴趣，也可以通过讨论使受训者之间互相取长补短，增益所长。

这种方法的缺点是不利于受训者系统地掌握知识，如果论题选择得不恰当，也会直接影响到培训的效果。

（九）交互式视频法

交互式视频法是一种以计算机为基础，综合文本、图表、动画及录像等视听手段培训员工的方法。

交互视频法通过与计算机主键盘相连的监控器，让受训者用键盘或触摸监视器屏幕的方式与培训程序进行一对一的互动式学习。这种方法主要用于对受训者的技术程序上的培训，培训项目的内容可以存储在光盘上。

交互式视频法能够满足受训者个性化的需要，完全自我控制或自主选择学习内容和进度，而且受训者可以不受任何时间和空间的限制，培训内容具有连续性，能够实现自我导向的培训并且通过在线服务可以及时反馈信息。

但由于其昂贵的课程软件开发费用，不太适用于对人际交往技能的培训，尤其是当受训者需要了解或给出微妙的行为暗示或认知过程时更是如此。

三、人力资源培训与开发的对象和内容

员工可以按加入企业的先后顺序分为新员工和老员工，也可以按员工在企业中的地位和作用分为：企业决策层、专业人员、基层管理人员和一般员工。

（1）对于企业录用的新员工，一般不具备完成规定工作所必需的知识和技能，也缺乏在特定集体中进行协作的工作态度和行为规范。为使他们尽快地融入到企业中，尽快掌握必要的知识、技能和应具备的行为方式，必须对他们进行培训和开发。

（2）为了在激烈的国际市场竞争中能够生存，企业员工的知识、技能和行为方式，也必须同不断变化的外部环境、企业的发展相适应，不断更新知识，提高技能，才能使企业保持较强的竞争力。因而，就迫使企业对老员工要经常不断地进行培训和开发。

（3）企业决策层需要对整个企业的经营管理全面负责，企业经营状况很大程度上依赖决策层的知识、能力和行为方式。一般来说，企业决策层的管理者都有丰富的工作经验和杰出的才能，因而对其进行培训和开发就具有特殊的目的。

企业最高领导层是决定企业命运的关键人物，对他们的培训应该从提高其决策能力和战略眼光入手。应该通过中短期的学习或研讨、国内参观考察及专家论坛等方式，使他们了解本行业生产技术的最新进展、市场动向和最新的经营管理知识。

（4）专业人员。企业一般有会计师、工程师等各类专业技术人员。专业人员都有自己的业务范围，掌握着一定的专业知识和技能。培训就是让他们了解别人的工作，促使各类人员之间的沟通协调，使他们开展工作时能从企业的整体出发。

（5）基层管理人员。基层管理人既是企业整体利益的代表，又是其下属员工利益的代表，起着承上启下的桥梁与纽带的作用。因此，在工作中很容易引起角色冲突和

矛盾发生。基层管理人员必须具备必要的人际关系沟通技能，否则管理工作就很难开展。在实际工作中，大多数基层管理人员往往在管理方面缺乏经验，因为最初他们都是从事业务性、事务性的工作。因此，对他们进行培训的目的是使其尽快掌握必要的管理技能，明确其职责，改变自己的工作观念，熟悉新的工作环境，习惯新的工作方法。

（6）一般员工。对于一般员工的培训，主要是提高他们的基础文化知识和技术操作水平，通过培训使他们成为有经济头脑、讲经济效益、精通技术、一专多能的人才。

 案例讨论

东京迪士尼乐园员工培训

世界上有 5 个很大的迪士尼乐园，在美国的加利福尼亚州的迪士尼营业已有一段历史了，并创造了很好的业绩。不过全世界开的最成功的、生意最好的，却是日本东京迪士尼。美国加州迪士尼营业了 25 年，有 2 亿人参观；东京迪士尼，最高纪录一年可以达到 1700 万人参观，14 年便达到 2 亿人参观。研究这个案例，看看东京迪士尼是如何吸引回头客的。开酒店或经营乐园，并不是希望客人只来一次。如果今天一对夫妇带孩子逛乐园，这孩子长大了以后会再来吗？他会带他的男朋友或女朋友再来吗？将来他又生了孩子，他的小孩子又会再来吗？如果回答是肯定的，这才叫做引客回头。住酒店也是同样的道理，很少有酒店去注意到一名客人会不会来第二次和第三次，所以只强调让客人来住店，却没有想到引客回头。因此，东京迪士尼要让老客户回头，就得在这个问题上动脑筋。

到东京迪士尼去游玩，人们不大可能碰到迪士尼的经理，门口卖票和剪票的也许只会碰到一次，碰到最多的还是扫地的清洁工。所以东京迪士尼对清洁员工非常重视，将更多的训练和教育大多集中在他们的身上。

一、从扫地的员工培训起

东京迪士尼扫地的有些员工，他们是暑假工作的学生，虽然他们只扫两个月时间，但是培训他们扫地要花 3 天时间。

1. 学扫地

第一天上午要培训如何扫地。扫地有 3 种扫把：一种是用来扒树叶的；一种是用来刮纸屑的；一种是用来掸灰尘的，这三种扫把的形状都不一样。怎样扫树叶，才不会让树叶飞起来？怎样刮纸屑，才能把纸屑刮得很好？怎样掸灰，才不会让灰尘飘起来？这些看似简单的动作却都应严格培训。而且扫地时还另有规定：开门时、关门时、中午吃饭时、距离客人 15 米以内等情况下都不能扫。这些规范都要认真培训，严格遵守。

2. 学照相

第一天下午学照相。十几台世界最先进的数码相机摆在一起，各种不同的品牌，

每台都要学，因为客人会叫员工帮忙照相，可能会带世界上最新的照相机，来这里度蜜月、旅行。如果员工不会照相，不知道这是什么东西，就不能照顾好顾客，所以学照相要学一个下午。

3. 学包尿布

第二天上午学怎么给小孩子包尿布。孩子的妈妈可能会叫员工帮忙抱一下小孩，但如果员工不会抱小孩，动作不规范，不但不能给顾客帮忙，反而增添顾客的麻烦。抱小孩的正确动作是：右手要扶住臀部，左手要托住背，左手食指要顶住颈椎，以防闪了小孩的腰，或弄伤颈椎。不但要会抱小孩，还要会替小孩换尿布。给小孩换尿布时要注意方向和姿势，应该把手摆在底下，尿布折成十字形，最后在尿布上面别上别针，这些地方都要认真培训，严格规范。

4. 学辨识方向

第二天下午学辨识方向。有人要上洗手间，"右前方，约50米，第三号景点东，那个红色的房子"；有人要喝可乐，"左前方，约150米，第七号景点东，那个灰色的房子"；有人要买邮票，"前面约20米，第十一号景点，那个蓝条相间的房子"……顾客会问各种各样的问题，所以每一名员工要把整个迪士尼的地图都熟记在脑子里，对迪士尼的每一个方向和位置都要非常地明确。

训练3天后，发给员工3把扫把，开始扫地。如果在迪士尼里面，碰到这种员工，人们会觉得很舒服，下次会再来迪士尼，也就是所谓的引客回头，这就是所谓的员工面对顾客。

二、会计人员也要直接面对顾客

有一种员工是不太接触客户的，就是会计人员。迪士尼规定：会计人员在前两三个月中，每天早上上班时，要站在大门口，对所有进来的客人鞠躬，道谢。因为顾客是员工的"衣食父母"，员工的薪水是顾客掏出来的。感受到什么是客户后，再回到会计室中去做会计工作。迪士尼这样做，就是为了让会计人员充分了解客户。

三、重视顾客、重视员工的相关规定

1. 怎样与小孩讲话

游迪士尼有很多小孩，这些小孩要跟大人讲话。迪士尼的员工碰到小孩在问话，统统都要蹲下，蹲下后员工的眼睛跟小孩的眼睛要保持一个高度，不要让小孩子抬着头去跟员工讲话。因为那个是未来的顾客，将来都会再回来的，所以要特别重视。

2. 怎样对待丢失的小孩

从开业到现在的十几年里，东京迪士尼曾丢失过两万名小孩，但都找到了。重要的不是找到，而是在小孩子走丢后从不广播。如果这样广播："全体妈妈请注意，全体妈妈请注意，这边有一个小孩子，穿着黑裙子白衬衫，不知道是谁家的小孩子，哭得半死……"所有妈妈都会吓一跳。既然叫作乐园就不能这样广播，一家乐园一天到晚丢小孩子，谁还敢来。所以在迪士尼里设下了10个托儿中心，只要看到小孩走丢了，就用最快的速度把他送到托儿中心。从小孩衣服、背包来判断大概是哪里人，衣服上有没有绣他们家族的姓氏；再问小孩，有没有哥哥、姐姐、弟弟、妹妹，来判断父母的年龄；有的小孩小得连妈妈的样子都描述不出来，都要想办法在网上开始寻找，尽量用最快的方法找到父母。然后用电车把父母立刻接到托儿中心，小孩正在喝可乐，吃薯条，啃汉堡，过得挺快乐，这才叫乐园。他们就这样在十几年里找到了两万名小孩，最难得的是从来不广播。

3. 怎样送货

迪士尼乐园里面有喝不完的可乐，吃不完的汉堡，享受不完的三明治，买不完的糖果，但从来看不到送货的。因为迪士尼规定在客人游玩的地区里是不准送货的，送货统统在围墙外面。迪士尼的地下像一个隧道网一样，一切食物、饮料统统在围墙的外面下地道，在地道中搬运，然后再从地道里面用电梯送上来，所以客人永远有吃不完的东西。这样可以看出，迪士尼多么重视客户，所以客人就不断去迪士尼。去迪士尼玩10次，大概也看不到一次经理，但是只要去一次就看得到他的员工在做什么。这就是前面讲的，顾客站在最上面，员工去面对客户，经理人站在员工的底下来支持员工，这个观念人们应该建立起来。这就是所谓的引客回头，也就是员工要站在客户面前，员工比经理重要，客户比员工又更重要。

广泛说来，培训与开发的对象包括企业各个层次、各个类别的所有员工。但是，由于不同类别的员工在工作性质、工作方式等方面大相径庭，所以培训与开发的侧重点也有不同，由此可以划分不同的培训与开发的对象。

思考题：

1. 案例中培训内容有哪些？有什么区别？
2. 你认为哪个培训方式的效果会最好？

四、人力资源培训开发的方案设计与实施

作为企业，在设计人员培训方案是，首先要对公司及人员培训需求进行分析，找出实际工作绩效与工作绩效标准之间的差距，然后确定具体的培训目标，并根据目标设计培训方案、实施培训方案，评估培训成果。因此，培训需求分析是培训开发活动的基础，如果培训需求分析不准确，或出现偏差，那么培训工作就达不到预期的目的。我国一些企业在设计培训方案时，常常跳过了这一步，不进行需求分析评估，结果使培训达不到企业的要求，使企业领导认为培训是浪费时间和金钱。

(一) 培训需求分析

培训与开发需求分析是由企业有关人员收集有关组织和个人的各种信息，找出实际工作绩效与绩效标准之间的差距，分析产生差距的原因，以确定是否需要培训、谁需要培训等。培训需求分析的焦点不是放在学习本身、培训计划本身或培训部门必须提供什么，而是根据绩效的标准，关注员工学习的需求，即员工需要学习的知识、技术、能力、态度等方面。通过培训需求分析，我们可以确认：组织的目标和实现这些目标的效率；员工现有技能和有效地完成当前工作所需技能之间的差距；员工现有技

能和为能够成功地完成未来工作所需技能之间的差距；未来人力资源开发活动的条件。

需要注意的是，造成员工绩效低下的原因很多。例如，如果是由于员工知识、技能、能力或态度等方面的问题，可以通过对员工的培训来解决；如果是由于管理者的工作作风、管理方式等的影响造成的，则需要管理者改变领导方式或对领导者进行培训；如果是由于工作设计或管理制度方面的问题，就需要对工作进行重新设计或者改进管理制度，这时，对员工进行培训是没有意义的。

为确定培训与开发的需要，企业必须从 3 个层次进行分析，即组织水平、工作（任务）水平及个体水平。组织水平分析是从组织的角度考虑，如企业的战略使命、目标等，决定是否需要培训以及为培训提供可利用的资源等，它是任务分析和人员分析的前提。第二个层次即工作水平分析，是对完成企业目标所需要执行的任务的分析，它要确定关键任务及需要在培训中加以强调的知识、技能和行为方式。人员分析主要是分析员工的现状，确定谁需要接受培训，接受什么类型的培训等。

通过培训与开发需求分析，我们可以确定是否需要培训、谁需要培训和受训者需要学习哪方面的信息，包括他们通过培训要完成的任务及知识、技能、行为方式的提高等。

 案例讨论

H 公司的培训困境

1998 年，中国的微波炉行业有几家大型的厂家竞相角逐，竞争趋向白热化。每个厂商都面临着如何加大培训力度，以在未来的竞争中获得优势。H 公司在员工培训方面已经开展多年，并对部分管理人员进行了 MBA 的课程培训，但公司总感到已有的培训效果不理想，培训总是缺乏主动性，常常跟着业务变化及公司大的决策变动而变化，计划性较差，随意性和变动性很大；而且公司也感到将来竞争优势的取得要依靠人员素质的大幅度提高，同时在公司的经营与发展中也遇到了一些现实的问题，希望能够通过培训加以解决。鉴于此，公司决定开展为期三年的公司全员大培训。

在培训计划的制订方面，每年年底由各部门、各分厂及车间分别上报自己下一年度的培训计划，由人力资源部汇总，并根据公司整个培训的资源与发展需要进行一定的调整，从而制订出下一年度的培训计划。但在执行培训计划时，还会根据公司业务经营的需要进行适时的调整与改变。H 公司还与大学合作，建立 H 公司经济学院与未来学院，每年都要为公司人员，尤其是中高层管理人员进行培训。

H 公司培训存在和面临的问题如下。

（1）中层管理人员工作繁忙，工作量大，对他们进行培训是一个难题，即培训与提高没有时间进行。如公司在 1997 年年初实施的中层管理人员 MBA 培训，由于他们都是各部门的骨干，所以很多人常常没时间参加，效果自然也就不理想。公司对管理人员进行培训时还面临一些其他困难：部门之间的工作职责与人员的专业都不一样，

放在一起培训，缺乏针对性；单独培训成本又太高。

（2）技术人员分为两块，一块在技术研究与开发部，另一块则是分布在车间里，是车间的技术员。研究与开发部的技术人员重在研究与开发，而车间技术人员重在解决车间里的技术问题，但两类人员还会相互流动。对这两类人员的培训该不该有所区别呢？此外，还有新老技术员培训的差异问题。

（3）公司的一线员工有正式工与临时工。临时工大多是农民，流动性很强，对他们的培训往往由于频繁的流动而无法收回成本。

（4）销售人员常年在外分散于全国各地。由于公司其他部门与岗位转过去的部分人，对公司的文化有一定的认同感；但另一部分新进入公司的员工，一般只接受一个月的业务培训与文化的教育，对公司没有很深入的体验和认识。当他们在工作中遇到问题，需要学习新的知识与技能时，由于工作地点较为分散，很难进行集中培训，这就导致一些问题反复出现而得不到解决。如有的问题在同一个地方反复出现，有的问题在此地解决了，在彼地又出现。

（5）对成批来的员工可以一下子集中培训，但对分散的、零星进来的员工却不能对他们进行及时培训，只能等人数凑到一定数量以后再集中培训。这会产生有些人进厂以后很长时间对企业都不甚了解的情况。

由于过去的培训系统性不强，效果不理想，计划常常因情况变化而变化，没有形成一个培训方面的有效制度，激励与监督机制也没有建立起来，培训往往有走过场的味道。培训完了就完了，没有效果。到底怎样培训才能起到理想的效果，一直是困扰公司的难题。

思考题：

1. 案例中为什么会出现这样的问题？
2. 案例中的问题如何解决？

（二）需求组织分析

组织分析是一种战略分析，它重点考察组织战略、组织中的资源及资源配置状况、组织的培训氛围和组织内外的环境限制条件以及工作设计与流程等因素，凡是会影响员工工作能力与工作业绩的因素都应该归入组织分析的范畴。

组织分析首先要考虑企业的战略和未来发展方向，以确定企业的培训重点和培训方向。企业的战略影响培训的类型。例如，实行紧缩经营战略的公司比实行其他战略的公司更看重诸如重新寻找工作技能方面的培训以及跨专业培训等，使员工承担更大的责任；而实行集中战略的企业，更重视团队培训和专业化培训等。

组织分析还要对培训资源的可获得性、管理者和同事对培训活动的支持等进行分析。组织已有的各种培训资源，可投入的人、财、物都会影响培训活动的开展。

大量研究表明，管理者对培训的支持具有十分重要的作用。培训能否成功的关键在于，同事和管理者对培训活动的参与是否抱有正确的态度，他们是否愿意向受训者提供有关如何在工作中有效用培训中学到的知识、技能、行为方式的信息，并为受训者提供在实际工作当中应用培训所学内容的机会。

（三）需求任务分析

任务分析主要是分析工作岗位（职务）中的关键任务以及员工为履行这些任务所必须具备的知识、技能、能力、态度和关键绩效行为等。需要注意的是，任务分析与工作分析或职务分析有关联，但分析的重点不同，工作分析是对企业中所有职务以及职务的所有方面都要进行分析，以确定每个职务的工作职责、任务以及人员任职资格条件（如完成这些任务所必须具备的知识，技能，能力）等，而任务分析则是对履行职务的关键任务进行分析，以确定哪些任务是重要的，经常执行的，难度较大的，需要培训，而哪些任务不重要或难度小，不需要培训。任务分析是经行分培训设计，确定培训内容的重要依据。任务分析包括四个步骤：

（1）选择待分析的工作的岗位；

（2）列出工作岗位所要履行的工作任务的基本清单；

（3）确保任务清单的可靠性和有效性，并对以下几个问题作出回答：执行该任务的频率，完成各项任务需多长时间，该任务对取得良好的工作业绩有多重要，学习各项任务的难度有多大，该任务对新员工的要求是什么；

（4）工作任务确定之后，就要明确胜任一项任务所需的知识、技能、能力、和态度，即 KSAs，K（Knowledge）为知识，S（Skill）为技能，A（Ability and Attitude）为能力和态度。

获取有关工作的基本技能和认知能力的信息是非常重要的，它决定了培训计划的目标和标准，因此，任务分析的最终结果就是对员工完成任务所需的知识、技能、能力和关键绩效行为的描述。

随着科技的发展、组织机构和职位的不断调整，掌握某种知识或技能已远远不能满足时代的要求，因此，人物分析的最终结果就不仅是对员工完成任务所需的知识、技能和能力的分析，而是要找出"核心能力"或"胜任力"。胜任力是指员工胜利某一个工作或任务所需的个人才能，它包括知识，技能，能力，态度，价值观或个体特征。或者说，胜任力是与工作的高绩效相联系的知识，技能，能力或特征。胜任力可以测量，并且可以通过培训与开发的、加以改善。由于胜任力和高绩效是密切相关的，现在企业已经开始注重员工胜任力的培养。

依据当前的发展需要，培训需求分析的重点应该在胜任力水平上，并以此建立胜任力模型（Competency Model，一般也称为素质模型）。胜任力模型（或素质模型）是指为高效完成一定工作所需的一组素质的组合。这组素质包括完成工作所需的关键知识、技能与个性特征以及对工作效剂最具有影响力的行为。一般胜任力模型是由 4～6 项素质要素构成的，例如，一个有关系统工程师的技术方面的素质模型包括 3 项素质，即系统构建、数据转移和拟定文件。

在培训开发系统中，胜任力模型可以用来确定培训需求，还可以用来进行员工开发，如通过对工作所需的知识、技能、能力、个性特征和行为表现的描述。确定员工培训的重点；用来对谋求某职位的员工进行开发规划，通过对员工现有素质和工作需要的素质进行比较。可以使员工知道需要开发哪些素质并采取相应的行动。现在，一些企业在制定培训战略时提出了以胜任力为导向的培训或基于素质的培训开发等。

开发胜任力模型大致有 4 个步骤：

（1）明确被分析的工作或职位。

（2）找出经营战略的变化。经营战略的转变会产生新的素质要求或改变原有的素质要求。

（3）区分有效与无效的工作。

（4）确定模型中所包含的素质是否有效的工作表现有关。

（四）人员分析

人员分析就是分析员工的现状，主要目的是确定谁需要接受培训、接受什么培训。它包括四个方面的内容：

第一，对员工个人绩效进行评价，分析工作绩效不佳的原因是否是员工知识、技能、能力、工作态度、动机、领导因素、绩效评价体系、反馈、薪酬、工作设计等。不能因为员工工作绩效不好，就简单地归因于员工能力不够、不胜任工作等。员工工作效率低，有时是可以通过培训来解决的，而有时则是通过培训无法解决的。如果是员工的工作行为或者他们的知识，技能水平低于工作要求。就需要通过培训来加以解决。如果是工作设计的问题，则需要对工作进行重新设计。

第二，由于员工的职位变动，分析员工是否具备新职位所要求的素质，确定培训需求。现代企业不断进行改组、兼并、合并或者调整内部结构，使职业处于不断变动之中，或者由于员工本身发展的需要，也希望企业提供培训，以增加自己的能力等，因此，企业也要分析不同员工的发展需求，制定培训方案。

第三，分析、预测员工能否应对未来新技术的挑战，以确定培训与开发需求。

第四，分析员工受训准备情况。分析员工的是否具备接受培训的个体特征（如能力、态度和价值观、个人动机等），估计培训的内容是否能够对员工的工作产生有效的作用，同时，分析工作环境是否有利于学习和培训，又不会对当前工作产生太大的影响。

（五）方案的设计与实施

1. 员工的培训与开发方案的设计与实施

建立培训与开发目标。在明确了培训需要之后，培训方案的设计者还需要制定培训目标。培训目标都是受训者经过培训后应达到的结果，培训目标是根据培训需要建立的。例如，某企业正计划安装计算机辅助生产设备，但根据需求分析发现大部分员工属于计算机盲，无法操作新机器，需要对这部分员工进行培训．培训目标就应该以员工能够操作新机器的标准来设计，并确立员工应该了解计算机的哪方面知识和操作内容等。

　　培训目标应该清晰、简明，要能明确阐述受训者在经过培训后能掌握哪些新知识，技能能提高多少。态度或行为有什么改变等，否则就无法设计培训方案。培训目标的明确有利于日后对培训效果的评估。

　　培训目标一般包括 3 方面的内容：

　　（1）说明应该做什么（绩效）；

　　（2）阐明可被接受的绩效质量或水平（标准）；

　　（3）说明受训者完成指定学习成果的条件。

　　例如，售货员的顾客服务培训项目的目标，员工受训后，能够通过简短的道歉向愤怒的顾客表达自己的关心（绩效），而且必须是在顾客停止抱怨后进行（标准），同时不管顾客采取什么态度和行为（条件）。

　　2. 管理人员培训与开发方案的设计与实施

　　培训与开发方案的设计与实施。培训目标确定之后，就要根据培训目标设计具体的培训的方案，实施培训方案，主要内容包括培训内容、培训对象、培训者、培训方法、培训场地等。

　　（1）培训内容

　　培训内容是根据培训目标来确定的。培训内容就是受训者传授哪些知识、技能、技巧和观念等，这些培训内容应该与工作有关。培训内容确定之后，就要准备培训资料和培训教材。培训教材对于培训成功与否非常关键。许多企业培训所用的教材是从市场购买的，这类教材是通用的，不是针对某个企业编写的，受训者在学习中会发现，教材中的许多内容与自己的工作无关，从而影响培训效果。培训教材必须与培训目标保持一致。

　　（2）培训对象和培训者

　　培训对象，即被培训者是根据需求分析确定的。在进行培训方案设计时，必须考虑培训对象的特点（如经历、体力、能力等），保证培训要求与培训者的学习能力相匹配。

　　培训者，即培训师，直接影响培训活动的效果和质量，因此培训的选择非常重要。培训师一般有两个来源，即从企业内部选聘和从企业外部选聘。选聘培训师应按照一定的程序进行，要进行资格认证、试讲、培训、评价等环节。

　　（3）培训方法

　　企业对员工进行培训的方法很多，每种方法都各有特点。在大多数培训活动中，往往是多种方法结合来使用的。在选择培训方法时，一般要求考虑培训目标、培训内容和培训对象等因素。

　　（4）培训场所

　　选择合适的培训场所也是非常重要的。好的培训场所应当便利、安静、舒适、温度和湿度适宜，各种教学设备齐全，还要便于培训者和受训者之间的交流等。

　　人力资源受训过程实际上就是员工的学习过程。因此，在设计培训方案和进行培训活动时，必须遵循学习规律，考虑成人的学习特点。要想使学习效果达到最大化，在教学过程中应注意以下三点：

第一，获得并保持受训者的专注。培训者必须以适当的方式设计和介绍教学过程，以获得并保持学员的专注。为使受训者专注，必须让他们认识到培训的重要性和相关性，变动所介绍材料的种类和速度以及鼓励学员参与等。

第二，向受训者提供学会技能的实践机会，有了实践的机会，受训者就能学得更好。

第三，向受训者提供其效绩的反馈。培训者应该在受训者正确地执行任务时，及时地给予积极的反馈。这种反馈对受训者具有极大的鼓舞作用，因此是一项激励因素。如果受训者的行为不正确，他们就需要纠正反馈信息。这种反馈应该提供相应的信息，使受训者了解自己做错了什么，以及如何加以改正。

第三节　人力资源培训与开发效果评价

一、培训效果与评估的内涵

培训效果是指企业和受训者从培训当中获得的收益。对于企业来讲，培训效果是因为进行培训而获得绩效的提升和经济效益；对于受训者来讲，培训效果是因为进行培训学到各种新知识和技能，培训所带来的绩效的提高，以及获得担任未来更高岗位责任的能力。

培训评估是一个系统地收集有关人力资源开发项目的描述性和评判性信息的过程，其目的是帮助企业在选择、调整各种培训活动以及判断其价值的时候做出更明智的决策。培训评估是一个完整的培训流程的最后环节，它既是对整个培训活动实施成效的评价和总结，又是以后培训活动的重要输入，以下一个培训活动培训要求的确定和培训需求的确定和培训项目的调整提供重要的依据。

二、培训评估的模型

培训效果评估管理是指收集企业和受训者从培训当中获得的收益情况，以衡量培训是否有效的过程。培训效果评估产生于 20 世纪 50 年代，经过半个多世纪的发展，经历了从定性评估到定量评估、分层次评估到分阶段评估的阶段。这里我们主要介绍两种类型的评估模式。

1. 分层次评估模式

分层次评估模式主要有柯克帕特里克（Kirkpatrick）的四层次评估模型、考夫曼（Kaufman）的五层次评估模型、菲力普斯（Phillips）的五级投资回报率（ROI）模型等。

目前国内外运用最为广泛的培训评估模式是美国学者柯克帕特里克在 1959 年提出

的培训效果评估模型。美国威斯康星大学教授柯克帕特里克于1959年提出的培训效果评估的四层次模型是最有影响力的，是被全球职业经理人广泛采用的模型。他从评估的深度和难度将培训效果分为4个递进的层次——反应层、学习层、行为层、效果层。该模型认为评估必须回答四个方面的问题，从四个层次分别进行评估，即受训者的反应（受训者满意程度）、学习（知识、技能、态度、行为方式方面的收获）、行为（工作中行为的改进）、结果（受训者获得的经营业绩）对组织的影响。

（1）反应层评估是指评估受训人员对培训项目的印象，包括其对培训科目、讲师、设施、方法、内容、自己收获大小等方面的看法。反应层评估的主要方法是问卷调查。问卷调查是在培训项目结束时，收集受训人员对于培训项目的效果和有用性的反应，受训人员的反应对于重新设计或继续培训项目至关重要。问卷调查易于实施，通常只需要几分钟的时间。如果设计适当，问卷调查也很容易分析、制表和总结。问卷调查的缺点是数据的主观性较强，建立在受训人员在测试时的意见和情感之上，个人意见的偏差有可能夸大或缩小评定分数。其次，在培训课程结束前的最后一节课，受训人员对课程的判断容易受到经验丰富的培训协调员或培训机构领导者富有鼓动性总结发言的影响。这些都可能在评估时减弱受训人员原先对该课程的不好印象，从而影响评估结果的有效性。因此这个层次的评估可以作为改进培训内容、培训方式、教学进度等方面的建议或综合评估的参考，但不建议作为评估结果。

（2）学习层评估是目前最常见、也最常用到的一种评价方式。它是测量受训人员对原理、技能、态度等培训内容的理解和掌握程度。学习层评估可以采用笔试、实地操作和工作模拟等方法来考查。培训组织者可以通过这些方法来了解受训人员在培训前后，知识和技能的掌握有多大程度的提高。笔试是了解知识掌握程度最直接的方法，而对一些技术工作，如工厂里面的车工、钳工等，则可以通过操作考核来了解他们技术的提高。另外，强调对学习效果的评价，也有利于增强受训人员的学习动机。

（3）行为层的评估指评估受训人员培训后在实际岗位工作中行为的变化，以判断所学知识、技能对实际工作的影响。可以说，这是考查培训效果的最重要的指标。这往往发生在培训结束后的一段时间，通过由上级、同事、下属或客户观察受训人员的行为在培训前后是否有差别，是否在工作中运用了培训中学到的知识来完成。这个层次的评估可以包括受训人员的主观感觉、下属和同事对其培训前后行为变化的对比，以及受训人员本人的自评。这通常需要借助于一系列的评估表。这种评价方法要求人力资源部门建立与职能部门的良好关系，以便不断获得员工的行为信息。培训的目的，就是要改变员工工作中的不正确操作或提高他们的工作效果，因此，如果培训的结果是员工的行为并没有发生太大的变化，这就从一定程度上说明过去的培训是无效的。

（4）效果层的评估上升到组织的高度，即判断培训是否对企业经营成果具有具体而直接的贡献。这可以通过一些指标来衡量，如生产率、员工流动率、质量、员工士气以及企业对客户的服务等。通过对这样一些组织指标的分析，企业能够了解培训带来的收益。例如人力资源开发人员可以分析事故率的下降有多大程度归因于培训，从而确定培训对组织整体的贡献。

考夫曼（Kaufman）扩展了柯克帕特里克的四层次模型，他认为培训能否成功，培训前各种资源的获得至关重要，因而应该在模型中加上这一层次的评估。他认为，培训所产生的效果不仅仅对本组织有益，它最终会作用于组织所处的环境，从而给组织带来效益。因而他加上了第五个层次，即评估社会和客户的反应。

菲力普斯（Phillips）于 1996 年提出五级投资回报率（ROI）模型，该模型在柯克帕特里克的四层次模型上加入了第五个层次：投资回报率。形成了一个五级投资回报率模型。第五层次评估是培训结果的货币价值及其成本，往往用百分比表示，重点是将培训所带来的收益与其成本进行对比，来测算有关投资回报率指标。由于投资回报率是一个较为宽泛的概念，可以包含培训项目的任何效益，这里将投资回报率看作培训项目效益和成本相比后所得出的实际价值。五级投资回报率模型也是目前比较常用的一种评估方法。

2. 分阶段评估模式

典型的分阶段评估模式有 CSE 评估模式、CIRO 评估方法、CIPP 模型等。

CSE 评估模式是加利福尼亚大学评价研究中心提出的。该评估模式的特点是针对整个培训过程分阶段进行评估，因而不受时间、条件限制，也较容易操作。它的优势主要体现在阶段性、综合性与全程评估相结合上。因其将整个培训的发生、发展过程分阶段进行评估，从而有效地获取培训过程中各阶段、各环节的可靠信息，不断控制、调整和改进培训工作。

CIRO 评估方法由沃尔（Warr. p）、伯德（Bird. M）和雷克汉姆（Rackham. N）三位专家提出，它描述了四种基本的评估级别，即背景评估、投入评估、反应评估、产出评估。

这四种评估级别分别对应于培训需求分析、培训资源和培训方法确定、受训者对培训的反应、培训结果收集四个阶段，它实际主张培训效果评估贯穿于整个培训工作流程，应与企业培训工作同步开展。

CIPP 模型与 CIRO 相似，这种方法认为评估必须从情境、投入、过程和成果四个方面进行。

对于企业和个人而言，培训永远只是手段，而非目的。中国有句古语，"临渊羡鱼，不如退而结网"，培训充其量只是学习"结网"这种"打鱼"的方法而已，其目的不外乎是为了增强业务水平、提高决策能力、改善团队协作、强化企业文化、优化战略执行，最终提高企业的竞争能力和赢利能力。因此，对培训效果的评估至关重要。对分析智能培训而言，只有充分、正确地评估培训效果，才能确保企业的培训投资能为增强企业的赢利能力带来帮助，并对日后培训工作的安排提出指导意见。

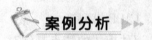

本章主要介绍了培训与开发的原则和特点，对培训开发的方法和内容进行了详细的阐述，最后讲解了培训评估的模型。

本章练习题

1. 员工培训与开发的概念是什么？
2. 员工培训与开发的流程是什么？
3. 员工培训的原则是什么？
4. 培训计划的种类与内容是什么？
5. 培训的方法有哪些？
6. 培训效果与培训评估的含义是什么？

案例分析 ▶▶▶

美国 GE 人才培训制度

GE 的培训课程体系分为：

一、基础培训

（一）新员工入职培训

1. 让新员工了解 GE 的企业文化与价值观

GE 会请到高级领导人不断强调价值观的重要性。每个新员工都必须知道要在 GE 成长，恪守价值观将起到关键的作用。

（1）内部语言。即 GE 在管理和技术上的缩略语和特殊词语。

（2）其他。业绩评估标准、好员工的标准，以及宏观管理体系。

2. 诚信的培训

GE 有一个诚信守则，里面有十多项不同法则，所有新员工都必须知道如果违反这些原则随时都有被开除的可能性。

3. 6σ 管理法

6σ 管理法是一种统计评估法，核心是追求零缺陷生产，防范产品责任风险，降低成本，提高生产率和市场占有率，提高顾客满意度和忠诚度。6σ 管理法既着眼于产品、服务质量，又关注过程的改进。

（二）职业发展培训

1. 专业技能知识培训

主要是针对不同的职能岗位进行的培训。GE 要求每一名员工都能跨部门、跨业务领域、跨文化开展工作，做一名"多面手"，能够随时接受公司挑战，满足 GE 业务发

2. 领导力培训

说到领导力，不得不提的就是 GE 发展中心（克劳顿村）。《福布斯》杂志称其为"美国企业界的哈佛"，是世界上第一个大公司的管理学院。每年在克劳顿村接受培训的高级经理人员达 5000～6000 人，他们分别来自 GE 在全球的业务部门，而克劳顿村的教员，50％来自高层经营人员，包括韦尔奇和伊梅尔特。在 1990—2008 年的 18 年内，韦尔奇曾 250 多次出现在克罗顿维尔的教室里，向通用电气公司大约 18000 名经理和行政管理人员授过课。克劳顿村的课程分三类：（摘自《GE 领导方法：美国 GE 克劳顿村考关记》）

第一类是专业知识类，如财务、人事管理等，目的是使 GE 员工在某一技术领域更精通、更深入。

第二类是针对员工某一事业发展阶段而设计的课程，如新经理发展课程、高级经理课程等。

第三类是为推广全世界范围的举措而设置的课程，如加速变革流程、最佳实践等。

在教学方式上，学员被要求以行动为导向，带着问题来学习，学完之后带着行动计划回去。除此之外，课程强调案例研究，强调传播 GE 的实际经验和最佳做法。在一些课程中，业务部门的领导人会拟出具体的项目让学员去做，还会组织学员与业务部门一起针对实际问题开展研究与讨论。2001 年 9 月，培训中心被重新命名为约翰·韦尔奇领导发展中心。

二、培养领导者的原则

GE 公司六级领导力人才培训体系具体如表 5-1 所示。

表 5-1　　　　　　　　　GE 公司六级领导力人才培训体系

培训体系	参加对象	课程设计
领导基础课程（第一级）	工作了六个月至三年，有培养前途的 20 多岁的年轻职员	答辩技巧，与不同国籍的学员组成小组、财务分析方法
新经理成长课程（第二级）	具有较高潜在能力、在公司内达到 A 级的 30 岁左右的员工	经营决策的方法、成功案例分析、评价下属的方法、财务知识等
现任经理课程（第三级）	工作八到十年、持有本公司股份或有股份权资格的职员，参加者有 30％是来自美国以外的员工	经营战略的制定方法、如何管理国际性集团、为解决目前 GE 面临的问题提供思路等
"全球性经营管理"课程（第四级）	世界各地 GE 公司下属企业负责人，在 GE 工龄至少八年，生产、销售、市场和保障部门差不多以相等的比例派员进修	全球性生产、销售、市场、经营管理

培训体系	参加对象	课程设计
"在实践中学习"课程（第五级）	世界各地 GE 下属企业负责人，在 GE 工龄至少 8 年	这是 GE 最重视的课程，是一种共同探究 GE 面临的问题及解决方法的智囊团活动，学员会同备战在海外第一线市场的经理们对话。具体课程为：企业领导方法、组织变革企业管理学、战略运作方式等
"经营者发展"课程（第六级）	GE 的高级企业负责人，具有 10 年以上工龄的高级经营管理者	特点在于其活动的独立性。CEO 将自己行业发展的某个设想提交给学员研讨，提出实施方案，除此之外还要学习一个跨国企业领导者必须掌握的有关政治、经济、社会发展趋势的知识及参加 GE 面临的各种经营课题的探讨

　　GE 六级人才培训体系分为两部分：前两个等级是以尚未走上管理岗位但具有领导潜能者为对象的初级课程，后四个等级则是以经理以上现任企业管理人员为对象的高级课程。

　　杰出代表学员：McNerney 随后去了 3M 公司担任 CEO，后来他担任了波音公司的 CEO，扭转了波音对空中客车的颓势。另一位候选人 Nardelli 离开 GE 后曾担任克莱斯勒公司的 CEO。

三、独特的人才发展的架构模块

　　GE 之所以能培养出世界级的领导人才，与它的独特的人才发展的架构模块有关。

　　首先是识别、获取领导人才的基础架构。GE 提出了"A 级人才标准"，这需要具有 4E 品质，即 Energy（充沛的活力、精力）、Energizing（激发他人的力量和能力）、Edge（有棱有角）、Execution（执行力）。

　　其次是课堂之外的课堂。GE 利用其多元化的业务、区域和职能来发展不同的领导技能。例如通过家电或照明设备业务来培养运营的能力。利用运输系统或飞机引擎业务来培养管理周期性业务的能力。GE 还会执行每两年或三年的战略举措，例如六西格玛质量体系、CAP（加速变革流程）。GE 还会将人才借给各个业务单位使用，人才会定期地进行跨业务单位轮岗，而不局限于一个单位。

　　再次是克罗顿维尔的培训体系。

　　最后是高层领导的教学和参与。在 GE 教导和领导是不可分割的，领导者的功能是通过他人完成工作，改变人们的思维方式，帮助他们看到以前没看到的机会和危机，激励他们采取行动而不是简单地发布命令，进行控制。此外，在课上领导者还会分享个人经历和传授重要价值观和理念，交流成功故事和最佳实践，把每一个场合和机会变成彼此学习的机会。具体做法包括战略计划、预算审核和 C 会议。所谓 "C 会议" 是 GE 公司的年度人力资源评估与组织检查会议，也叫年度人事考察会议，实质上就是员工绩效和组织绩效评估会议。GE 公司 "C 会议" 的成功所在，是其将 "C 会议" 运作的程序和支持这一工作所采用的技术工具做得科学、系统、认真、扎实——把平凡的工作做得非常优秀。

上述模块的特点在于，架构完整。人才培训不只靠人力资源部门的驱动，领导也贡献了支持和投入。人才发展不再以经验为本，而是鼓励开发创新思维。理论与实际相结合。

四、发挥的作用

（1）对于刚入职的员工来说，可以迅速熟悉公司情况，受公司价值观的熏陶后可以迅速适应企业的工作环境和工作节奏，在一个较短的时间内融入到公司这个群体中，进入角色。同时对于基本技能的学习也可以迅速的提升员工的工作能力。

（2）对于中层职员来说，参加公司的培训可以对自己原有掌握的技能进一步加深、精通，从 "好手" 变为 "专家"。与此同时，由于课程涉及其他领域、其他部门甚至其他文化的课程，可以拓展自己的能力，从 "I" 型人才变为 "T" 型的一专多能复合型人才。

（3）对于有潜力的或正处于管理层的员工，通过参加培训可以迅速提高自己的领导能力，提升自己的知识储备。而对于已经有一定能力的高层管理者来说，参加这样的培训无疑为自己最后成为一名真正 CEO 递上了最后一块敲门砖，为自己的职业生涯爬上顶峰奠定了基础。

（4）对于企业来说，拥有这样的人才培训制度，可以满足各个层级对于人才的需求。尤其是对领导者的培养之后，GE 可以从上到下建设领导人才，以支持组织的转型和成长。例如，20 世纪 80 年代，GE 进行了两次重组，甩掉了低利润、竞争激烈的彩电业务，获得了两个高利润而且有前景的医疗仪器业务和电视网业务，后来还将消费产品贷款部门扩展成商业银行，取得了令人瞩目的业绩成果。

五、特点与启示

（一）点面结合，针对性强

GE 的人才培养有着广阔的涉及范围，从刚入职的员工到未来 CEO 的候选人，而 GE 又以领导者的培训为重点。针对每个职位的性质和特点，GE 的培训采用不同的授课内容和授课方式。而且对于员工的培训不仅限于本职位的知识，还涉及别的部门的相关知识。力图培养综合人才，不断为公司的战略转型做准备。

（二）采取 "干中学、学中干" 的培养方法

不仅通过培训向学员提供知识与技能，而且努力把课堂与企业实际问题结合起来，让他们能将学到的知识技能变为在不确定环境中处理实际问题的本领。为了把 "学" 与 "用" 结合起来，GE 公司主要抓了两个方面，一是在培训中力求理论与实际相结合；二是向接受过培训的人提供进一步发展的锻炼机会。

（三）领导者亲力亲为

GE 的领导者们不仅仅将培训作为企业发展的一个部分，而是视其为自己的使命，视其为决定企业在未来能否持续经营的关键。高层领导不但要为经理人员讲授课程，而且还要参与培训人员的选拔，这是 GE 公司培训文化的一大特色，也进一步显示出其领导者在行动上对人才理念的真诚实践。GE 公司的领导者还要花大量时间参与经理人员的绩效评估，从中挑选出有发展潜力的人参加克劳顿管理开发学院的高层培训课程。通常这样的人力资源会议在每年 3 月提出讨论，到 6～7 月最后结束，要花费领导者很多精力。

（四）充足的财力支持

当年韦尔奇上任初期，一边大张旗鼓削减业务、裁减人员，一边却顶住被人讥讽为"中子杰克"的嘲笑，拨款 4600 万美元修缮克罗顿维尔，大力发展公司的培训体系。这的确需要无比的勇气、超人的远见和坚毅的决心。因为当时韦尔奇完全可以下令关闭克罗顿维尔开发学院，理由是该学院开支太大，对企业没有实质性的贡献。然而韦尔奇没有这样做。后来克罗顿维尔开发管理学院成为 GE 公司发动改革和经营人力资本的中心，证明其投资所创造的价值是难以估量的，是值得的。

当然，GE 培训中也存在问题，比如人才留不住的现象也存在。GE 花了很多资金去培训、发展员工，但员工忠诚度却很低。在中国招了很多人，给员工提供了很好的培训系统和成长环境，但仍未能阻止他们流向小公司，他们当中有些人是为了获得更好的薪酬。在欧洲也有类似的困难，让员工从伦敦去布鲁塞尔很难，因为他们适应了伦敦的生活环境，正如上海的员工习惯了上海繁华的生活环境后，就不愿去经济相对滞后的乌鲁木齐。

思考题：

1. 这对于你的学习工作有什么启示？

2. GE 培训中的问题如何解决？

第六章 绩效管理

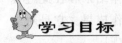 **学习目标**

- 了解绩效考核的含义及作用
- 了解绩效考核和绩效管理的区别
- 掌握绩效管理的工作程序
- 掌握绩效管理常用的技术和方法

导入案例

　　话说，唐僧团队乘坐飞机去旅游，途中，飞机出现故障，需要跳伞，不巧的是，四个人只有三把降落伞，为了做到公平，师父唐僧对每个徒弟进行了考核，考核过关就可以得到一把降落伞，考核失败，就自由落体，自己跳下去。

　　于是，师父问孙悟空，"悟空，天上有几个太阳?"悟空不假思索地答道："一个。"师父说，"好，答对了，给你一把伞。"接着又问沙僧，"天上有几个月亮?"沙僧答道："一个。"师父说，"好，也对了，给你一把伞。"八戒一看，心理暗喜："啊哈，这么简单，我也行。"于是，摩拳擦掌，等待师父出题，师父的题目出来，八戒却跳下去了，大家知道为什么吗?师父问的问题是，"天上有多少星星?"八戒当时就傻掉了，直接就跳下去了。这是第一次旅游。

　　过了些日子，师徒四人又乘坐飞机旅游，结果途中，飞机又出现了故障，同样只有三把伞，师父如法炮制，再次出题考大家，先问悟空，"中华人民共和国哪一年成立的?"悟空答道："1949 年 10 月 1 日。"师父说："好，给你一把。"又问沙僧，"中国的人口有多少亿?"沙僧说是 13 亿，师父说，"好的，答对了。"沙僧也得到了一把伞，轮到八戒，师父的问题是，13 亿人口的名字分别叫什么?八戒当时晕倒，又一次以自由落体结束旅行。

　　第三次旅游的时候，飞机再一次出现故障，这时候八戒说，"师父，你别问了，我跳。"然后纵身一跳，师父双手合十，说，"阿弥陀佛，殊不知这次有四把伞。"

　　思考题:

　　1. 为什么会造成这样的结果?

　　2. 这个故事给了你什么启示?

第一节   绩效管理概述

一、绩效的含义

绩效是指具有一定素质的员工在职位职责的要求下，实现的工作结果和在此过程中表现出的行为。绩效也被称为业绩、成绩，是员工或者组织的工作成果。它是对工作行为以及工作结果的一种反应，也是员工内在素质和潜能的一种体现。

有学者指出，绩效受多种因素影响，是员工素质和工作环境共同作用的结果。这些因素包括：技能、激励、环境和机会。可以用函数来反映这种关系：

$$P=f\ (S,\ O,\ M,\ E)$$

公式中 P（Performance）为绩效；S（Skill）为技能；O（Occasion）为机会；M（Motivation）为激励；E（Environment）为环境；f 为函数。

技能指员工本身的工作能力，是员工的基本职业素质。激励指员工的工作态度，包括工作积极性和价值观等各种因素。这两方面是主观方面的因素，是创造绩效的主动因素。环境是指员工工作的客观条件、制度条件、人际关系条件、领导管理水平及管理方式和方法等。机会是指可能性的机遇，主要由环境的变化提供。这两方面是影响绩效的客观原因，是绩效情况的外部制约因素。对于绩效影响因素的了解，有利于更加公平公正地对绩效进行管理和考评。

二、绩效管理与绩效考核

绩效管理是指各级管理者和员工为了达到组织目标共同参与的绩效计划制定、绩效辅导沟通、绩效考核评价、绩效结果应用、绩效目标提升的持续循环过程，绩效管理的目的是持续提升个人、部门和组织的绩效。

绩效考核是一套正式的、结构化的制度，通过对员工的工作成果进行定性或定量的评价，对绩效进行区分排序的过程。

绩效管理与绩效考核既有十分密切的联系，又有明显的区别。绩效考核是绩效管理的重要组成部分，它更加侧重于绩效的识别、判断和评估，是对过去事后的评价，关注更多的是结果，绩效考核的顺利实施不仅取决于评价过程本身，更取决于与评价相关的整个绩效管理的过程。绩效管理则是一个完整的管理过程，它侧重于信息的沟通和绩效的提高，事先会有沟通和承诺，关注结果的同时也对行为进行管理，面向的是组织和员工的未来。有效的绩效考核是对绩效管理的有力支撑，而成功的绩效管理对于绩效考核也会起到良好的推动作用。

三、绩效管理的贡献和作用

(一) 绩效管理对组织的贡献

美国学者 Thomas 和 Bretz 为我们总结了实施绩效管理体系能够为一个组织带来如下重要贡献：

(1) 强化完成工作的动力。在能够得到关于本人绩效的反馈的情况下，一个人达成未来绩效的动力会受到强化。如果员工知道自己过去做得怎么样，同时他在过去所取得的绩效能够得到认可，他就会有更大的动力去实现未来的绩效。

(2) 增强员工的自尊心。能够获得关于个人绩效的反馈有助于满足人的一个基本需要，即能够得到认可并且在工作中受到重视。反过来又会增强员工的自尊心。

(3) 使管理者对下属有更深入的了解。员工的直接上级和负责对员工的绩效进行评价的其他管理人员，能够通过绩效管理的过程对评价者产生更新和更深入的了解，这必然有助于管理人员与下属之间建立良好的关系。此外，管理人员还能够通过绩效管理过程更好地理解每一位员工对组织做出的贡献，这对于直接上级以及上级主管人员来说是件很好的事情。

(4) 能够更加清晰地界定工作的内容及其需要达到的标准。在绩效管理过程中，可能会对被评价者的工作内容进行更加清晰的澄清和定义。员工将会有机会更好地理解自己所从事的特定岗位对自己的行为和工作结果提出了哪些方面的要求。同时，员工在这一过程中还会对怎样才能成为一名高绩效员工有更清楚的认识。

(5) 强化员工的自我认知与自我开发。绩效管理体系的参与者有可能更好地对自己有一个了解，同时也能够更好地理解哪些开发性活动对于自己在组织中的进步是有价值的。绩效管理体系的参与者还有可能更清楚地看到自己的特定优势和不足，从而帮助其更好地设计自己的职业生涯发展。

(6) 使管理活动更加公平和适宜。绩效管理体系提供的关于绩效的有效信息可以作为绩效加薪、晋升、转岗以及解雇等管理活动的依据。一般来说，一套绩效管理体系还可以确保报酬的分配是建立在公平和可信的基础之上。而建立在一套良好的绩效管理体系基础之上的各种管理决策，反过来又会促进组织内部人际关系的改善，而且增进上下级之间的互相信任。

(7) 使组织目标更加清晰。绩效管理体系能够使一个组织以及组织中的某个单位的目标变得更加清晰，从而使员工能够更好地理解他们的工作活动与组织的成功之间具有怎样的联系，而这显然有助于沟通这样一种信息，即一个组织以及组织中的某个单位要实现的目标是什么以及组织的这些目标是怎样被分解到组织的每一个单位和每一位员工身上的。绩效管理体系有助于提高员工对这些大范围目标的接受程度。

(8) 使员工更加胜任。绩效管理体系的一个显著贡献就是帮助员工改进绩效。此外，绩效管理体系通过制订开发计划为员工在未来取得更大的成功奠定坚实的基础。

(9) 使组织能更好地免受法律诉讼。通过绩效管理体系收集来的数据能够帮助组织更好地证明自己遵守了各项法律法规的要求。如果企业中没有完善的绩效管理体系，企业就很可能会对员工作出武断的绩效评价，而这会增加企业被员工起诉的风险。

（10）使组织能更快更及时地区分绩效优良和绩效不佳的员工。绩效管理体系能够帮助一个组织有效地区分绩效好与绩效差的员工，同时，它还迫使管理者及时地面对和处理各种绩效问题。

（11）上级对员工绩效的看法能够更清晰地传递给员工。绩效管理体系使得各级管理者能够更好地与自己的下属进行沟通，告诉他们自己对他们的绩效所做出的判断。因此，在与员工讨论自己对他们的绩效期望以及在向员工提供绩效反馈方面，各级管理者承担着更大的责任。评价和监控他人绩效的能力被列为管理者应当具备的两大关键胜任能力。当管理者具备了这些胜任能力之后，他们就可以向自己的下属提供一些有用的信息，帮助他们了解自己对其绩效的看法。

（12）使组织变革更加容易推动。绩效管理体系可以成为推动组织变革的一个有效工具。举个例子来说，我们假设一个组织决定改变其企业文化，从而将产品质量和客户服务放到最重要的位置。一旦这种新的组织导向确定下来，就可以运用绩效管理使组织文化与组织目标联系在一起，从而使组织变革成为可能。通过向员工提供必要的技能培训，并根据他们的绩效改进情况提供相应的报酬，就会使员工既有能力又有动力改善产品质量和顾客服务水平。这正是 IBM 公司在 20 世纪 80 年代所做的事情，当时它希望整个组织都来关注客户满意度，对每一位员工的绩效评价在某种程度上都是以客户满意度评价结果为基础的，无论员工所从事的是哪一类职能工作（比如财务会计、编程、生产等）。对 IBM 公司及大量的组织而言，绩效管理为员工主动实现转变提供了工具和动力，而这反过来又推动了组织的变革。简而言之，绩效管理体系很可能会带来组织文化的变化，因此，在实施绩效管理体系之前，应当对绩效管理可能引起的文化变革所带来的后果予以充分的考虑。

（二）绩效管理对人资管理的作用

绩效管理作为人力资源管理的基础工作之一。做好绩效管理，不仅可以提升组织的绩效水平，还可以推动其他人力资源管理环节的有效实施。

（1）绩效管理为其他人力资源管理环节的有效实施提供依据。①绩效管理为薪酬的发放提供依据。绩效是决定薪酬的重要因素之一，将薪酬与绩效挂钩越来越成为人力资源管理的趋势。根据薪酬体系和职位性质的不同，薪酬的成分和比例也有所不同。通常来说，薪酬中变化的部分主要由绩效决定，如绩效工资、奖金等，而薪酬中比较稳定的部分主要由职位的价值决定。②为人员的配置和甄选提供依据。通过绩效管理实践，组织可以概括各个职位的人员配置和甄选体系，可以帮助组织更好地实现人岗匹配的目标。③帮助组织更有效地实行员工开发。绩效管理的主要目的之一就是了解员工在工作中的优势与不足，进而帮助他们提高和改进绩效。结合绩效考核的结果，主管人员可以帮助员工结合自身特点制订绩效改进计划和职业生涯规划，人力资源部门也可以依据考核结果有的放矢地制订培训计划。这些活动可以促使组织有效地进行员工能力开发，从而实现组织与个人的共同发展。

（2）绩效管理可以用来评估人员招聘、员工培训等计划的执行效果。通过绩效管理，组织可以考察前期人员招聘和培训的实际效果。比如，企业的新员工是否能够满足企业的需要，参加培训的员工是否将培训内容应用到了实际工作中，培训对于员工绩效的提升是否有显著影响，这些问题都可以通过绩效管理过程加以回答。客观地评价这些计划的实施情况会为未来的员工招聘和培训奠定良好的基础。

四、有效的绩效管理的特征

有效的绩效管理所应该具备的特征有：

（1）辨别性。有效的绩效管理体系可以明确区分高效率员工和低效率员工。如果评价的目的是进行人员配置调整，那么绩效管理体系应当能区分员工之间的工作差别；如果评价的目的是员工的发展，那么绩效管理体系应当能反映员工在不同阶段工作情况的差别。

（2）战略一致性。绩效管理体系应该与组织和部门的战略保持一致；换句话说，个人目标必须与部门目标和组织目标紧密结合在一起。

（3）实用性。绩效管理体系的建立和维护成本应该小于绩效管理体系所带来的收益。

（4）可靠性。一套良好的绩效管理体系应当是稳定且没有偏差的。也就是说，不同的评价者对同一个员工所做的评价基本相同。

（5）可接受性和公平性。一套好的绩效管理体系应该可以被所有的参与者接受，而且应当被他们认为是公平的。公平是一种主观感受；因此要想知道其是否具有公平性，唯一的办法就是去询问参与这一体系的当事人。

（6）参与性。各层人员都可以参与到绩效管理体系的创建，高层管理者如果积极推进绩效管理的实施，给予员工必要的支持，会使绩效管理水平得到有效的提升；如果人力资源部门能够对绩效管理全情投入，加强对绩效管理的宣传、组织必要的培训、完善绩效考核的流程，就可以为绩效管理的有效实施提供有力的保证。

（7）时效性。绩效管理体系不是一成不变的，它需要根据组织内部、外部的变化进行调整。当组织的战略目标、经营计划发生改变时，绩效系统也应该进行动态的变化，保证其不会偏离组织战略发展的主航道，对员工造成错误的引导。

案例讨论

18 世纪末期，英国政府决定把犯了罪的英国人统统发配到澳洲去。

一些私人船主承包从英国往澳洲大规模地运送犯人的工作。英国政府实行的办法是以上船的犯人数支付船主费用。当时那些运送犯人的船只大多是一些很破旧的货船改装的，船上设备简陋，没有什么医疗药品，更没有医生，船主为了牟取暴利，尽可能地多装人，使船上条件十分恶劣。一旦船只离开了岸，船主按人数拿到了政府的钱，对于这些人能否远涉重洋活着到达澳洲就不管不问了。有些船主为了降低费用，甚至故意断水断食。3年以后，英国政府发现：运往澳洲的犯人在船上的死亡率达12%，其中最严重的一艘船上424个犯人死了158个，死亡率高达37%。英国政府费了大笔资金，却没能达到大批移民的目的。

英国政府想了很多办法。每一艘船上都派一名政府官员监督，再派一名医生负责犯人和医疗卫生，同时对犯人在船上的生活标准做了硬性的规定。但是，死亡率不仅没有降下来，有的船上的监督官员和医生竟然也不明不白地死了。原来一些船主贪图暴利，贿赂官员，如果官员不同流合污就被扔到大海里喂鱼了。政府支出了监督费用，却照常死人。

政府又采取新办法，把船主都召集起来进行教育培训，教育他们要珍惜生命，要理解去澳洲开发是为了英国的长远大计，不要把金钱看得比生命还重要，但是情况依然没有好转，死亡率一直居高不下。

一位英国议员认为是那些私人船主钻了制度的空子。而制度的缺陷在于政府给予船主报酬是以上船人数来计算的。他提出从改变制度开始：政府以到澳洲上岸的人数为准计算报酬，不论你在英国上船装多少人，到了澳洲上岸的时候再清点人数支付报酬。

问题迎刃而解。船主主动请医生跟船，在船上准备药品，改善生活，尽可能地让每一个上船的人都健康地到达澳洲。一个人就意味着一份收入。

自从实行上岸计数的办法以后，船上的死亡率降到了1%以下。有些运载几百人的船只经过几个月的航行竟然没有一个人死亡。

思考题：

1. 为什么会发生这样的改变？

2. 绩效考核在这则故事中起到了什么样的作用？

第二节　绩效计划与绩效辅导

一、绩效计划

绩效计划是绩效管理流程的第一个环节，也是绩效管理过程的起点。绩效计划是一个确定组织对员工的绩效期望并得到员工认可的过程。它不但要包括组织对员工工作成果的期望，还要包括组织希望员工表现的行为和使用的技能。绩效计划还是主管人员与员工在绩效年开始之初围绕绩效目标进行反复沟通的过程。它要求组织与员工对绩效目标有清晰明确的认识，并将这种共识落实为绩效计划书。

绩效计划的制订需要组织中不同的人群参与：人力资源部门对绩效管理的监督与协调负主要责任，各级主管人员要参与绩效计划的制订，员工也要积极参与计划制订的过程。绩效计划的制订是一个自上而下的过程，也是将组织绩效分解成个人绩效目标的过程。在绩效计划开始执行之前，管理者需要和员工的工作目标达成一致并签订合同。在绩效合同中，应包括：员工在该绩效周期内的工作目标以及各工作目标的权重；完成目标的结果；结果的衡量方式和判别标准；员工工作结果信息的获取方式；员工在完成工作中的权限范围；员工完成工作需要利用的资源；员工在达到目标的过程中可能遇到的困难和障碍以及管理者能够提供的帮助和支持；管理者与员工进行沟通的方式。

在达成绩效合同的过程中，员工和管理者有必要进行真诚高效的双向沟通。管理者要向员工阐明组织的目标和部门的目标、管理者的期望、员工的工作标准和完成期限、员工的工作范围和工作权限、员工开展工作所需的资源。不但管理者需要表达观点，员工也需要积极参与到沟通的过程中，他们应当向主管人员表达自己对工作目标的看法、工作中可能会遇到的障碍以及组织需要给予的帮助和支持。

绩效计划阶段需要收集各种所需信息，并且需要管理者与员工反复的沟通，就绩效计划的内容达成一致意见。

二、绩效辅导和监控

绩效计划是绩效管理的起点，绩效辅导和绩效监控是连接绩效计划与绩效考核的桥梁。在绩效辅导和监控的过程中，主管人员需要和员工进行持续不断的沟通，确保绩效目标的顺利完成，但是它们是不同的绩效实施环节。

(一) 绩效监控

绩效监控指的是在绩效考核期间内管理者为了掌握下属的工作绩效情况而进行的一系列相对正式的活动，它通过管理者和员工持续沟通，观察、预防或解决绩效周期内可能存在的问题，更好地完成绩效计划。

在绩效监控阶段，管理者需要完成两项任务：一是准确并定期记录员工工作中的关键事件，为今后的绩效考核提供事实基础；二是与员工进行持续有效的沟通，分享信息。

(二) 绩效辅导

绩效辅导是指在掌握了下属绩效的前提下，为了提高员工绩效水平和自我效能感而进行的一系列活动，它贯穿于绩效实施的整个过程，是一种经常性的管理行为。它帮助员工解决当前绩效实施中出现的问题。良好的绩效辅导从员工的绩效目标和发展目标出发，帮助员工找到实现绩效目标、提高绩效水平的途径和方法，排除绩效实施过程中的障碍。绩效辅导包括以下职能：

（1）向员工提供建议，以帮助他们改进绩效。

（2）为员工提供指导，使员工能够合理地开发他们的知识和技能。

（3）为员工提供支持，同时只有员工确实需要自己时才会出现。

（4）使员工获得信心，让他们确信自己有能力持续提升个人的绩效，同时增强他们管理个人绩效的责任感。

（5）帮助员工提升胜任能力，指导他们获得更丰富的知识和更娴熟的技能，从而帮助他们完成更加复杂的任务，同时能够承担更高级别的工作。

绩效辅导的步骤主要包括五个方面：

（1）制定开发目标。这些开发目标应该是合理的、可达到的，并且通过对员工需要改进的领域进行仔细分析之后得到的。

（2）确认开发资源和开发策略。这些资源和策略包括在职培训、授课、自学、导师指导、工作轮换、短期任务、参加会议等。

（3）实施开发策略。在这个阶段，员工可以开始工作轮换计划或者是参加某个在线课程的学习。

（4）观察并记录开发行为。这里管理者必须观察并记录与开发活动有关的具体行为。记录要具体，要全面，要同时记录正负绩效评价。

（5）提供反馈。这一阶段是向员工提供与他们过去的行为有关的信息，反馈的着眼点在于改进员工未来的绩效。反馈中的绩效信息有正面也有负面的，其目的是让员工知道他们在达到预定的绩效标准要求方面是否合格。

 案例讨论

杰克·韦尔奇在担任通用电气公司首席执行官期间，极其重视绩效辅导行为开发自己的员工。韦尔奇亲自到通用电气公司为具有较高发展潜力的管理人员举办的一个为期3周的培训班上讲课。在他的整个职业生涯中，他先后为这种培训班讲课750多次，听他讲过这门课程的通用电气公司高层管理人员达15000多人。在课堂上，他总是时刻准备回答一些尖锐的问题，和员工进行非常公开和坦诚的沟通。在授课结束时，他还会邀请所有受训人员在整个课程结束后找时间去和他谈话。除了到这个培训班上授课以外，他还会在每年1月召开有500名高层管理者参加的会议。虽然这些并不是正式的绩效辅导的例子，但韦尔奇确实是在利用各种机会向通用电气公司的各个业务单元传达他的期望，听取他们的反馈。

韦尔奇听说客户对于某个特定的产品提出抱怨之后，他会要求该产品涉及的那个事业部的经理把该产品的生产率提高为原来的四倍。在接下来的四年里，这位经理必须每周向韦尔奇提交一份详尽的报告，而韦尔奇则会在三四周后将报告发回给这位经理，他会在报告上写一些评语，要么是祝贺该事业部取得的成果，要么是指出他们还需要改进的地方。这位经理后来说，正是首席执行官每周花时间去读他的报告并提供相应的反馈，才激励他最终实现了韦尔奇为他制订的这一极其难以实现的目标。

总之，杰克·韦尔奇是一位具有传奇色彩的领导，他通过明确期望、进行清晰的沟通、记录和诊断绩效、激励下属对员工进行开发。

思考题：

1. 你还能想到哪些绩效辅导的行为？

2. 你还知道哪些公司的总裁进行过有效的绩效辅导？

第三节　绩效管理常用技术

制订了绩效计划之后，就开始按照计划开展工作。一旦绩效周期开始启动，员工就必须努力去达成结果，并且付之行动，满足开发计划中所提出的各项要求，还要进行自我评价，对未来的绩效反馈做好准备。管理人员则要观察和记录员工的绩效表现，根据组织目标的变化对员工进行技能更新，为员工提供足够的资源，同时强化员工的积极行为，从而确保员工能够获得成功并得到持续的激励。下面为大家介绍几种企业中常用的方法。

一、量表法

(一) 图尺度评价法

图尺度评价法也被称为等级评价法，是一种最简单也最常用的绩效考评方法之一。该方法列举一些特征要素，并分别为每一个特征要素列举绩效的取值范围。这是一种最简单和运用最普遍的绩效评价方法。

图尺度评价法不仅非常容易开发，而且对于各种不同的工作、不同的战略以及不同的组织都具有普遍适应性。图尺度评价法实用且开发成本小。但这种方法也存在不足之处：这种评价方法与组织战略之间常常完全不一致；该方法往往只有模糊和抽象的绩效标准，可能会导致不同的评价者对绩效标准产生不同的理解，被考评者的绩效评估结果受评估者的主观因素影响较大，不同的评估者对于绩效要素及其等级可能会做出完全不同的解释；该方法无法为员工改进工作提供具体的指导，不利于绩效评估的反馈。

(二) 行为锚定法

行为锚定法将每项工作的特定行为用一张等级表进行反映，该等级表将每项工作分为各种行为级别，评价时评估者只需将员工的行为对号入座即可。其基本思路是：描述职务工作可能发生的各种典型行为，对行为的不同情况进行度量评分，在此基础上建立锚定评分表，作为员工绩效考评的依据，对员工的实际工作行为进行测评给分。

它由传统的绩效评定表演变而来，是图尺度量表法与关键事件法的结合，是行为导向型量表法的最典型代表。行为锚定量表法通常按以下五个步骤进行：寻找关键事件——初步定义绩效评价指标——重新分配关键事件，确定相应的绩效评价指标——确定各关键事件的评价等级——建立最终的行为锚定评价体系。优点：评价指标之间的独立性较高；评价尺度更加精确；具有良好的反馈功能；适合用来为分配奖金提供依据。缺点：行为锚定法的设计和实施费用高且费时费力，仅适用于不太复杂的工作。

（三）行为观察量表法

行为观察量表法也称行为评价法、行为观察法、行为观察量表评价法，美国的人力资源专家拉萨姆和瓦克斯雷在行为锚定等级评价法和传统业绩评定表法的基础上对其不断发展和演变，他们于1981年提出了行为观察量表法。行为观察量表法适用于对基层员工工作技能和工作表现的考察。行为观察量表法包含特定工作的成功绩效所需求的一系列合乎希望的行为。运用行为观察量表法，不是要先确定员工工作表现处于哪一个水平，而是确定员工某一个行为出现的频率，然后通过给某种行为出现的频率赋值，从而计算出得分。

在使用行为观察量表法时，评估者通过指出员工表现各种行为的频率来评定工作绩效。其步骤如下：

（1）将内容相似或一致的关键事件归为一组形成一个行为标准。例如，一个主管对工作做得好的员工进行的表扬或鼓励。

（2）由在职员工组成分析人员将相似的行为指标归为一组。形成行为观察量表法中的一个考评标准。

（3）评估考评者内部要一致，以判断另外一个人或另外一组是否会根据工作分析中得出的关键事件开发设计出相同的行为考评标准。

（4）检验行为观察量表法各个考评标准的相关性，或内容的效度。

它有其独特的优点：它基于系统的工作分析，是从员工对员工所做的系统的工作分析中设计开发出来的，因此，有助于员工对考评工具的理解和使用。行为观察量表法有助于产生清晰明确的反馈。因为它鼓励主管和下属之间就下属的优缺点进行有意义的讨论。从考评工具区分成功与不成功员工行为的角度来看，行为观察量表法具有内容效度。考评者必须对员工作出全面的评价而不只是强调考评他们所能回忆起来的内容。行为观察量表法关键行为和等级标准一目了然。由于行为观察量表法明确说明了对给定工作岗位上的员工的行为要求，因此其本身可以单独作为职位说明书或作为职位说明书的补充。它允许员工参与工作职责的确定，从而加强员工的认同感和理解力。行为观察量表法的信度和效度较高。

行为观察量表法还存在一些不足之处：有时不切实际；行为观察量表法需要花费更多的时间和成本。因为每一工作都需要一种单独的工具（不同的工作要求有不同的行为），除非一项工作有许多任职者，否则为该工作开发一个行为观察量表将不会有成本效率；行为观察量表法过分强调行为表现，这可能忽略了许多工作真正的考评要素，特别是对管理工作来说，应更注重实际的产出结果，而不是所采取的行为；在组织日益趋向扁平化的今天，让管理者来观察在职人员的工作表现，这似乎不太可能，但却是行为观察量表法所要做的。

二、比较法

(一) 排序法

排序法是指将员工的业绩按照从高到低的顺序进行排列。运用排序法进行绩效考核，优点是简单、实用；缺点是容易给员工造成心理压力，不容易接受评估的结果，而且很难提供详细具体的绩效评估结果。

(二) 配对比较法

配对比较法也称相互比较法、两两比较法、成对比较法或相对比较法。就是将所有要进行评价的职务列在一起，两两配对比较，其价值较高者可得1分，最后将各职务所得分数相加，其中分数最高者即等级最高者，按分数高低顺序将职务进行排列，即可划定职务等级，由于两种职务的困难性对比不是十分容易，所以在评价时要格外小心。譬如，有10位教师，考评时，把每一位教师与另外9位教师逐一进行配对比较，总共进行9次配对比较。每一次配对比较之后，工作表现好的教师得"1"分，工作表现较差的教师"0"分。配对比较完毕后，将每个人的分数进行相加。分数越高，考评成绩越好。参加配对比较法的教师人数不宜过多，范围在5～10名教师为宜。

配对比较法能在人数较少的情况下快速比较出员工绩效的水平。但是人数增加时，评估的工作量将会成倍的增加。同时，配对比较法只能得到员工绩效的排名，不能反映员工绩效的差距和他们工作能力的特点。

(三) 强制比例法

强制比例法即在绩效考评开始之初，对不同等级的人数有一定的比例限制。是指根据被考核者的业绩，将被考核者按一定的比例分为几类（最好、较好、中等、较差、最差）进行考核的方法。强制比例法可以有效地避免由于考评人的个人因素而产生的考评误差。根据正态分布原理，优秀的员工和不合格的员工的比例应该基本相同，大部分员工应该属于工作表现一般的员工。所以，在考评分布中，可以强制规定优秀人员的人数和不合格人员的人数。比如，优秀员工和不合格员工的比例均占20%，其他60%属于普通员工。强制比例法适合相同职务员工较多的情况，比较适合于规模较大或相同岗位人数较多的组织企业。但是，当一个部门的员工都非常优秀时，使用强制比例法强行划分员工的等级就显得有失公平。

三、描述法

(一) 关键事件法

关键事件法要求评估者在绩效周期内，将发生在员工身上的关键事件都记录下来，并将它们作为绩效评估的事实依据。这些关键事件包括员工在工作中非同寻常的行为；

而一般的或平常的工作表现将不被考虑。关键事件法操作的核心是明确关键事件的定义和所包含的项目。

关键事件法将员工的工作行为与绩效评估结果联系在一起，使评估结果更加客观，因为它削弱了评估者的偏见对于考核结果的影响；管理者可以通过分析员工的关键事件来确定员工在工作中的优势与不足，从而有针对性的对其进行培训；关键事件也为绩效反馈面谈奠定了基础，关键事件的记录可以使上下级双方很容易就绩效现状达成一致，但是关键事件法非常费时。它要求评估者全面、详细记录被评估者的关键事件，这会占据评估者大量的精力，甚至会影响评估者的正常工作。另外，不同职位所涉及的关键事件有所不同，这使得关键事件法无法提供员工之间、部门之间和团队之间的业绩比较信息。

（二）不良事故评估法

不良事故评估法是通过预先设计不良事故的清单对员工的绩效进行考核。

在企业中往往有这样一种工作，这些工作的出色完成不会对企业目标的实现起到决定性的作用，而一旦这些工作出现失误，将会为企业带来巨大的甚至是难以弥补的损失。不良事故评估法可以迎合企业的这种需要，使企业尽量避免巨大损失。但是不良事故评估法不能提供丰富的绩效反馈信息，不能用来比较员工、部门、团队的绩效水平。

在第三季度的绩效考评中，某民营集团下属核心产品工厂F厂长又一次只获得"基本称职"，这已经是今年的第三次了。该集团对下属业务单位负责人的绩效考评分为"出色""优秀""称职""基本称职""不称职"五档。一个负责核心产品生产的中层经理仅能获得"基本称职"的绩效，这不能不引起集团Z总的关注。在向Z总提交绩效报告前，人力资源部经理简单回顾了F厂长的绩效问题。

F厂长的绩效问题一是不能按时完成生产计划；二是培养基层主管效果差。其实，第一季度绩效考评后，针对F厂长的绩效问题，集团从第二季度起已有意识安排F厂长参加了生产组织、沟通技巧、授权艺术等方面的短期委外培训。为塑造车间积极进取的文化氛围，集团在车间预算外还特批了5万元文化建设经费，规定用于购置图书供员工借阅，组织员工培训等。甚至，集团Z总还亲任导师开展相关企业文化建设培训。然而，事情不但没有朝着集团所期望的那样逐步改善，反而还有恶化趋势。

五年前，F厂长从一名技术工人干起，由生产线组长晋升到车间主任，凭借敢想敢干的工作作风以及卓有成效的业绩，确保了市场快速扩张的供货需求，三年前升任现职。从情感上，集团并不想解聘F厂长。

思考题：

1. 如果不解聘F厂长，那么如何看待F厂长的绩效问题，怎样才能彻底解决他的绩效问题？

2. 公司为帮助 F 厂长改善绩效所提供的培训为什么收效甚微？

四、目标管理法

（一）概念

目标管理（Management by Objectives，MBO）源于美国管理学家彼得·德鲁克，他在 1954 年出版的《管理的实践》一书中，首先提出了"目标管理和自我控制的主张"，认为"企业的目的和任务必须转化为目标。企业如果无总目标及与总目标相一致的分目标，来指导职工的生产和管理活动，则企业规模越大，人员越多，发生内耗和浪费的可能性越大。"概括来说目标管理也即是让企业的管理人员和员工亲自参加工作目标的制订，在工作中实行"自我控制"，并努力完成工作目标的一种管理制度。

目标管理体现了现代管理的哲学思想，是领导者与下属之间双向互动的过程。目标管理法是由员工与主管共同协商制定个人目标，个人的目标依据企业的战略目标及相应的部门目标而确定，并与它们尽可能一致；该方法用可观察、可测量的工作结果作为衡量员工工作绩效的标准，以制定的目标作为对员工考评的依据，从而使员工个人的努力目标与组织目标保持一致，减少管理者将精力放到与组织目标无关的工作上的可能性。

（二）原则

目标管理应遵循以下原则：

（1）企业的目的和任务必须转化为目标，并且要由单一目标评价，转变为多目标评价。

（2）必须为企业各级各类人员和部门规定目标。如果一项工作没有特定的目标，这项工作就做不好，部门及人员也不可避免地会出现"扯皮"问题。

（3）目标管理的对象包括从领导者到员工的所有人员，大家都要被"目标"所管理。

（4）实现目标与考核标准一体化，即按实现目标的程度实施考核，由此决定升降奖惩和工资的高低。

（5）强调发挥各类人员的创造性和积极性。每个人都要积极参与目标的制订和实施。领导者应允许下级根据企业的总目标设立自己参与制订的目标，以满足"自我成就"的要求。

（6）任何分目标，都不能离开企业总目标自行其是。在企业规模扩大和分成新的部门时，不同部门有可能片面追求各自部门的目标，而这些目标未必有助于实现用户需要的总目标。企业总目标往往是摆好各种目标位置，实现综合平衡的结果。

（三）实施步骤

（1）绩效目标的确定。绩效目标的确定是实行目标管理法的第一步，它实际上是管理者与员工分解上一级目标、共同确定本层级绩效目标的过程。这些目标主要包括工作结果和工作行为两部分。在目标的设定上，必须要注意：各层级目标必须与企业层次上所设定的目标相一致；目标必须是具体的；目标必须是相关的；目标必须是可实现的，同时具有一定的挑战性；目标必须是可测量的。

（2）确定考核指标的权重。为了对员工的工作起到导向作用，可以把绩效指标划分为四类：重要又迫切的指标、重要但不迫切的指标、不重要但迫切的指标和不重要不迫切的指标。对不同类型的指标需要配以不同的权重。

（3）实际绩效水平与绩效目标相比较。通过实际绩效与目标绩效的比较，管理者可以发现绩效执行过程中的偏差。这时上下级需要进行沟通，共同分析偏差的原因，寻找解决办法和确定纠正方案。如果有必要修改目标，则需要收集支持的信息。

（4）制订新的绩效目标。当期的绩效指标得以实现后，上下级便可以着手制订新的绩效目标。

（四）优势和劣势

目标管理法具有很多种优势：

（1）有效性。目标管理能够使各级员工明确他们需要完成的目标，使他们最大限度地把时间和精力投入到对绩效目标实现有利的行为中。

（2）目标管理法启发了员工的自觉性，调动了员工的积极性。目标管理强调员工的自我调节和自我管理，将个人利益和企业目标紧密结合在一起，这就提高了员工的士气、发挥了员工的自主性。

（3）目标管理法的实施过程比关键指标法和平衡计分卡更易操作。目标的开发过程通常只需要雇员填写相关信息，主管进行修订或批准即可。

（4）目标管理法较为公平。目标管理法设定的指标通常是可量化的客观标准，因此在考核过程中很少存在主观偏见。

当然，它同样也存在一些缺点：

（1）目标管理法倾向于聚焦短期目标，这可能是以牺牲企业的长远利益为代价的。

（2）目标管理法的假设之一是认为员工是乐于工作的，这种过分乐观的假设高估了企业内部自觉、自治氛围形成的可能性。

（3）目标管理法可能增加企业的管理成本。目标的确定需要上下级共同沟通商定，这个过程可能会耗费员工和管理者大量的时间和精力。

（4）目标有时可能难以制订。大量的企业目标可能难以定量化、具体化，这给目标管理法的实施带来了不小的困难。

五、标杆超越法

(一) 概念

标杆超越法，是指通过不断寻找和研究有助于本集团战略实现需要的其他优秀集团（或企业）或集团内部优秀企业的有利实践，以此为标杆，将本集团的产品、服务和管理等方面的实际情况与这些标杆进行定量化评价和比较，分析这些标杆企业达到优秀水平的原因或条件，结合自身实际加以创造性地学习、借鉴并选取改进的最优策略，从而赶超标杆企业或创造高绩效的不断循环提高的过程。

（1）标杆超越中的标杆是指有利实践，但不一定是最佳实践或最优标准。企业采用标杆超越法中的标杆树立目的是为了改善企业自身的产品、服务、经营管理、运作方式，找出企业自身存在的差距，创造性地改进和优化企业实践，达到增强竞争力的目的，从而帮助企业实现其战略目标，而不是让企业和员工感到自卑、丧失信心，甚至绝望。所以标杆的选取很是重要，尤其当它应用于薪酬和考核体系中更应慎重，它犹如一把双刃剑，既可刺伤竞争对手，也可刺伤企业自己。

（2）标杆超越中的标杆有很大的选择余地，企业可在广阔的全球视野寻找其基准点。企业往往可借助"战略目标逆向分解法"和"目标管理法"进行层层分解，并通过各种调研手段，寻找有助于企业实现战略目标的标杆或标杆值，为此，要突破职能分工界限和企业的性质与行业局限，重视实践经验，强调具体的环节、界面和工作流程。同时也可以对多种候选标杆进行有效的分析和筛选，并根据战略需要进行相应的动态调整。

（3）该方法是一种直接的、片断式的、渐近的管理方法。基于企业业务、工作流程和工作环节的可解剖性、可分解性和可细化性，企业既可以寻找整体最佳实践作为标杆来比较，也可以仅仅发掘优秀"片断"作为标杆值来比较，以利于某一标准指标值的公平合理性和科学性。除此之外，企业可根据总体战略需要，分阶段、分步骤地确立相应的标杆企业或标杆值，循序渐进地改善企业的关键绩效水平。

（4）该方法尤其注重不断地比较和衡量。标杆超越的过程自始至终贯穿着比较和衡量。在比较和衡量过程中，必然伴随着"新秩序的建立、旧秩序的改变"，为此，企业需要强有力的培训和指导，并建立相应的机制来辅助超越标杆。

(二) 实施步骤

（1）发现"瓶颈"。在寻找标杆企业时，企业需要通过调查分析和内部数据详细分析自身的现状，从构成关键业务流程的关键点出发，确定需同标杆对比的内容和领域。

（2）选择标杆。选择标杆应当遵循以下两个标准：一是标杆企业要有卓越的业绩；二是标杆企业被瞄准的领域与本企业有相似的特点。

（3）收集数据。需要收集的数据主要有两大类：一是标杆企业的绩效数据以及最佳管理实践；二是本企业自身的绩效数据和管理现状信息。在数据收集完毕后，要深入分析标杆企业的经营模式，从系统的角度分析标杆企业的优势，总结其成功的经验。

（4）通过比较分析确定绩效标准。在分析企业自身与标杆企业的绩效差距的同时，也要看到两个企业在经营规模、企业发展现状、企业文化等诸多方面的差异。这样才能有选择的借鉴标杆企业的成功经验，制定符合本企业实际的绩效标准。

（5）沟通与交流。在标杆超越法的实施过程中，管理者要积极与员工沟通，得到员工的支持，从而制订出适合本企业的且得到员工认可的绩效目标。

（6）采取行动。在详细分析内外部资料的基础上，制订具体的实施方案，包括计划、时间安排、实施的方法以及阶段性的评估等。

（三）优势、劣势

它的优势在于：

（1）有助于激发企业中员工、团队和整个企业的潜能，提高企业的绩效；

（2）可以促进企业经营者激励机制的完善，如董事会可以把标杆超越作为经营者经营业绩的标准，以此激发经营者的工作热情和工作动力。

其劣势在于容易使企业陷入模仿标杆企业的漩涡之中，导致企业没有自身的特点。而且一旦标杆选择有误，那么会导致自身经营决策出现失误。

六、关键绩效指标法

（一）概念

关键绩效指标（Key Performance Indicator，KPI）是通过对组织内部流程的输入端、输出端的关键参数进行设置、取样、计算、分析，衡量流程绩效的一种目标式量化管理指标，是把企业的战略目标分解为可操作的工作目标的工具，是企业绩效管理的基础。KPI可以使部门主管明确部门的主要责任，并以此为基础，明确部门人员的业绩衡量指标。建立明确的切实可行的KPI体系，是做好绩效管理的关键。关键绩效指标是用于衡量工作人员工作绩效表现的量化指标，是绩效计划的重要组成部分。

KPI法符合一个重要的管理原理——"二八原理"。在一个企业的价值创造过程中，存在着"80/20"的规律，即20%的骨干人员创造企业80%的价值；而且在每一位员工身上"二八原理"同样适用，即80%的工作任务是由20%的关键行为完成的。因此，必须抓住20%的关键行为，对之进行分析和衡量，这样就能抓住业绩评价的重心。

（二）特点

1. 对公司战略目标的分解

这首先意味着，作为衡量各职位工作绩效的指标，关键绩效指标所体现的衡量内容最终取决于公司的战略目标。当关键绩效指标构成公司战略目标的有效组成部分或支持体系时，它所衡量的职位便以实现公司战略目标的相关部分作为自身的主要职责；

如果 KPI 与公司战略目标脱离，则它所衡量的职位的努力方向也将与公司战略目标的实现产生分歧。KPI 来自于对公司战略目标的分解，其第二层含义在于，KPI 是对公司战略目标的进一步细化和发展。公司战略目标是长期的、指导性的、概括性的，而各职位的关键绩效指标内容丰富，针对职位而设置，着眼于考核当年的工作绩效、具有可衡量性。因此，关键绩效指标是对真正驱动公司战略目标实现的具体因素的发掘，是公司战略对每个职位工作绩效要求的具体体现。最后一层含义在于，关键绩效指标随公司战略目标的发展演变而调整。当公司战略侧重点转移时，关键绩效指标必须予以修正以反映公司战略新的内容。

2. 对绩效可控部分的衡量

企业经营活动的效果是内因外因综合作用的结果，这其中内因是各职位员工可控制和影响的部分，也是关键绩效指标所衡量的部分。关键绩效指标应尽量反映员工工作的直接可控效果，剔除他人或环境造成的其他方面影响。例如，销售量与市场份额都是衡量销售部门市场开发能力的标准，而销售量是市场总规模与市场份额相乘的结果，其中市场总规模则是不可控变量。在这种情况下，两者相比，市场份额更体现了职位绩效的核心内容，更适于作为关键绩效指标。

3. KPI 是对重点经营活动的衡量，而不是对所有操作过程的反映

每个职位的工作内容都涉及不同的方面，高层管理人员的工作任务更复杂，但 KPI 只对其中对公司整体战略目标影响较大，对战略目标实现起到不可或缺作用的工作进行衡量。

4. KPI 是组织上下认同的

KPI 不是由上级强行确定下发的，也不是由本职职位自行制定的，它的制定过程由上级与员工共同参与完成，是双方所达成的一致意见的体现。它不是以上压下的工具，而是组织中相关人员对职位工作绩效要求的共同认识。

(三) 原则

确定关键绩效指标有一个重要的 SMART 原则。SMART 是 5 个英文单词首字母的缩写：S 代表具体 (Specific)，指绩效考核要切中特定的工作指标，不能笼统；M 代表可度量 (Measurable)，指绩效指标是数量化或者行为化的，验证这些绩效指标的数据或者信息是可以获得的；A 代表可实现 (Attainable)，指绩效指标在付出努力的情况下可以实现，避免设立过高或过低的目标；R 代表关联性 (Relevant)，指绩效指标是与上级目标具有明确的关联性，最终与公司目标相结合；T 代表有时限 (Time bound)，注重完成绩效指标的特定期限。

(四) 实施步骤

建立 KPI 指标的要点在于流程性、计划性和系统性。首先明确企业的战略目标，并在企业会议上利用头脑风暴法和鱼骨分析法找出企业的业务重点，也就是企业价值评估的重点。然后，再用头脑风暴法找出这些关键业务领域的关键业绩指标 (KPI)，

即企业级 KPI。

接下来，各部门的主管需要依据企业级 KPI 建立部门级 KPI，并对相应部门的 KPI 进行分解，确定相关的要素目标，分析绩效驱动因数（技术、组织、人），确定实现目标的工作流程，分解出各部门级的 KPI，以便确定评价指标体系。

然后，各部门的主管和部门的 KPI 人员一起再将 KPI 进一步细分，分解为更细的 KPI 及各职位的业绩衡量指标。这些业绩衡量指标就是员工考核的要素和依据。这种对 KPI 体系的建立和测评过程本身，就是统一全体员工朝着企业战略目标努力的过程，也必将对各部门管理者的绩效管理工作起到很大的促进作用。

指标体系确立之后，还需要设定评价标准。一般来说，指标指的是从哪些方面衡量或评价工作，解决"评价什么"的问题；而标准指的是在各个指标上分别应该达到什么样的水平，解决"被评价者怎样做，做多少"的问题。

最后，必须对关键绩效指标进行审核。比如，审核这样的一些问题：多个评价者对同一个绩效指标进行评价，结果是否能取得一致？这些指标的总和是否可以解释被评估者 80％以上的工作目标？跟踪和监控这些关键绩效指标是否可以操作？等等。审核主要是为了确保这些关键绩效指标能够全面、客观地反映被评价对象的绩效，而且易于操作。

每一个职位都影响某项业务流程的一个过程，或影响过程中的某个点。在订立目标及进行绩效考核时，应考虑职位的任职者是否能控制该指标的结果，如果任职者不能控制，则该项指标就不能作为任职者的业绩衡量指标。比如，跨部门的指标就不能作为基层员工的考核指标，而应作为部门主管或更高层主管的考核指标。

（五）支持环境

有了关键绩效考核指标体系，也不能保证这些指标就能运用于绩效考核，达到预期的效果。要想真正达到效果，还取决于企业是否有关键绩效指标考核的支持环境。建立这种支持环境，同样是关键绩效指标设计时必须考虑的。

（1）以绩效为导向的企业文化的支持。建立绩效导向的组织氛围，通过企业文化化解绩效考核过程中的矛盾与冲突，形成追求优异绩效的核心价值观的企业文化。

（2）各级主管人员肩负着绩效管理任务。分解与制定关键绩效指标是各级主管应该也必须承担的责任。专业人员只是起技术支撑作用。

（3）重视绩效沟通制度建设。在关键绩效指标的分解与制定过程中，关键绩效指标建立与落实是一个自上而下、自下而上的制度化过程。没有良好的沟通制度作保证，关键绩效指标考核就不会具有实效性和挑战性。

（4）绩效考核结果与价值分配挂钩。实践表明，两者挂钩的程度紧密，以关键绩效指标为核心的绩效考核系统才能真正发挥作用。

（六）设计误区

当进行 KPI 系统设计时，设计者被遵循 SMART 原则。一般来讲，KPI 的设计者对于这个 SMART 原则是很熟悉的，但是，在实际设计应用的时候，却往往陷入以下误区。

1. 对具体原则理解偏差带来的指标过分细化问题

具体原则的本意是指绩效考核要切中特定的工作指标，不能笼统。但是，不少设计者理解成指标不能笼统的话，就应尽量细化。然而，过分细化的指标可能导致指标不能成为影响企业价值创造的关键驱动因素。比如，天津某化工原料制造企业在其原来的 KPI 考核系统里，对办公室平日负责办公用品发放的文员也设定了一个考核指标："办公用品发放态度"，相关人员对这一指标的解释是，为了取得员工的理解以便操作，对每个员工的工作都设定了指标，并对每个指标都进行了细化，力求达到具体可行。而实际上，这个"办公用品发放态度"指标尽管可以用来衡量文员的工作效果，但它对企业的价值创造并非是"关键"的。因此，将该指标纳入 KPI 系统是不合适的。

2. 对可度量原则理解偏差带来的关键指标遗漏问题

可度量原则是指绩效指标是数量化或者行为化的，验证这些绩效指标的数据或信息是可以获得的。可度量原则是所有 KPI 设计者应注重的一个灵魂性的原则，因为考核的可行性往往与这个原则的遵循有最直接关系。然而，可度量并不是单纯指可量化，可度量原则并不要求所有的 KPI 指标都必须是量化指标。但是，在 KPI 系统实际设计中，一些设计者却过分追求量化，尽力使所有的指标都可以量化。诚然，量化的指标更便于考核和对比，但过分追求指标的量化程度，往往会使一些不可量化的关键指标被遗漏在 KPI 系统之外。比如，销售部门的绝大多数指标是可以量化的，因此应尽量采用量化指标，而人力资源部门的某些工作是很难量化的。这时候，如果仍旧强调指标的可量化性，则会导致一些部门的 KPI 指标数量不足，不能反映其工作中的关键业绩。

3. 对可实现原则理解偏差带来的指标"中庸"问题

可实现原则是指绩效指标在付出努力的情况下可以实现，要避免设立过高或过低的目标。由于过高的目标可能导致员工和企业无论怎样努力都无法完成，这样指标就形同虚设，没有任何意义；而过低的目标设置又起不到激励作用，因此，KPI 系统的设计者为避免目标设置的两极化，往往都趋于"中庸"，通常爱选择均值作为指标。但是，并非所有"中庸"的目标都是合适的，指标的选择需要与行业的成长性、企业的成长性及产品的生命周期结合起来考虑。比如，厦门某软件公司是一个成长型企业，2003 年的销售收入是 800 万元。在制定 2004 年 KPI 体系时，对于销售收入这一指标的确定，最初是定在 1980 万元。咨询公司介入 KPI 体系设计后，指出这一目标定得太高，很难实现，会丧失激励作用。而后，该企业又通过市场调查，重新估算了 2004 年的销售收入，认为应在 900 万～1300 万元，并准备将两者的平均数 1100 万元作为 KPI 考核指标。咨询公司在综合各方面因素，尤其是分析了公司的成长性后提出，1100 万元这个看似"中庸"的目标对一个处在成长阶段的公司来说尽管高于上一年的销售收入，但与通过积极努力可以实现的 1300 万元相比，激励仍显不足。咨询公司建议选择 1300 万元作为 KPI 指标，该指标是在企业现有实力下，员工们经过努力，而且是巨大的努力可以实现的。因此，对于可实现这一原则的理解，指标不仅要可以实现，还必须是经过巨大努力才可以实现的，这样考核才可以起到激励作用。

4. 对现实性原则回避而带来的考核偏离目标的问题

现实性原则指的是绩效指标实实在在，可以证明和观察。由于考核需要费用，而企业本身却是利益驱动性的，很多企业内部 KPI 体系设计者为了迎合企业希望尽量降低成本的想法，对于企业内部一些需要支付一定费用的关键业绩指标，采取了舍弃的做法，以便减少考核难度，降低考核成本，而他们的理由（或者说借口）往往是依据现实性这一原则，提出指标"不可观察和证明"。实际上，很多情况下，因这个借口被舍弃的指标对企业战略的达成是起到关键作用的。甚至，因这类指标被舍弃得过多导致 KPI 与公司战略目标脱离，它所衡量的职位的努力方向也将与公司战略目标的实现产生分歧。因此，如果由于企业内部的知识资源和技术水平有限暂时无法考核这一类指标，而这类指标又正是影响企业价值创造的关键驱动因素，那么，可以寻求外部帮助，比如聘请外部的专家或咨询公司进行 KPI 系统设计，不能因为费用问题阻止 KPI 指标的正确抉择。

5. 对时限原则理解偏差带来的考核周期过短问题

时限原则是指注重完成绩效指标的特定期限，指标的完成不能遥遥无期。企业内部设计 KPI 系统时，有时会出现这种周期过短问题，有些 KPI 的设计者虽然是企业内的中高层管理人员，但是他们中一些人并没有接受过系统的绩效考核培训，对考核的规律性把握不足，对考核认识不够深入。他们往往认为，为了及时了解员工状况及工作动态，考核的周期是越短越好。这种认识较为偏颇。实践中，不同的指标应该有不同的考核周期，有些指标是可以短期看到成效的，可以每季度考核一次，而有些指标是需要长时间才可以看出效果的，则可能需要每年考核一次。但是，在一般情况下，KPI 指标不推荐每月考核，因为这会浪费大量的人力和物力，打乱正常的工作计划，使考核成为企业的负担，长久以往，考核制度势必流于形式。

（七）优势、劣势

KPI 的优点主要有：

（1）目标明确，有利于公司战略目标的实现。KPI 是企业战略目标的层层分解，通过 KPI 指标的整合和控制，使员工绩效行为与企业目标要求的行为相吻合，不至于出现偏差，有利于保证公司战略目标的实现。

（2）提出了客户价值理念。KPI 提倡的是为企业内外部客户价值实现的思想，对于企业形成以市场为导向的经营思想是有一定的提升的。

（3）有利于组织利益与个人利益达成一致。策略性地指标分解，使公司战略目标成了个人绩效目标，员工个人在实现个人绩效目标的同时，也是在实现公司总体的战略目标，达到两者和谐，公司与员工共赢的结局。

同时 KPI 也不是十全十美的，也有不足之处，主要是以下几点：

（1）KPI 指标比较难界定。KPI 更多是倾向于定量化的指标，这些定量化的指标是否真正对企业绩效产生关键性的影响，如果没有运用专业化的工具和手段，还真难界定。

（2）KPI 会使考核者误入机械的考核方式。过分地依赖考核指标，而没有考虑人为因素和弹性因素，会产生一些考核上的争端和异议。

（3）KPI 并不是针对所有岗位都适用。

七、平衡计分卡

（一）概念

平衡计分卡是一种新型的战略性绩效管理系统和方法，它着眼于公司的长远发展，从四个方面关注企业的绩效：财务角度、顾客角度、内部经营流程、学习和成长。这几个角度分别代表企业三个主要的利益相关者：股东、顾客、员工每个角度的重要性取决于角度的本身和指标的选择是否与公司战略相一致。其中每一个方面，都有其核心内容：

1. 财务层面

财务业绩指标可以显示企业的战略及其实施和执行是否对改善企业盈利做出贡献。财务目标通常与获利能力有关，其衡量指标有营业收入、资本报酬率、经济增加值等，也可能是销售额的迅速提高或创造现金流量。

2. 客户层面

在平衡计分卡的客户层面，管理者确立了其业务单位将竞争的客户和市场，以及业务单位在这些目标客户和市场中的衡量指标。客户层面指标通常包括客户满意度、客户保持率、客户获得率、客户营利率，以及在目标市场中所占的份额。客户层面使业务单位的管理者能够阐明客户和市场战略，从而创造出出色的财务回报。

3. 内部经营流程层面

在这一层面上，管理者要确认组织擅长的关键的内部流程，这些流程帮助业务单位提供价值主张，以吸引和留住目标细分市场的客户，并满足股东对卓越财务回报的期望。

4. 学习与成长层面

它确立了企业要创造长期的成长和改善就必须建立的基础框架，确立了未来成功的关键因素。平衡计分卡的前三个层面一般会揭示企业的实际能力与实现突破性业绩所必需的能力之间的差距，为了弥补这个差距，企业必须投资于员工技术的再造、组织程序和日常工作的理顺，这些都是平衡计分卡学习与成长层面追求的目标。如员工满意度、员工保持率、员工培训和技能等，以及这些指标的驱动因素。

最好的平衡计分卡不仅仅是重要指标或重要成功因素的集合。一份结构严谨的平衡计分卡应当包含一系列相互联系的目标和指标，这些指标不仅前后一致，而且互相强化。例如，投资回报率是平衡计分卡的财务指标，这一指标的驱动因素可能是客户的重复采购和销售量的增加，而这二者是客户的满意度带来的结果。因此，客户满意度被纳入计分卡的客户层面。通过对客户偏好的分析显示，客户比较重视按时交货率这个指标，因此，按时交付程度的提高会带来更高的客户满意度，进而引起财务业绩的提高。于是，客户满意度和按时交货率都被纳入平衡计分卡的客户层面。而较佳的按时交货率又通过缩短经营周期并提高内部过程质量来实现，因此这两个因素就成为平衡计分卡的内部经营流程指标。进而，企业要改善内部流程质量并缩短周期的实现又需要培训员工并提高他们的技术，员工技术成为学习与成长层面的目标。这就是一个完整的因果关系链，贯穿平衡计分卡的四个层面。

(二) 特点

平衡计分卡反映了财务与非财务衡量方法之间的平衡，长期目标与短期目标之间的平衡，外部和内部的平衡，结果和过程平衡，管理业绩和经营业绩的平衡等多个方面。所以能反映组织综合经营状况，使业绩评价趋于平衡和完善，利于组织长期发展。

平衡计分卡方法因为突破了财务作为唯一指标的衡量工具，做到了多个方面的平衡。平衡计分卡与传统评价体系比较，具有如下特点：

(1) 平衡计分卡为企业战略管理提供强有力的支持。随着全球经济一体化进程的不断发展，市场竞争的不断加剧，战略管理对企业持续发展而言更为重要。平衡计分卡的评价内容与相关指标和企业战略目标紧密相连，企业战略的实施可以通过对平衡计分卡的全面管理来完成。

(2) 平衡计分卡可以提高企业整体管理效率。平衡计分卡所涉及的四项内容，都是企业未来发展成功的关键要素，通过平衡计分卡所提供的管理报告，将看似不相关的要素有机地结合在一起，可以大大节约企业管理者的时间，提高企业管理的整体效率，为企业未来成功发展奠定坚实的基础。

(3) 注重团队合作，防止企业管理机能失调。团队精神是一个企业文化的集中表现，平衡计分卡通过对企业各要素的组合，让管理者能同时考虑企业各职能部门在企业整体中的不同作用与功能，使他们认识到某一领域的工作改进可能是以其他领域的退步为代价换来的，促使企业管理部门考虑决策时要从企业出发，慎重选择可行方案。

(4) 平衡计分卡可提高企业激励作用，扩大员工的参与意识。传统的业绩评价体系强调管理者希望（或要求）下属采取什么行动，然后通过评价来证实下属是否采取了行动以及行动的结果如何，整个控制系统强调的是对行为结果的控制与考核。而平衡计分卡则强调目标管理，鼓励下属创造性地（而非被动）完成目标，这一管理系统强调的是激励动力。因为在具体管理问题上，企业高层管理者并不一定会比中下层管理人员更了解情况、所做出的决策也不一定比下属更明智。所以由企业高层管理人员规定下属的行为方式是不恰当的。另外，企业业绩评价体系大多是由财务专业人士设计并监督实施的，但是，由于专业领域的差别，财务专业人士并不清楚企业经营管理、技术创新等方面的关键性问题，因而无法对企业整体经营的业绩进行科学合理的计量与评价。

(5) 平衡计分卡可以使企业信息负担降到最少。在当今信息时代，企业很少会因为信息过少而苦恼，随着全员管理的引进，当企业员工或顾问向企业提出建议时，新的信息指标总是不断增加。这样，会导致企业高层决策者处理信息的负担大大加重。而平衡计分卡可以使企业管理者仅仅关注少数而又非常关键的相关指标，在保证满足企业管理需要的同时，尽量减少信息负担成本。

（三）实施步骤

（1）审视企业战略和竞争目标。企业战略和竞争目标是设计平衡计分卡指标体系的基本出发点，管理者在进行设计之前，必须首先敲定企业的战略目标。

（2）设立绩效指标。明确企业的战略目标后，需要将其分解为财务、客户、内部流程、学习与发展四类目标，之后再根据这四类目标确定最具意义的绩效衡量指标。

（3）开发各级平衡计分卡。企业层面的绩效指标设定完毕后，各经营单位就可以着手设立本单位的平衡计分卡。此时，各单位要注意结合自身的特点，设计出合理的、与其他部门有所区别的绩效指标。

（4）设定各级指标的评估标准。在设计完绩效指标后，还要确立绩效指标的具体衡量标准。在实施这一步骤时，要注意各类指标之间的关联性。

（5）进行绩效考核。各级部门在绩效周期结束时，要严格按照平衡计分卡的内容对员工进行考核。

（6）分析考核结果并修正指标及标准。结合在绩效评估中遇到的问题，管理者应当在下一个绩效周期开始前对指标和标准给予必要的修正，从而使整体评价体系更加科学完善。

（四）实施障碍

1. 沟通与共识上的障碍

根据 Renaissance 与 CFO Magazine 的合作调查，企业中少于 1/10 的员工了解企业的战略及战略与其自身工作的关系。尽管高层管理者清楚地认识到达成战略共识的重要性，但却少有企业将战略有效地转化成被基本员工能够理解且必须理解的内涵，并使其成为员工的最高指导原则。

2. 组织与管理系统方面的障碍

据调查，企业的管理层在例行的管理会议上花费近 85％的时间，以处理业务运作的改善问题，却以少于 15％的时间关注于战略及其执行问题。过于关注各部门的职能，却没能使组织的运作、业务流程及资源的分配围绕着战略而进行。

3. 信息交流方面的障碍

平衡计分法的编制和实施涉及大量的绩效指标的取得和分析，是一个复杂的过程，因此，企业对信息的管理及信息基础设施的建设不完善，将会成为企业实施平衡计分法的又一障碍。这一点在中国的企业中尤为突出。中国企业的管理层已经意识到信息的重要性，并对此给予了充分的重视，但在实施的过程中，信息基础设施的建设受到部门的制约，部门间的信息难以共享，只是在信息的海洋中建起了座座岛屿。这不仅影响到了业务流程，也是实施平衡计分法的障碍。

4. 对绩效考核认识方面的障碍

如果企业的管理层没有认识到现行的绩效考核的观念、方式有不妥当之处，平衡计分法就很难被接纳。长期以来，企业的管理层已习惯于仅从财务的角度来测评企业的绩效，并没有思考这样的测评方式是否与企业的发展战略联系在一起、是否能有效地测评企业的战略实施情况。USM&U常务副总裁对公司1995年第一季度的评价：这个季度的情况还不错，尽管财务结果并不尽如人意，但在关键顾客细分市场上的份额上升了。精炼厂运营开支下降了。而且员工满意度调查的结果也很好。在能够控制的所有领域中正向着正确的方向前进。平衡计分法的实施不仅要得到高层管理层的支持，也要得到各自业务单元管理层的认同。

（五）考核方法

平衡计分卡是企业经营业绩评价方面最新、内容最全面的理论和方法，而它所评价的内容与管理业绩评价恰恰有很多相似之处，因此，尝试运用平衡计分卡进行管理业绩评价，肯定会有助于企业提升管理水平。那么如何通过平衡计分卡的运用看管理业绩呢？

1. 从财务指标看企业或组织的获利能力

财务数据是管理业绩评价不可或缺的重要组成部分。企业经营的目的是追求利润。企业管理者的管理业绩水平如何，通过财务数据就能得到一个比较直观的认识。通常情况下，企业的财务指标是和企业的获利能力紧密联系在一起的，它包括营业收入、销售增长速度或产生的现金流量、投资报酬率等，甚至可以是更新的一些指标，例如经济增加值（EVA）。至于财务子模块在整个管理业绩评价体系中的权重，一般随企业类型及发展阶段的不同而有所区别。譬如传统产业企业的权重就可以高一些，如设为30%～40%；对于高新技术产业企业而言，由于其前期大量的研发费用需要在以后相当长的一段时期内进行摊销，所以其权重应当低一些，如20%左右。再如，在企业的成长阶段，由于各方面的投入数额巨大，财务方面的业绩衡量指标的权重应该低一些，如20%左右，到了成熟阶段则可以适当提高其权重，达到30%～40%。

2. 从内部经营看企业或组织的综合提升力

传统的业绩评价体系对企业内部经营过程所确定的目标通常是控制和改善现有职能部门的作用，主要依据财务指标评价这些部门的经营业绩，还包括评价产品品质、投资报酬率和生产周期等指标，但它仅仅是强调单个部门的业绩，而不是着眼于综合地改善企业的整体经营过程。而平衡计分卡则强调评价指标多样化，不仅包括财务指标，还包括非财务指标。它能够综合地反映企业内部的管理业绩水平，其指标可以包括企业推出新品的平均时耗、产品合格率、新客户收入占总收入的比例、生产销售主导时间、售后服务主导时间等。设置的权重为20%左右。

3. 从客户子模块看企业或组织的竞争能力

竞争优势归根结底来源于企业为客户创造的超过其成本的价值。价值是客户愿意支付的价钱，而超额价值产生于以低于对手的价格提供同等效益或者所提供的独特效益弥补高价后的盈余。所以，满足客户的需要是企业成功发展的必要条件。在平衡计分卡的客户子模块中，企业管理者要确定企业所要争得的竞争性客户和市场份额，并计算在这个目标范围内的业绩情况。对于企业客户管理业绩水平的评价，其核心指标应包括客户满意程度、客户保持程度、新客户的获得、客户赢利能力，即在目标范围内的市场份额和会计份额。假如这些指标数据所反映出来的情况良好，则表示企业的客户管理是卓有成效的，企业也由此取得了一种重要的核心竞争力。在整个管理业绩评价体系中，可根据不同类型企业设置客户管理指标的不同权重，如在工农业企业中的权重可以低一些，20%左右，而在服务业企业中的权重就应该高一些，如30%~40%。

4. 从学习创新设计看企业或组织的持续后动

企业实现目标、取得成功的重要保证是客户管理和内部经营过程，而企业现有生产能力与业绩目标所要求的实际生产能力之间往往存在着巨大差距。为了减小这些差距，保证上述两方面目标的实现，企业必须在平衡计分卡中确定学习与创新的目标和评价指标，这是企业实现长期目标的力量源泉。一个企业要创新，其管理者的推动作用不可轻视，而管理者要推动企业学习与创新的发展，他们自己首先必须学会学习与创新。同时，相关的其他主要指标还包括：为员工提供各种培训、提高信息技术、改善信息系统、营造良好的企业文化氛围等。在具体评价时，可以用其措施落实的数量和质量来衡量。这个子模块对于企业管理者个人而言是非常重要的，它宣接体现了管理者个人学习与创新的意识和能力，而对于一个有明确发展战略的企业而言，它的权重应该不低于25%。

（六）优势、劣势

实施平衡计分卡的管理方法主要有以下优点：

（1）克服财务评估方法的短期行为；

（2）使整个组织行动一致，服务于战略目标；

（3）能有效地将组织的战略转化为组织各层的绩效指标和行动；

（4）有助于各级员工对组织目标和战略的沟通和理解；

（5）利于组织和员工的学习成长和核心能力的培养；

（6）实现组织长远发展；

（7）通过实施BSC，提高组织整体管理水平。

平衡计分卡是对传统绩效评价方法的一种突破，但是不可避免地也存在自身的一些缺点。

（1）实施难度大。平衡计分卡的实施要求企业有明确的组织战略；高层管理者具备分解和沟通战略的能力和意愿；中高层管理者具有指标创新的能力和意愿。因此管理基础差的企业不可以直接引入平衡计分卡，必须先提高自己的管理水平，才能循序渐进地引进平衡计分卡。

（2）指标体系的建立较困难。平衡计分卡对传统业绩评价体系的突破就在于它引进了非财务指标，克服了单一依靠财务指标评价的局限性。然而，这又带来了另外的问题，即如何建立非财务指标体系、如何确立非财务指标的标准以及如何评价非财务指标。财务指标的创立是比较容易的，而其他三个方面的指标则比较难以收集，需要企业长期探索和总结。而且不同的企业面临着不同的竞争环境，需要不同的战略，进而设定不同的目标，因此在运用平衡计分卡时，要求企业的管理层根据企业的战略、运营的主要业务和外部环境加以仔细斟酌。

（3）指标数量过多。指标数量过多，指标间的因果关系很难做到真实、明确。平衡计分卡涉及财务、顾客、内部业务流程、学习与成长四套业绩评价指标，按照 Kapklan（卡普兰）的说法，合适的指标数目是 20～25 个。其中，财务角度 5 个，客户角度 5 个，内部流程角度 8～10 个，学习与成长角度 5 个。如果指标之间不是呈完全正相关的关系，在评价最终结果的时候，应该选择哪个指标作为评价的依据；如果舍掉部分指标的话，是不是会导致业绩评价的不完整性。这些都是在应用平衡计分卡时要考虑的问题。

平衡计分卡对战略的贯彻基于各个指标间明确、真实的因果关系，但贯穿平衡计分卡的因果关系链很难做到真实、可靠，就连它的创立者都认为"要想积累足够的数据去证明平衡计分卡各指标之间存在显著的相关关系和因果关系，可能需要很长的时间，可能要几个月或者几年。在短期内经理对战略影响的评价，不得不依靠主观的定性判断"。而且，如果竞争环境发生了激烈的变化，原来的战略及与之适应的评价指标可能会丧失有效性，从而需要重新修订。

（4）各指标权重的分配比较困难。要对企业业绩进行评价，就必然要综合考虑上述四个层面的因素，这就涉及一个权重分配问题。使问题复杂的是，不但要在不同层面之间分配权重，而且要在同一层面的不同指标之间分配权重。不同的层面及同一层面的不同指标分配的权重不同，将可能会导致不同的评价结果。而且平衡计分卡也没有说明针对不同的发展阶段与战略需要确定指标权重的方法，故而权重的制定并没有一个客观标准，这就不可避免地使得权重的分配有浓厚的主观色彩。

（5）部分指标的量化工作难以落实。尤其是对于部分很抽象的非财务指标的量化工作非常困难，如客户指标中的客户满意程度和客户保持程度如何量化，再如员工的学习与发展指标及员工对工作的满意度如何量化等。这也使得在评价企业业绩的时候，无可避免得带有主观的因素。

（6）实施成本大。平衡计分卡要求企业从财务、客户、内部流程、学习与成长四个方面考虑战略目标的实施，并为每个方面制定详细而明确的目标和指标。在对战略的深刻理解外，需要消耗大量精力和时间把它分解到部门，并找出恰当的指标。而落实到最后，指标可能会多达 15～20 个，在考核与数据收集时，也是一个不轻的负担。并且平衡计分卡的执行也是一个耗费资源的过程。一份典型的平衡计分卡需要 3～6 个月去执行，另外还需要几个月去调整结构，使其规范化。从而总的开发时间经常需要一年或更长的时间。

TF 公司的困境

一、公司经营情况

1993 年，在中国大陆沿海城市掀起外资公司的投资热潮，开发区招商引资形势一片大好，土地需求骤增。滨海市开发区政府打算引进外资，以加速其土地开发进程，提高开发质量，并按国际惯例进行土地开发和转让。TF 公司就是在这种背景下，受滨海开发区政府撮合成立的。

TF 公司是一家内地和香港合资企业，双方投资近 3 亿元人民币，在开发区内拥有 4 平方公里的 TF 工业园。内地投资者为开发区政府。近 3 亿元的注册资本足额到位，合资公司董事会委托开发区政府经营管理合资公司。

公司员工总数不超过 50 人，部门经理从开发区政府机构中选任外，其他员工以任人唯贤的原则，数次通过严格的面试公开招募，素质较高。公司参考外资企业的模式，建立了完整的规章制度以及员工行为规范。公司十分注重企业文化和经营理念的灌输，开展了多项活动。TF 工业园设计方案向国内外公开招标，TF 工业园的建设工程也公开招标。

公司经过半年的筹备，1994 年年初正式开业。由于公司具有雄厚的资金实力，由于区政府的特殊关系，价值招商和土地转让形势势不可挡，因此，TF 工业园在原本寸草不生的荒滩上迅速崛起。公司资本除用于土地开发之外，尚有大量资本闲置。一方面给予充分利用大量剩余资金的考虑，期望通过短期投资获利，将近亿元资金投入融资套利活动中；另一方面公司急于在新的产业中寻求发展，1995 年分别在金融、商贸、能源和科技等与公司主业非紧密关联的产业中，一股脑儿地成立了十家下属公司。TF 工业园土地开发基本完毕，已经成为基础设施完善，能源供应可靠，投资环境良好的工业园，十余家世界知名跨国公司入驻 TF 工业园，投资总额近 6 亿美元。TF 公园，是 TF 斥巨资在荒滩上建造起来的占地 22 万平方米的公益性景观公园，既美化了工业园地自然环境，也极大地改善了投资环境，此举堪称杰作，成为开发区一颗耀眼的明珠，也是 TF 人"无法谦虚的骄傲"。

然而，往事如梦，辉煌过于短暂。由于当时国内的金融秩序不规范、企业间严重的信用危机、社会道德伦理的滑坡、宏观经济的调整，使 TF 公司大量的短期投资资本金难以收回，不仅成为沉淀资产，而且使公司卷入非正常融资诉讼中。财务部门经办人涉嫌经济犯罪逃离公司，公司中层管理人员更迭频繁。多数下属公司经营不善，成为不良资产，"毁了一个公司，富了几个人"的现象普遍存在。TF 公司迅速陷入困境，1997 年的香港回归也未能给 TF 公司带来好运，东南亚金融危机则更使 TF 公司雪上加霜。

TF 公司跌跌撞撞进入 1998 年。TF 公司以往既定的目标似乎已经实现，然而新的目标在哪里？此外，从1997年中期开始，公司以往的大额短期投资本金不能按时回收，造成公司流动资金严重匮乏，企业贷款规模接近警戒线，公司日常收支捉襟见肘。数千万的工程欠款随时可能将TF公司拖进万劫不复的深渊。下属公司也变成TF公司沉重的包袱，大有游离于TF集团之外的趋势。

面对如此困境，TF失去了前进的目标，公司原有的信念和企业文化也随之丧失殆尽。公司怎么了？员工该做些什么？公司的方向在哪里等一系列问题困扰着员工。公司内部人心浮动，思想涣散。

为了使公司摆脱困境，改善公司的管理和经营状况，公司在完善土地招商条件、积极运作新项目的同时，特别在人事管理如员工考核制度方面进行了调整和完善，希望通过考核能够保证公司目标的实现，提高员工的工作绩效。

二、革新考核制度，寻求出路

以往的考核，内容一成不变，考核流入形式，不能真实地反映员工的工作绩效，也不能促进工作绩效的提高。因此，人事部门全面修订了考核制度，重新编制了考核表。1998年新的考核制度开始实行。公司对员工的考核分为自我考核、上级考核和人事部门考核；对部门经理的考核除自我考核、上级考核和人事部门考核外，还必须接受员工的考核。

每月除部门经理在员工考核表上除列出本月的工作要求外，还有固定的考核项目，如工作态度、工作品质、工作量、人无限期、纪律性、协调能力、团队精神、学识使用情况等，共20项，每项都说明其含义和分值，考核项目满分为100分。月末员工填写考核表为自己打分；考核表交给部门经理，部门经理在同一张考核表上为员工打分；最后交给人事部门，由人事部门对员工考核，并汇总、计算当月的考核成绩。员工自评占20%，人事部门考核占10%，部门经理评分占70%。

此外，员工也要对其上级进行考核。考核表设计了15项考核项目，并说明每个项目的含义和分值。每月末由员工给本部门经理打分，直接将考核表交给人事部门。

部门经理的考核，主要由自评和总经理评分构成，只是考核表的内容不同，自评分占20%，员工评分占10%，人事部门评分占10%，总经理考核占60%。

每月的考核成绩在人事部门汇总累计，考核结果作为员工晋级、调薪、奖励的主要依据。

新的考核制度实行一年来，由于考核内容增加了当月的工作要求，自评成绩正向放大现象略有收敛。

三、招商部带来的问题

从公司当年运营的收益看，公司的确落入了谷底。要想摆脱困境，公司必须在土地招商方面加大力度，有所突破。总经理在公司的业务办公会上要求招商部加强与开发区工商局、规划局等有关部门的联络和交流，随时了解和掌握招商情况和信息，追踪和落实一些招商信息，但始终没有成效。由于招商未果，引起其他部门不满，对招商部的考核也遇到了问题。

招商部解释说：一般情况下，每一项土地转让都需要较长的时间，短则半年，长则一两年，况且外商投资趋淡是事实，个人无法力挽狂澜，开发区招商部门尚且无奈，公司能有什么好办法，即使到处去跑也很难见效，反而会增加公司的支出。

乍看，招商部的解释似乎很有道理，谁能保证在确定的时间内一定能够实现多少万平方米的土地转让呢？也有人说，在现在的形势下评价招商部的工作业绩，只能以工作态度来衡量，只要工作态度认真，即使无功也不为过，能做多少是多少。

但是，公司仍然认为招商人员的业绩是可以衡量的。公司认为，对招商工作要定期检查，不断反省和重构，因为公司所处的环境在变化，拥有的资源在变化，员工的技能也在变化。如果公司现在不去做，那么公司将来仍然一事无成，消极等待不会产生绩效。公司只要重新制订公司的计划，修订公司的招商目标，重新对招商人员的工作职责、工作目标进行细致的分解，通过不断的细化和量化，公司就会发现有许多具体、重要的工作亟待公司去完成。通过目标管理，把公司目标分解成部门目标，把公司相对长期的目标分解成为阶段性的，有步骤的子目标，再把部门目标落实到每一位员工，使员工清楚自己的任务。因此，在公司的总目标下，每一阶段工作、每一项工作的步骤和细节都可以使公司提取考核指标的因子。

由此可见，绩效考核对于管理型企业或非生产型企业也是能够实现的。公司要做的就是，做好工作分析，把工作分析看作是可以重构的、需要不断反省的过程。并且在把工作和目标不断细化的同时，尽可能地量化，提取关键点作为考核目标，那么，许多原来认为无法考核的工作是可以做到的。

思考题：

1. 请评价各分值所占比例是否合理？为什么？
2. 招商部门的考核指标如何设计？
3. TF公司业绩考核存在哪些问题？如何完善？

第四节　绩效评估与绩效反馈面谈

一、绩效评估

在绩效期结束的时候，依据预先制订好的计划，主管人员对下属的绩效目标完成情况进行评估。绩效评估的依据就是在绩效期开始时双方达成一致意见的关键绩效指标。同时，在绩效辅导过程中，所收集到的能够说明被评估者绩效表现的数据和事实，可以作为判断被评估者是否达到关键绩效指标要求的事实依据。

员工及上级管理者共同完成评价过程是非常重要的。管理者负责填写其对下属进行评价的表格，员工也应当填写自己的评价表格。上下级都参与绩效评价过程中，有利于双方获得在绩效反馈阶段需要使用的那些有用的信息。当员工及其上级都积极参加评价过程时，这些信息在将来得到建设性使用的可能性就会变得更大。尤其值得注意的是，将员工的自我评价也纳入评价过程中，有助于使员工注意到本人对自己行为的看法和一些重要的其他人对自己行为的看法之间存在的差异。而正是这两种不同看法之间存在的偏差，恰恰最有可能帮助员工找到需要开发的领域，尤其是当上级对员工所作出的绩效反馈比员工本人的自我评价更加负面的时候。

自我评价能够减少员工的防御心理，同时提高他们对绩效管理体系的认同感和满意度，还能强化员工对绩效评价结果的准确性和公平性的认识，从而使他们更加乐于接受绩效管理体系。

二、绩效反馈面谈

完成绩效评估后，主管人员还需要与下属进行一次面对面的交谈，我们称之为绩效反馈面谈。

（一）绩效反馈面谈的目的

（1）向员工反馈绩效考核的结果。绩效考核结束后，员工有权利了解自己在本绩效周期内的业绩是否达到既定目标、行为态度是否符合预定的标准，这便于员工对自身的工作有正确客观的认识。当然，对同样的行为和结果，不同的人可能有不同的看法。因此，在面谈中，主管人员的反馈活动应当保持开放性、互动性，给员工陈述和申辩的机会，这样才能更好地促使双方就员工的绩效现状达成一致。

（2）向员工传递组织远景目标。在绩效反馈面谈中可以将工作目标和组织的远景结合起来，让员工了解企业发展大方向的同时，感受到一种具体的目标。

（3）弄清员工绩效不合格的原因。绩效管理的目的是改进绩效，在改进绩效之前，管理者需要和员工共同分析造成绩效不合格的原因。只有找到了病因，才能对症下药，有的放矢才能找到改进绩效的方法。

（4）为下一个绩效周期工作的展开做好准备。绩效管理是一个循环往复的过程。当一个绩效周期接近尾声时，管理者需要为下一个绩效周期工作的展开做好铺垫工作。在绩效反馈面谈中，管理者不仅要找到改进绩效的方法，还要将改进绩效计划落实到新的绩效合约中，督促员工提升绩效水平。

（二）绩效反馈面谈的作用

（1）它为评价者和被评价者提供了沟通的平台，使考核公开化。

（2）它能够使员工客观的了解自己工作中的不足，有利于改善绩效。

（3）绩效反馈可以通过主管人员和员工的真诚沟通，消除组织目标与个人目标之间的冲突，增强组织的竞争力。

（三）绩效反馈面谈的操作流程

一个完整的绩效反馈面谈主要包括三个阶段：面谈准备阶段、面谈实施阶段和面谈评价阶段。

1. 面谈准备阶段

在这个阶段主管人员需要做好以下工作：①全面收集资料。主管人员在绩效反馈面谈前，需要准备好员工的绩效考核结果、了解其他员工对面谈对象的评价、年初的绩效指标、职位说明书，为全面分析员工的绩效奠定基础。②准备面谈提纲。面谈提纲要列出面谈的内容，开场方式和引导员工表达自己意见的方法。③选择合适的时间和地点，并提前通知面谈对象。面谈的时机和面谈内容同等重要，合适的时机能够有效提升面谈效果。

2. 面谈实施阶段

（1）分析绩效差距的症结所在。在这个阶段，应确保如下问题的解决：员工知道自己应该做什么、员工知道怎么做、员工知道改变的意义、员工跨越了绩效改善的障碍。

（2）协商解决办法。员工很难接受管理者单方面制定的解决方案，这种不接受也许不会反映在面谈中，但是会反映到未来的工作过程中。因此，主管人员应当抱着放开的态度，与员工共同探讨绩效改进的方法。

（3）绩效反馈面谈的原则与技巧。①建立彼此之间的信任：管理者要维护员工的尊严，小心避免挫伤员工的工作热情。②开诚布公、坦诚沟通：绩效反馈面谈切忌含糊笼统，员工绩效现状的信息应当被具体、详细、客观的解释。仅仅表达管理者对员工工作业绩的不满是没有益处的。③避免对立与冲突：在反馈面谈中，主管需要有更高的涵养，给予员工足够的尊重。④关注未来而不是过去：过分的讨论过去是一种时间的浪费，因为它很难对将来的绩效改进带来实质性的帮助。⑤该结束时立即结束：出现紧急事务、严重分歧、严重超时等情况时，应当果断终止绩效反馈面谈。

3. 面谈评价阶段

面谈结束后，主管人员应当对面谈的效果进行评价，如面谈是否达到目的、是否对员工有了更深的了解、面谈如何改进等。

（四）绩效反馈面谈的内容及注意事项

1. 绩效反馈面谈的内容

在面谈的实施阶段，主管人员要确保以下工作的完成。

（1）就绩效现状达成一致。员工与主管人员可能对绩效现状的认识不尽相同，这就要求主管人员在面谈的过程中，首先与员工交流关于绩效考核结果的看法，就绩效现状达成共识，为面谈的顺利进行奠定基础。

（2）探讨绩效中可改进之处，并确定行动计划。在绩效反馈面谈中，主管人员应当毫不吝啬地表达对员工绩效亮点的赞扬。但是面谈的重点应当放在不良业绩的诊断上。经过探讨，员工应当明确绩效改进的方向和需要提升的知识、技能，并了解提升的办法。

（3）商讨来年的工作目标。明确了改进的方向和方法，管理者就可以和员工着手商讨下一年的工作计划和工作目标。

2. 绩效反馈面谈的注意事项

（1）主管人员应当采取赞扬与建设性批评相结合的方式，在肯定员工表现的同时，指出其可改进之处，避免员工产生抵触情绪。

（2）把重点放在解决问题上。反馈面谈的最终目的是改进绩效，因此分析不良绩效产生的原因并探讨解决方案才是面谈的核心。

（3）鼓励员工积极参与到反馈过程中。主管人员应当与员工在一种互相尊重的氛围中共同解决绩效中存在的问题。由管理者一方主导的绩效面谈，很可能会导致绩效面谈的效率低下。

（4）主管人员在确定面谈时间时要尽量避开上下班、开会等让人分心的时段。在选择会谈的地点时，也要选择安静、轻松的会客厅。

（5）面谈中最忌讳主管人员喋喋不休，时常打断员工的谈话。主管人员可以多提一些开放性的问题，引发员工的思考以便获得更多的信息。

（6）如果面谈实现了既定目标，主管人员要尽量采用积极的令人振奋的方式结束面谈，要在结束面谈时给予员工必要的鼓励而非打击，因为绩效管理关注的是未来的绩效而不是现在的。

（五）面谈中评价者的误区

1. 不适当发问

管理者在面谈中应当注意提问的技巧，尽量避免诱导发问、发问内容没有逻辑性、同时对两件以上的事情发问等情况的出现。因为这样的发问无法使管理者得到满意的答案。

2. 理解不足

在面谈中，员工有夸大、忽略、曲解观点的可能。因此，管理者要将对方的谈话加以归纳、回馈、质疑后再确定，以确保对问题的真正理解。

3. 期待预期结果

主管人员在发问和谈话过程中，如果存在有强烈的预期心理，期待对方的某种回答，就会在无意识间曲解员工的观点。这需要在面谈中特别加以注意。

4. 自我中心和感情化的态度

当主管人员陷入自我感情或自我中心的想法时，就会失去面谈的客观性和公正性。人一旦感情化，就会失去对事情的基本判断能力，忽略对方的心情，极端的情况是导致与员工的争端。

5. 以对方为中心及同情的态度

主管人员过多考虑对方的立场，以同情的角度给予过多的建议。但是过犹不及，过度的关怀可能会使对方产生厌烦情绪。

（六）绩效考核结果的应用

从人力资源管理的各个环节看，绩效考核的结果可以应用于招聘、人员调配、奖金分配、员工培训与开发、员工职业生涯规划。

1. 绩效考核应用于衡量招聘结果

招聘和甄选的最终目标是选择顺应组织发展和职位需要的任职者。招聘是否有效，要通过新员工在一段时间内的绩效考核结果来衡量。如果绩效考核的结果令人满意，说明招聘工作比较成功；反之，就要进一步寻找原因。

2. 绩效考核为人员调配提供依据

绩效考核的结果为员工晋升、调整、淘汰提供决策支持。如果员工的绩效较为出色，可以考虑让其承担更多的责任；如果员工的绩效较差，可以考虑通过职位调整改善他的绩效水平；如果经过多次工作调整，绩效结果仍不能令组织满意，就要考虑将其解聘。

3. 绩效考核为奖金分配提供依据

将绩效考核的结果应用于薪酬发放，可以强化薪酬的激励作用。目前很多组织倾向于将薪酬与绩效挂钩，挂钩的方式主要有两种：第一，绩效与一次性的绩效工资获奖金的发放对接；第二，绩效与固定工资基数的调整对接。

4. 绩效考核应用于员工的培训与开发

绩效考核的结果可以加深组织对员工能力、素质水平的认识，尤其是员工的劣势与不足。据此，人力资源部门可以制订更有针对性的员工培训计划，帮助员工弥补不足、提升绩效。另外，绩效考核结果也可应用于衡量培训的有效性。如果通过系统培训，员工的绩效有所提升，说明培训是有效的；如果绩效没有得到提升，则培训可能是低效甚至无效的。

5. 绩效考核应用于员工职业生涯发展规划

员工职业生涯规划是组织根据员工目前的绩效水平，与员工协商制订长期的工作绩效改进计划和职业发展路径的过程。通过绩效考核的结果，主管人员和员工都可以清晰的认识到员工的优势和不足，经过沟通与讨论，员工便能更加了解工作目标、明确自身的发展路径。

 案例讨论

谁该负责

在一次企业季度绩效考核会议上，营销部门经理 A 说："最近的销售做得不太好，我们有一定的责任，但是主要的责任不在我们，竞争对手纷纷推出新产品，比我们的产品好。所以我们也很不好做，研发部门要认真总结。"

研发部门经理 B 说："我们最近推出的新产品时少，但是我们也有困难呀。我们的预算太少了，就是少得可怜的预算，也被财务部门削减了。没钱怎么开发新产品呢？"

财务部门经理 C 说："我是削减了你们的预算，但是你要知道，公司的成本一直在上升，我们当然没有多少钱投在研发部了。"

采购部门经理 D 说："我们的采购成本是上升了 10%，为什么你们知道吗？俄罗斯的一个生产铬的矿山爆炸了，导致不锈钢的价格上升。"

这时，ABC 三位经理一起说："哦，原来如此，这样说来，我们大家都没有多少责任了，哈哈哈哈。"

人力资源经理 F 说："这样说来，我只能去考核俄罗斯的矿山了。"

思考题：

1. 这则故事对你有什么启示？
2. 绩效考核的真正目的应该是什么？

第五节　绩效管理中常见的问题与解决措施

一、组织层面的问题

（一）绩效管理与战略实施相脱节

企业的一切行为和活动，都应以战略为出发点和归宿，绩效管理系统也如此。我国不少企业绩效管理系统却与战略相分离，没有把战略目标及规划转化成各层级员工，绩效目标与计划不能有效地支撑企业战略，甚至出现员工绩效目标与企业战略目标相悖离的情况。许多企业的绩效目标是来自于职责，而不是来自于战略，这只是一种面向事务的绩效管理系统，不能有效支撑企业战略发展，即便体系中的某些指标能指导局部的提高和改进，但却无法在整体上有战略性的改进，无法整体上促进战略目标实现。良好的绩效管理体系应是战略绩效管理体系，把公司战略转化成各层级的绩效目标与计划，从而使绩效管理成为战略落地的手段。

（二）绩效管理被认为是人力资源部门的工作，其他部门各级管理者没有在绩效管理中承担相应的责任

在许多企业中，当提到绩效管理，多数管理者认为是人力资源部的事情，与自己工作没有多大关系。当人力资源部推行绩效管理时，往往会遇到较多的阻力和障碍，其他部门人员往往认为绩效管理工作是多余的，不会产生价值，浪费企业时间、精力，如果要给下属打考核分时，往往走走形式，不会认真去对待。绩效管理应更多是直接主管的事，管理者的核心工作是对自己绩效和下属绩效进行有效管理，以确保实现企业绩效，因此绩效管理是每个管理最重要的工作。

（三）企业、部门、个人之间的绩效缺少联动

在许多企业中，考核的结果是员工每个人绩效考核结果都比较好，但部门业绩、企业业务不好。绩效管理最终的目的是取得较好的企业绩效，但企业绩效、部门绩效

不好，而个人绩效较好，这样的个人绩效没有任何意义，也不是真正意义上的好的个人绩效。存在差异，无法实现企业绩效、部门绩效和个人绩效的联动。有效的绩效管理体系通过个人绩效管理、实现部门绩效，最终实现企业绩效。

（四）绩效管理仅仅是奖金分配的手段

不少企业管理者认为绩效管理仅仅是奖金分配的手段，因此在绩效管理时，把员工奖金分配放在了非常突出的位置。当然，把员工绩效与员工奖金有效结合在一起是非常重要的，但绩效管理还有非常多的工作去做，如通过帮助下属绩效目标分解和绩效计划，指引下属去实现更好的绩效，通过员工绩效实施的辅导，发现问题，及时纠正偏差，通过绩效结果的反馈，向员工提出改进了问题，以便员工进一步改善提高，这些工作都非常重要。

（五）把绩效管理看成灵丹妙药，忽视其他系统的建设

有些企业非常重视绩效管理，但忽视其他系统的建设，他们把绩效管理看成灵丹妙药，仿佛能解决企业所有管理问题。绩效管理有一个非常重要的管理系统，但它需要其他许多管理系统的协同，如它需要清晰的发展战略体系、明确的组织职责体系、良好的激励机制、健康的企业文化等一起来协同发展，否则，绩效管理体系的作用会大打折扣。

二、绩效体系实施的问题

（一）绩效目标重点不突出

许多企业绩效指标非常全面，包含了企业经营管理的方方面面，每个部门、每位员工考核的内容都非常多，管理者好像怕某方面没有考核到，就会出现问题。太多的考核指标，意味着考核非常全面，但同时也会面临着绩效管理重点不突出。按照"二八"定律：20%的关键绩效领域，决定了80%的业绩。因此，绩效管理应重点关注关键业绩领域，而非面面俱到。

（二）注重短期绩效，忽视长期绩效

不少企业在绩效考核中，非常注重短期指标的考核，忽视长期发展性指标。"以业绩论英雄"，他们非常关注利润、市场份额等财务性指标，而忽视市场培育、产品研发、员工教育培训、管理体系建设与改善，这样的结果给企业持续发展带来问题。理想的绩效管理应关注短期，同时也关注企业长期发展。

（三）绩效目标缺少绩效计划支持

有些企业有了绩效目标，但缺少有效的绩效计划来支持绩效目标，这对绩效管理来说还是不够的，因为绩效目标需要切实可行的绩效计划和资源计划来支撑，否则绩

效目标是比较难以保证。实现一个指标的方法和途径有很多，企业赋予部门一系列指标后，部门应积极思考和探索，寻找出实现绩效目标的最佳绩效计划和资源支持计划，并将日常工作同绩效计划结合起来。否则，没有具体的绩效计划来支撑，很容易形成工作与目标脱节的现象。

（四）绩效管理缺少绩效沟通

不少企业在绩效管理中非常忽视员工的参与，绩效考核不透明，员工不知道考核指标是怎样定的，考核是怎样进行的，考核成绩是怎样计算的，甚至有些企业员工还不知道考核结果是什么，只是稀里糊涂地知道绩效奖金多了或者少了。良好的绩效管理体系应该更加透明，让员工清楚地知道努力方向、取得绩效应获得的奖金以及绩效应改进的方向。

老张的困扰

A公司是一家大型商场，公司包括管理人员与员工共有500多人。由于大家齐心努力，公司销售额不断上升。到了年底，A公司又开始了一年一度的绩效考评，因为每年年底的绩效考评是与奖金挂钩，大家都非常重视。人力资源部又将一些考评表发放到各个部门的经理，部门经理在规定的时间内填写表格，再交回人力资源部。

老张是营业部的经理，他拿到人力资源部送来的考评表格，却不知怎么办。表格主要包括了对员工工作业绩和工作态度的评价。工作业绩那一栏分为五档，每一档只有简短的评语，如超额完成工作任务，基本完成工作任务等。由于年初种种原因，老张并没有将员工的业绩目标清楚地确定下来。因此对业绩考评时，无法判断谁超额完成任务，谁没有完成任务。工作态度就更难填写了，由于平时没有收集和记录员工的工作表现，到了年底，仅对近一两个月的事情有一点记忆。

由于人力资源部又催得紧，老张只好在这些考评表勾勾圈圈，再加上一些轻描淡写的评语，交给人力资源部。想到这些绩效考评要与奖金挂钩，老张感到如此做有些不妥，他决定向人力资源部建议重新设计本部门营业人员的考评方法。老张在考虑，为营业人员设计考评方法应该注意哪些问题呢？

思考题：

1. 该公司绩效管理存在的哪些问题有待于改进和加强？
2. 选择营业人员的绩效考评方法时，应该注意哪些问题？

三、评价者的问题

在绩效评价中，评价者的主观意识（某种偏见或错误）可能会影响评价结果的公正性。评价者应当知晓这些问题，以便最大限度地避免错误的发生。

（一）晕轮效应

晕轮效应指对一个人进行评价时，往往会因为对他的某一特质强烈而清晰的感知，而掩盖了该人其他方面的品质。在这种效应下，主管通常会给自己信任和喜爱的部下较高的分数，对不喜欢的员工给予较低的评价，这会导致评价结果的失真。

克服晕轮效应的核心是消除主管的偏见。因此在评价中有必要设定各种不同的着眼点，从不同的侧面评价员工的业绩，同时尽量选择与工作绩效相关的评价因素，从而消除主管偏见对员工绩效考核的影响。

（二）趋中倾向

趋中倾向指有些主管由于不愿意得罪人或所辖范围过大，很难全面了解所有员工工作表现时，将员工的考核分数集中在某一固定范围的变动中，使评价的结果没有好坏的差异。

要克服趋中倾向需要注意两个方面：一方面，主管需要密切地与员工接触、彻底与评价标准做对比，全面准确了解被评价者的工作情况；另一方面，可以采取强制分配法、排序法等非系统的绩效考核方法加以解决。

（三）过宽或过严倾向

这是指一些主管人员在绩效评价的过程中，有过分严厉或过分宽大评定员工的倾向。造成这种问题的原因是主管人员采取了主观的评价标准，忽略了客观的评价标准。

为克服这类问题，组织可以考虑选择适当的方法，建立评价者的自信心或举行角色互换培训；另外，还可以采用强制分配法消除评价误差。

（四）年资或职位倾向

年资或职位倾向指有些主管倾向于给予那些服务年资较久、担任职务较高的被评价者较高的分数。

出现这类问题主要是由于管理者主管意识太强。克服的方法是通过各种方式使评价者建立起"对事不对人"的观念，引导评价者针对工作完成情况、工作职责进行评价。

（五）盲点效应

盲点效应指主管难以发现员工身上存在的与主管自身相似的缺点和不足。

克服这种效应的办法是将更多类型的考核主体纳入考核，化解主管评价结果对员工绩效的完全决定作用。

（六）刻板印象

刻板印象指个人对他人的看法往往受到他人所属群体的影响。例如，有些主管可能错误地认为，男性的工作能力较女性容易受到肯定。

为了避免刻板印象，考核者在对员工进行评价时，应当注意从员工的工作行为出发，而不是员工的个人特征。

（七）首因效应

首因效应是指人们在互相交往的过程中，往往根据最初的印象去判断一个人。评价者要尽量避免仅凭第一印象或开端的对话就形成对对方性格类型和形象的认识，因为一旦形成这样的观察视角，就很容易将对方的一切言行举止归入该类型，从而影响对被评价者的判断。

为了避免首因效应对考核的影响，管理者应当采取多角度的考核方式。

（八）近因效应

近因效应指最近或者最终的印象往往是最强烈的，可以冲淡之前产生的各种因素。评价者在绩效考核中，应尽量避免因为对近期的绩效和行为印象深刻，而以一种不够客观的眼光观察员工。

为了避免近因效应，可以考虑在进行绩效考核前，先由员工进行自我总结，以便使评价者能够全面的回顾被考核人员在整个绩效周期内的表现。

 案例讨论

张经理的考核方法

某公司又开始了一年一度的绩效考核。在打分时，研发部的张经理考虑到自己部门的一个项目经理老王在公司服务的年限很长，想也没想直接打了最高分。但事实上老王在今年的一个项目中犯了一个比较严重的错误。轮到给小赵打分时，张经理想起初次见面时小赵把咖啡洒在裙子上的事，加上她是部门里为数不多的女员工，他认为女员工的绩效理所应当没有男员工高，因此打分很低。考核结束后，张经理与下属分别在会议室谈话。与小赵面谈时，张经理一直在数落小赵工作中的小错误，当小赵说明情况时，张经理时常打断她。小赵的情绪很不好，到最后干脆就是只听张经理说，有不同意见也不吭声。之前在绩效计划制订的过程中也出现过类似的情况，当时小赵就对工作目标的设定有不同意见，所以在后来的执行过程中遇到了一些困难。现在工作中出现了问题，她也不愿意跟张经理沟通了，最后的绩效面谈不欢而散。

思考题：

1. 张经理都有什么样的错误行为？

2. 为避免今后再犯同样的错误，如何对张经理进行有针对性的培训？

 本章小结

本章主要介绍了绩效管理和绩效考核的内涵有何区别，讲解了绩效管理的具体步骤，详细阐述了常见的绩效考核方法并列举了其优缺点，最后提示了绩效考核的常见问题与对策。

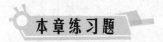 本章练习题

1. 绩效考核的含义是什么？绩效管理和绩效考核有什么区别？

2. 绩效管理的程序有哪些？具体的步骤是什么？

3. 常用的绩效考核的方法有哪些？优缺点各是什么？

4. 绩效考核中常见的问题有哪些？如何克服？

 案例分析6-1 ▶▶

A 公司的绩效评价

又到了财政年度的年末，A 公司除了要做会计结算工作外，经理和员工们又开始了一年一度的被称为"表演"的绩效评价工作。

小李作为一名主管直接管理着 10 名员工，因此他又将忙于和这些员工面谈和填表等工作。好在对于绩效管理工作也是轻车熟路了，于是他通过内部办公系统给每位员工发送了一份评价表。待他们填完后，他就表中内容同每个人谈上 15 分钟，然后签上名。OK！问题总算解决了，纸面上的工作准时完成了，人事部门也很满意，每个人又回到了"现实工作"中去。

然而，小李和其他经理交到人力资源部的评价表都被放进了文件夹里，并且很可能被遗忘掉。小李和他的员工们在下一次年终绩效评价之前也不会再看它们一眼，因此员工们私下里对这个过程的看法是"浪费时间"。

看到 A 公司的故事是不是有点熟？不知你有何感想？但有一点恐怕大家都会想到：这样的绩效评价到底有什么用处？这算不算是绩效管理？

显然，小李没有管好他所领导的十名员工的绩效。他所做的事与其说是在帮助，不如说是伤害。基于上述原因，公司领导给小李重新委任了上司王强，他是公司从外面聘来帮助公司改善绩效管理工作的。他坚强、善于合作并很聪明，他认为现在的情况很糟糕，是采取行动的时候了。

6 月末，王强给小李给他安排了一次讨论他部门绩效的会谈。经过一阵准备性闲聊

之后，王强切入整体："小李，我一直都在关注我们各部门的绩效问题，我真的很担心。我们正在倒退，我们必须一起来扭转这一状况，否则我们公司会有更大的麻烦。我想从你这里了解一下，你认为你们部门有什么问题？"

想了一会儿，小李回答说："我知道生产率似乎在下降，但好像我们的工作越来越多，而时间越来越少。我的员工都已经筋疲力尽，而且他们犯的错误似乎越来越多。坦白地说，如果能给我更多一点员工，我们可能会好些。"

王强慢慢地摇了一下头，然后解释道，由于公司的财务问题，员工的数量目前已经冻结。然后他说："我知道你忙，但'忙'不是关键，对不对？每个人都可能很忙，但是否可能没有忙在提高绩效所必须做的重要事项上呢？"

"你提的这一点很有意义，"小李说道，"我看大家好像忘记了什么重要什么不重要。事实上我们好像是昏头了。"

"好，"王强道，"那也是我的印象。你如何使员工共同努力，让他们关注重要工作并确保它完成的呢？你是如何管理他们的绩效的呢？"

小李停了一会，脸色看起来有点难堪，然后回答道："你知道我很忙。但我们不也是每三个月讨论一次工作，并且每年还做一次你也熟悉的、同时也是人事部门要求做的填表工作吗？"

"我知道这些表，"王强说道："他们也让我交了表。但那还不够，我们需要做点什么来帮助你和你的员工，或者说必须做出某些重大的变革。"

"我们需要做下列工作，我希望你同你的下属一起做好绩效评价工作。这项工作很有意义，但他不是你一个人单独行事。因此，我在帮助你提高绩效的同时，你也要用同样的技术去帮助你的下属。"

"我们将按如下要求开始工作。公司已经为下一年制订了一系列的目标。希望每个部门都为实现这些目标多做贡献。大约再过一年时间，我将和你一起看看你的部门是否履行了职责。作为主管，我希望你负好责，确保部门任务的完成。"

小李的脸色看起来有点绿，回答道："好，我猜想这可能也是我为什么能得到这么多薪水的原因吧。你将会如何度量这些呢？我想不会使用那些可怕的评价表吧？"

"不，"王强答道，"你和我一起共同讨论和指定你个人的目标。那将是我们要度量的东西。这些度量标准要尽可能简单和便于度量。我们将在一起制定这些标准，但主要是由你来提建议，因为你最了解你的工作。"

"我猜想你是不是也要求我对我的下属做同样的工作？"

"对，"王强使劲点点头。"这就是我们协调公司目标和你的员工目标的方法。但我们还得继续完成那些评级表，我已经同人事部门谈了，他们同意我们暂时增加一些条款。也许下一年我们能使他们信服的彻底放弃这些评分表。"

他说："我希望你做的事是，将有关公司的目标和任务的资料拿回去，并就此同你的员工进行讨论。三周后你和我在一起来为你的部门和你个人制定目标和标准。在年终的时候我们就要用这些目标和标准来评价你的进步情况。"

思考题：

1. 王强在处理问题的策略上有什么值得学习的地方？

2. 王强开展的各个步骤是否能和我们的理论相匹配？你认为有没有更好的方法？

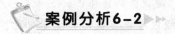

<h2 style="text-align:center">目标管理的错</h2>

　　一家制药公司，决定在整个公司内实施目标管理。事实上公司以前在为销售部门制定奖金系统时已经用了这种方法。公司通过对比实际销售额与目标销售额，支付给销售人员相应的奖金。这样销售人员的实际薪资就包括基本工资和一定比例的个人销售奖金两部分。销售大幅度提上去了，但是却苦了生产部门，生产部门很难完成交货计划。销售部抱怨生产部不能按时交货。总经理和高级管理层决定为所有部门和个人经理以及关键员工建立一个目标设定流程。为了实施这个新的方法需要还用绩效评估系统。生产部门的目标包括按时交货和库存成本两个部分。

　　制药公司请了一家咨询公司指导管理人员设计新的绩效评估系统，并就现有的薪资结构提出改变的建议。制药公司付给咨询顾问高昂的费用修改基本薪资结构，包括岗位分析和工作描述。还请咨询顾问参与制定奖金系统，该系统与年度目标的实现程度密切相连。咨询顾问指导经理们如何组织目标设定的讨论和绩效回顾流程。总经理期待着很快能够提高业绩。

　　然而遗憾的是，业绩不但没有上升，反而下滑了。部门间的矛盾加剧，尤其是销售部和生产部。生产部埋怨销售部销售预测准确性太差，而销售部埋怨生产部无法按时交货。每个部门都指责其他部门的问题。客户满意度下降，利润也在下滑。

思考题：

1. 这个案例的问题出在哪里呢？

2. 为什么设定好目标并与工资挂钩反而导致了矛盾加剧和利润下降？

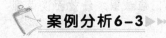

<h2 style="text-align:center">新星公司的绩效考评</h2>

　　新星公司是一家小型公司。创业初期，降低成本、提高销售额成为公司的总目标。由于业务繁忙，公司没有时间制定一套正式的完整的绩效考评评价制度，只是由以前公司老总王某兼任人力资源总监，采取了一些补救措施。如他会不定期地对工作业务好的员工提出表扬，并予以物质奖励；也对态度不积极的员工提出批评；一旦员工的销售业绩连续下滑，他会找员工谈心，找缺陷，补不足，鼓励员工积极进取。

　　现在公司规模大了，已经由最初的十几个人发展到现在的上百人。随着规模不断扩大，管理人员和销售人员增加，问题也出现了：员工的流失率一直居高不下，员工的士气也不高。王某不得不考虑，是否该建立绩效考评的正式制度，以及如何对管理人员考评等问题。

思考题：

1. 您认为在该企业建立正式的绩效考评制度是否必要？请说明具体原因。

2. 假如您是王某，请为销售人员或管理人员设计一套绩效考评方案，并说明如此设计的原因。

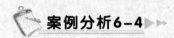
案例分析6-4 ▶▶

小王的困扰

小王在一家私营公司做基层主管已经有3年了。这家公司在以前不是很重视绩效考评，但是依靠自己所拥有的资源，公司的发展很快。去年，公司从外部引进了一名人力资源总监，至此，公司的绩效考评制度才开始在公司中建立起来，公司中的大多数员工也开始知道了一些有关员工绩效管理的具体要求。

在去年年终考评时，小王的上司要同他谈话，小王很是不安，虽然他对一年来的工作很满意，但是他不知道他的上司对此怎么看，小王是一个比较"内向"的人，除了工作上的问题，他不是很经常地和他的上司交往。在谈话中，上司对小王的表现总体上来讲是肯定的，同时，指出了他在工作中需要改善的地方。小王也同意那些看法，他知道自己有一些缺点。整个谈话过程是令人愉快的，离开他上司办公室时小王感觉不错。但是，当小王拿到上司给他的年终考评书面报告时，小王感到非常震惊，并且难以置信。书面报告中写了他很多问题、缺点等负面的东西，而他的成绩、优点等只有一点点。小王觉得这样的结果好像有点"不可理喻"。小王从公司公布的"绩效考评规则"上知道，书面考评报告是要长期存档的，这对小王今后在公司的工作影响很大。小王感到很是不安和苦恼。

思考题：

1. 绩效面谈在绩效管理中有什么样的作用？人力资源部门应该围绕绩效面谈做哪些方面的工作？

2. 经过绩效面谈后小王感到不安和苦恼，导致这样的结果其原因何在？怎样做才能克服这些问题的产生？

第七章　薪酬福利管理

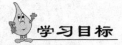学习目标

- 了解员工薪酬福利的基本概念与内涵、薪酬管理的概念及内容
- 理解和掌握职位薪酬体系的含义、评价、实施条件与设计流程
- 理解和掌握职位评价的四种基本方法、薪酬水平与薪酬结构的设计原则
- 理解和掌握绩效薪酬的含义、实施要点
- 理解和掌握员工福利的概念、类型与设计方法

导入案例

东航云南分公司飞行员："返航"源于待遇太低

某一天，东航云南分公司飞行大队宿舍，多名未参与"返航"事件的飞行员都表示不愿意谈论返航事件。"现在我们也在等待该事件调查的结果"，一位飞行员说结果没出来前谈此事是不合适的。但是，记者还是与其中一位机长进行了对话。他认为，这件事情不会促成什么制度上的改变。他说，东航作为一个国企，存在的问题是盘根错节的，真正的改变要经历一个漫长的过程。

分公司待遇远差于总部

新京报：有的飞行员提到这次返航和待遇有关？

飞行员：问题就出在这里。其实，起飞和降落是飞行员最费劲的。总部那边飞长途，一次飞十几个小时，只需一次起飞和降落。我们这边飞半个小时，也得一次起飞和降落。但是他们按照十几个小时来算工资，我们按半个小时来算工资。

新京报：但是为什么偏偏是东航出了"返航"事件呢？

飞行员：因为我们的待遇太低。国航待遇是我们的两倍。

总部的飞行员高人一等

新京报：据说，税收的问题是这次事件的导火索？

飞行员：我觉得税收的问题都是小问题，很多事情都是长期积累的结果。和东航合并之后，我们待遇不但没任何改善，反而越来越差。我们可以忍受，但是不同人的忍受底线是不同的。而且，东航总部对我们的态度也无法让人满意。

新京报：这种态度上的差距表现在哪些方面呢？

飞行员：比如说原来没有合并的时候，我们飞曼谷这些东南亚国家，航线利润非常好。合并之后，总部把这些航线拿走了，让总部的飞行员来飞，从昆明中转，他们到那边还有过夜费。可到了淡季，总部又让分公司的飞行员来飞这些航线，但不让我们在那边过夜。另外，把我们的好航线拿走后，又分开搞核算，核算结果分公司肯定亏本。

再比如，从总部派过来的领导，没人真正想把分公司做好。而且在他们看来，分公司的员工就是要比总部的低一等。

体制不会有实质改变

新京报：你认为问题出在哪里？

飞行员：我们飞行员是需要尊重的，可现在总部不尊重我们。讲奉献可以，当年在云南航空的时候，大家也加班，没有什么怨言。现在这种歧视的氛围，谁还想奉献？

新京报：你觉得这次事件会使飞行员的薪酬和雇用体制发生改变吗？

飞行员：不会的。没有那么简单。这件事情也许最后只是一些飞行员做出牺牲，但并不会改变薪酬体制。最后，公司赔一些钱，适当地处理飞行员，最多就是这样了。实际问题不会得到真正解决。

思考题：

1. 公司的什么地方出了问题？如何调整才能让员工满意？
2. 薪酬制度让员工满意是不是就不会出现问题？

第一节　薪酬福利与薪酬管理的一般原理

一、薪酬福利的基本概念与内涵

薪酬是员工因向所在的组织提供劳务而获得的各种形式的酬劳。狭义的薪酬指货币和可以转化为货币的报酬。广义的薪酬除了包括狭义的薪酬以外，还包括获得的各种非货币形式的满足。

薪酬包括基本薪酬、可变薪酬、福利和服务，还包括一次性奖金、股票期权等其他多种经济性报酬。

基本薪酬又称"基本薪金"，是根据员工所承担或完成的工作本身或者是员工所具备完成工作的技能向员工的支付的稳定性报酬，是员工收入的主要部分，也是计算其他薪酬性收入的基础。

基本薪酬具有高刚性和高差异性，是一位员工从企业获得的较为稳定的经济报酬。因此，这一薪酬组成部分对于员工来说是至关重要的。它不仅为员工提供了基本的生活保障和稳定的收入来源，而且还往往是可变薪酬确定的一个主要依据。其变动主要取决于以下三个方面的因素：

（1）总体生活费用的变化或通货膨胀的程度。

（2）其他雇主支付给同类劳动者的基本薪酬的变化。

（3）员工本人所拥有的知识、经验、技能的变化以及由此而导致的员工绩效的变化。

此外，企业所处的行业、地区及企业所在产品市场的竞争程度等，都会对员工的基本薪酬水平构成影响。在员工基本薪酬的变化中，最重要的一种基本薪酬增长方式是与员工的绩效有关的加薪。

可变薪酬是一种替代性薪酬体系，它将薪酬与经营业绩联系起来考虑并支持一种参与式管理，其现金的支付是以预先确定的方式或团队与组织的业绩为基础的。

可变薪酬的两个特征：

（1）可变薪酬提供的现金报酬是一种奖金的形式，不包含在基本薪酬内。

（2）可变薪酬是与团队，经营单位或整个组织的业绩相关联的。

福利或服务不是以员工向组织提供的工作时间为计算单位的，它一般包括非工作时间付薪、向员工个人及家庭提供的服务（如儿童看护、家庭理财咨询、工作期间的餐饮服务等）、健康及医疗保健、人寿保险等。福利通常可以划分为非货币性福利和货币性福利两大类。

货币性福利往往具有延期性，例如养老保险和补充养老保险。

非货币性福利是指企业以非货币性资产支付给职工的薪酬，主要包括企业以自产产品发放给职工作为福利、将企业拥有的资产无偿提供给职工使用、为职工无偿提供医疗保健服务等。

服务指的是企业为员工及其家庭提供补助或帮助。包括：报销学费（非公司培训项目）、交通服务（支付交通费用或提供班车）、住房福利（提供宿舍或住房补贴或公积金计划）、饮食福利（免费午餐、午餐补贴）、健康防护计划（例如体检、资助员工运动健身活动的举办等）、家庭援助计划、灵活的工作时间和请假制度（如弹性工作制）等。企业所提供的服务实际上是为了帮助员工更好地平衡工作和生活质量之间的关系。

二、薪酬管理的概念及目标

所谓薪酬管理，是指一个组织针对所有员工所提供的服务来确定他们应当得到的报酬总额以及报酬结构和报酬形式的一个过程。在这个过程中，企业就薪酬水平、薪酬体系、薪酬结构、薪酬构成以及特殊员工群体的薪酬做出决策。同时，作为一种持续的组织过程，企业还要持续不断地制订薪酬计划，拟定薪酬预算，就薪酬管理问题与员工进行沟通，同时对薪酬系统的有效性做出评价而后不断予以完善。

薪酬管理应达到以下三个目标，效率、公平、合法。达到效率和公平目标，就能促使薪酬激励作用的实现。而合法性是薪酬基本要求，因为合法是公司存在和发展的基础。

（一）效率目标

效率目标包括两个层面，第一个层面站在产出角度来看，薪酬能给组织绩效带来最大价值，第二个层面是站在投入角度来看，实现薪酬成本控制。薪酬效率目标的本质是用适当的薪酬成本给组织带来最大的价值。

（二）公平目标

公平目标包括三个层次，分配公平、过程公平、机会公平。

（1）分配公平是指组织在进行人事决策、决定各种奖励措施时，应符合公平的要求。如果员工认为受到不公平对待，将会产生不满。员工对于分配公平认知，来自于其对于工作的投入与所得进行主观比较而定，在这个过程中还会与过去的工作经验、同事、同行、朋友等进行对比。分配公平分为自我公平、内部公平、外部公平三个方面。自我公平，即员工获得的薪酬应与其付出成正比；内部公平，即同一企业中，不同职务的员工获得的薪酬应正比于其各自对企业做出的贡献；外部公平，即同一行业、同一地区或同等规模的不同企业中类似职务的薪酬应基本相同。

（2）过程公平是指在决定任何奖惩决策时，组织所依据的决策标准或方法符合公正性原则，程序公平一致、标准明确、过程公开等。

（3）机会公平指组织赋予所有员工同样的发展机会，包括组织在决策前与员工互相沟通，组织决策考虑员工的意见，主管考虑员工的立场，建立员工申诉机制等。

（三）合法目标

合法目标是企业薪酬管理的最基本前提，要求企业实施的薪酬制度符合国家、省区的法律法规、政策条例要求，如不能违反最低工资制度、法定保险福利、薪酬指导线制度等的要求规定。

三、薪酬管理决策

薪酬决策的内容包括薪酬体系决策、薪酬水平决策、薪酬结构决策等诸多方面的问题。薪酬决策的核心是使企业的薪酬系统有助于企业战略目标的实现、具备外部竞争性及内部一致性、合理认可员工的贡献以及提高薪酬管理过程的有效性。由于不同类型的薪酬决策支持不同的企业战略，因此企业必须根据组织的经营环境和既定战略来做出合理的薪酬决策。

（一）薪酬体系决策

薪酬体系是指薪酬的构成，即一个人的工作报酬由哪几部分构成。一般而言：员工的薪酬包括以下几大主要部分：基本薪酬（即本薪）、奖金、津贴、福利、保险五大部分。薪酬体系决策的主要任务是确定企业的基本薪酬以什么为基础。传统上，根据企业决定员工基本薪酬的基础不同大致分为职位薪酬体系、技能薪酬体系和能力薪酬体系三种。

（二）薪酬水平决策

薪酬水平是指企业内部各类职位和人员平均薪酬的高低状况，它反映了企业薪酬的外部竞争性。薪酬水平反映了企业薪酬相对于当地市场薪酬行情和竞争对手薪酬绝对值的高低。它对员工的吸引力和企业的薪酬竞争力有着直接的影响，其数学公式为：薪酬水平＝薪酬总额/在业的员工人数。

（三）薪酬结构决策

薪酬结构是指组织中各种工作或岗位之间薪酬水平的比例关系，包括不同层次工作之间报酬差异的相对比值和不同层次工作之间报酬差异的绝对水平。确定薪酬结构通常需要进行工作价值的程度比较，即对各职务相对于其他职务来评估其价值，它是从劳动质量和工作种类的市场供应这个角度来确定一项职务的薪酬大小。

海底捞的薪酬福利管理

海底捞的物质待遇体系设计达到了这样一种效果：大多数人都对自己的现实待遇感到惊奇，很多人从苦苦求生存转而过上了小康生活——也就是他们说的改变了自己的命运；并且大多数人都还抱有希望，认为只要自己继续努力，自己还可以更好，这就把物质待遇的激励作用发挥到了很高的水平。

海底捞的所有人都自豪他们的待遇好。店长、经理们在谈话时都会告诫员工，失去了海底捞，他们就找不到有这么好待遇的工作了。好在哪些方面呢？无非是福利待遇与薪金构成两个方面。下面挑选几个有特色的略做分析。

首先是住宿条件。海底捞的员工住的公寓都是租小区楼房，有空调、热水器及简易家具，人均住宿面积估计不小于6~8平方米。这就比清华大学研究生住的还要好一些了。宿舍里不会有人抽烟，没有人连夜不回；大家都按时关电视、关灯睡觉，轮流打扫卫生。如果有人问到能不能到外面租房子住的时候，员工很直接地说不能，然后说："租房子干吗？五六百元还住地下室，哪有在公寓住好。"

其次是补助。比如只要是店长以上级别，如果把孩子带到北京念书的话，就可以每年在公司报销1.2万元以内的学费。这就让店长们可以顺利地将家迁到北京了。还有，经理以上级别的员工的父母每月发给200元补助，这对农村的老人来说就差不多够花了——而且这就使经理们产生自己能够供养家庭、赡养老人的自豪感。还有，海底捞给予员工所有福利中最有意思的是他们的员工餐，值得仔细推敲一番。他们的员工餐也比清华的食堂好吃。不排队也秩序井然，没有人会着急打饭，谁都不会担心少了自己那份，这也比清华食堂要强。

当然，"有意思"并不是指这些，而是指下面两点。

第一，每天吃四顿饭，周六周日加班还要加餐。这就使员工感觉他们一天到晚都在吃饭，一天到晚都是饱饱的，不会有人饿肚子工作。早餐一般喝豆浆吃油条，有时吃面包糕点。中午和下午是正餐，一荤一素两个菜，一份汤。晚上一般是喝粥，也是一荤一素两个菜。某店的员工餐师傅说店里170～180名员工，每顿饭要用二十几斤肉。然后他说，一般不能超过30斤，超过了的话肉多菜少，大家就会有意见。如果非要给他们员工餐挑毛病，只有两条：油太多对健康不利，川菜师傅做菜太辣，找不出别的来了。其实，餐饮企业如果不能让员工吃好，真是管理者莫大的悲哀。吃不好的员工肯定会有偷吃的冲动，而偷吃的机会总是随时都有的。想吃饱、吃好是每个人的本能，并不是因为谁天生嘴馋。偷偷摸摸吃客人吃剩的东西肯定是很没尊严的事。每个人都需要尊严。如果我们给予员工的待遇尚且不足以使他们有尊严，那么我们简直是在犯罪。

第二，上班就吃饭，比上班点到要好。海底捞的早饭是在9点上班以后吃的，下午饭是在4点上班以后就吃的，所以他们早上、下午上班以后都是直接吃饭。如果上班就点到，必然需要维持秩序，需要让大家站好，需要批评迟到的人，结果想调动员工的情绪就难以做到，因为还没开始干活就批评人了。但是一上班就吃饭却不一样，因为不用点到，人人见面以后相互问候："吃了没有"。加上伙食很好，所以员工不会迟到——吃饭的事，谁也不想落在别人后头。心理上对上班这件事不会很抵触，因为上班就意味着直接吃饭。即使吃饭以后的例会上也会有对不好现象的批评，但是这时说几句重一点的话就没有关系了，因为上班吃饭已经施"恩"了，再施些"威"并不会引起抵触。我不知道这种时间与模式是不是他们刻意安排的，但是可以肯定，这是符合中国人思维的。中国人向来喜欢"先礼后兵"，还喜欢先吃饭，吃饱了饭再干活。所以觉得海底捞的吃饭制度实在是很有意思。需要说明的是，海底捞没有"后勤经理"这样的职位，店长全面负责这些吃喝拉撒的事情。并且，每个领导都是员工的"后勤经理"，生活上不方便的事情可以随时找领导，马上能够得到解决。

海底捞的薪金构成是建立在他们的"员工发展途径"之上的。普通员工可以通过升职提高工资，如果不能升职也可以通过评级提高工资。比如某家店员工大概在170～180名，有1名店长，1名实习店长（从后堂经理提升），1位大堂经理，1位后堂经理，9名领班。不同级别人员基本工资和分红不同。所有做满一个月的普通员工都参与评级，领班以上则不参加。全店有1名功勋员工，2名劳模员工，2名标兵员工，27名先进员工。不同岗位的基本工资不一样，但是高出来或者低出来的那部分完全会被级别的不同拉平，甚至高变低，低变高。比如功勋员工的总收入就在大堂、后堂经理之上，更是比自己的领班高出很多。并且功勋员工享受到更多的福利待遇，受到更多的尊敬。除了普通员工的收入可以超过经理这一特色之外，海底捞员工工资中还用了一个很有特色的制度：分红。其实"分红"与"奖金"并不一定有本质上的差别，都是从利润里拿出一部分来奖励给员工；而且"分红"不一定比"奖金"高到哪里去——可能会高一些吧，也可能不会高，谁知道呢？但是，"分红"这个词绝对比"奖金"更有魅力。因为很多单位都给普通员工奖金，而只有他们海底捞给普通员工分红；绝大多数企业都只给股东分红，而只有他们海底捞给普通员工分红。换句话说，"奖金"的激励效果已经退化了，甚至快要沦落到和基本工资一个地位；不给奖金员工肯定不满意，给多一点奖金也不会提高多少员工满意度。但"分红"还是一个"新事物"，激励效果还很大，员工说起他们有"分红"的时候都特别自豪，因为他们感觉到了和别人不一样的待遇。容易的事情，人人都会做，都能做。所以，只做这种很容易的事情的人，不足以委以重任；只做这种很容易的事情的企业，不能在竞争中求得生存。海底捞这个企业做到了别的餐饮企业不容易做到的事情，所以他们现在能够蓬勃发展；海底捞的领导和员工做到了别的餐饮企业员工不容易做到的事情，所以他们享受高出别人的待遇完全正常，也完全应该。

思考题：
1. 简述海底捞薪酬福利制度的主要内容？
2. 分析和评价海底捞薪酬福利制度的效果与原因。

第二节　职位薪酬体系设计

薪酬体系主要是针对基本薪酬的薪酬系统。目前国际上通行的薪酬体系主要有三种：职位或岗位薪酬体系、技能薪酬体系以及能力薪酬体系。职位薪酬体系是以工作为基础的薪酬体系，而技能和能力薪酬体系则是以人为基础的薪酬体系。

一、职位薪酬体系及其评价

职位薪酬体系是对每个职位所要求的知识、技能以及职责等因素的价值进行评估，根据评估结果将所有职位归入不同的薪酬等级，每个薪酬等级包含若干综合价值相近的一组职位。然后根据市场上同类职位的薪酬水平确定每个薪酬等级的工资率，并在此基础上设定每个薪酬等级的薪酬范围。

职位薪酬体系是传统的确定员工基本薪酬的制度，它最大的特点是员工担任什么样的职位就得到什么样的薪酬，只考虑职位本身的因素，很少考虑人的因素。

职位薪酬体系的优点：

（1）实现了真正意义上的同工同酬，体现了按劳分配原则；

（2）有利于按照职位系列进行薪酬管理，操作比较简单，管理成本低；

（3）晋升和基本薪酬增加之间的连带性加大了员工提高自身技能和能力的动力。

职位薪酬的缺陷：

（1）由于薪酬与职位直接挂钩，因此当员工晋升无望时，工作积极性会受挫，甚至出现消极怠工或者离职的现象；

（2）由于职位相对稳定，同时与职位联系在一起的员工薪酬就相对稳定，不利于企业对于多边的外部环境做出迅速反应，也不利于及时激励员工。

二、职位薪酬体系的实施条件

实施职位薪酬体系首先对几个方面情况做出评价：

（1）职位内容是否已经明确化、规范化、标准化，职位薪酬体系要求纳入本系统中来的职位本身必须是明确的、具体的，企业必须保证各项工作有明确的专业知识要求，有明确的责任，同时这些职位所面临的工作难点也是具体的、可以描述的。

（2）职位的内容是否基本稳定，在短期内不会有较大的变动，不至于因为职位内容的频繁变动而使职位薪酬体系的相对稳定性和连续性受到破坏。

（3）是否具有按各人能力安排职位或工作岗位的机制。企业必须能够保证按照员工个人能力来安排适当职位，既不能存在能力不足担任高等职位的现象，也不能出现高者担任地等职位的情况。

（4）企业中是否存在相对较多的职级。无论是比较简单的工作还是比较复杂的工作，职位级数应该多，确保企业能够为员工提供一个随着个人能力的提升从低级职位向高级职位晋升的机会。否则会阻塞员工的薪酬提升通道，加剧员工的晋升竞争。

（5）企业的薪酬水平是否足够高，如果企业的总体薪酬水平不高，职位的等级又很多，处于职位序列最底层的员工做得到的报酬就会非常少。

三、设计职位薪酬体系的基本流程

职位薪酬体系的设计步骤主要有四个。

（1）收集关于工作性质的信息即关于特定工作的性质的信息进行工作分析；

（2）按照工作的实际执行情况对其进行确认，界定以及描述编写工作说明书；

（3）对职位进行价值评价即进行工作评价；

（4）根据工作的内容和相对价值对他们进行排序建立结构。

基于职位的薪酬体系设计主要包括以下流程：

（1）进行职位分析，形成职位说明书。职位说明书主要包括工作职责、业绩标准、任职资格要求、工作条件等。它是职位价值评价的基础信息。

（2）职位价值评价。职位价值评价是通过一套标准化的评价指标体系，对各职位的价值进行评价，得到各职位的评价点值。评价点值就成为决定该职位基础工资的主要依据。职位价值评价的方法主要包括排序法、分类法、因素比较法、计点法等。其中计点法和分类法是目前企业中运用最多的职位评价方法。

（3）薪酬调查。在职位价值评价之后，还需要对各职位进行外部市场薪酬调查，并将外部薪酬调查的结果和职位评价的结果相结合，形成各职位平均市场价值的市场薪酬线。

（4）确定公司薪酬政策。公司薪酬政策主要反映公司的薪酬水平和外部市场的薪酬水平相比较的结果。薪酬政策可以分为领先型、匹配型和拖后型。企业根据自己的薪酬政策对市场薪酬线进行修正，得到企业的薪酬线，从而将职位评价点值转化为具体的工资数目。

（5）建立薪酬结构。企业在参照各职位平均工资的基础上，根据从事相同工作的员工间的绩效差异决定不同的薪酬。也就是建立起每个职位的中点工资、最高工资和最低工资，从而形成薪酬结构。

四、四种主要的职位评价方法

职位评价的基本方法通常有以下四种：

（一）序列排级法

这是职位评价方法中最早使用的方法，其特点是简便易行，比较直观，能比较全面地把握职位，不会忽略职位中某些重要的部分。其中，该方法根据排级的方法不同又可以进一步划分为简单排序法和配对比较法。

1. 简单排序法

简单排序法是将每种职位填入一份职位说明书的卡片，然后将这些职位说明书进行排序，其中价值最高的职位排在最前边，价值最低的职位排在最后边，然后再从剩下的职位中选出价值最高和价值最低的，这样依次排列，直到所有职位排序完毕。如表7-1所示。

表7-1 简单排序法

排列顺序	职位价值高低程度	职位名称
1	最高	市场部部长
2	高	人力资源部部长
3	较高	财务审计主管
…	…	…
3	较低	安全生产主管
2	低	行政采购主管
1	最低	总经办行政秘书

简单排序法对于职位层次较少的企业一般比较合适，由于职位层次少，只为责任划分明确，而且对于每一个员工，尤其是富有经验的管理者而言，对每一种职位都有比较明确地了解，所以操作起来比较得心应手，而且排序的结果清楚明了，争议较少。但是，如果某组织职位层次较多，而且职位之间的责任关系比较复杂，因此，简单排序的困难就比较大，往往容易出现被忽略或者不明确的情况，这样，我们可以考虑另外一种排级方法——配对比较法。

2. 配对比较法

配对比较法就是将所有要进行评价的职位列在一起，两两配对比较，其价值较高者的得"＋"，否则得"－"，最后将各职位所得分数相加，其中分数最高者即等级最高者，按分数高低顺序将职位进行排列，即可划定职位等级。如表 7 - 2 所示。

表 7 - 2 配对比较法

	总裁	首席建筑师	高级技师	技师	秘书	评估师	设计师	总计
总裁	0	+	+	+	+	+	+	6
首席建筑师	−	0	+	+	+	+	+	4
高级技师	−	−	0	+	−	+	+	0
技师	−	−	−	0	+	−	−	−4
秘书	−	−	−	−	0	−	−	−6
评估师	−	−	−	+	+	0	−	−2
设计师	−	−	+	+	+	+	0	2

（二）分类法

这种方法是事先将所有职位的价值做一个总结，然后从总体上对职位的价值区分为几个等级，并为每个等级设定明确的标准，各类标准写明本等级职位的难易程度和责任大小程度要求，然后将各职位与标准进行比较，将其归入与之相符合的等级之中。就像一个有很多层次的书架，每一层都代表着一个等级，比如说把最贵的书放到最上面一层，最便宜的书放到最下面一层，而每个职位则好像是一本书。

分类法的操作步骤：①确定合适的职位等级数量；②编写每一职位等级的定义（依据一定的要素进行，这些要素可以根据组织的需要来选定）；③根据职位等级定义对职位进行等级分类。

分类法的优点：

（1）简单、快速、容易实施，适用于大型组织，对大量的职位进行评价；

（2）在组织中职位发生变化的情况，可以迅速地将组织中新出现的职位归类到合适的类别中去。

分类法的缺点：

（1）职位等级描述自由发挥空间太大，主观性太强；

（2）存在有人操纵职位描述的可能对职位要求的说明可能比较复杂，缺乏灵活性；

（3）很难说明不同等级职位之间的价值差距；

（4）适用性有局限，适合职位性质大致类似、可进行明确分组并且改变工作内容的可能性不大的职位。

（三）点数加权法

前面两种方法尽管操作比简便，但是一个最大的问题是主观性比较强，容易受到评价人的主观态度的影响，主要是基于定性分析，而没有定量的评价，这样多少在客观程度上受到质疑。点数加权法则试图解决职位评价中的定量问题，以提高职位评价的准确性。

这个方法的基本原理是：为了进行职位评价，首先将待评价职位分解成几个要素，这几个要素我们称之为评价要素，评价要素应该是全公司所有职位都包括的，当然，这些要素在不同职位中的重要性和责任大小是不一样的。要素选择出来以后，还要根据公司的业务内容和对不同要素的重视程度，对这些要素在职位评价过程中应占比重确定等级，各等级赋予不同的点数，这是职位评价的先期准备工作，要素选择并分级赋点后即可进行职位评价。

在评价某一职位时，确定其包含的各个要素在该要素的全公司等级序列中应处于那一登记，属于哪一等级即取得这一等级要素的相应点数，该职位所有要素的点数确定下来以后，将其加总便为此职位的应得点数。全公司所有职位的点数都计算出来以后，按点数大小排序，得分最高者即为职位价值最大者，也就是职位等级最高者。最后，按照得分顺序之作最后的职位等级表。

在此方法中，最为关键的是职位评价要素的选择。由于所有的比较都是基于这些要素的，所以我们在选择评价要素的时候一定要确保将那些能够准确反映职位特征，又在所有职位中都有体现的代表性的要素，否则，就会导致后面点数比较的标准不准确，导致排序出现问题。当然，对于评价要素在全公司内部的分级也要十分注意，最好能够在要素级别的划定中不要出现级别之间过于模糊的问题。

（四）要素比较法

和前一方法相比，这个方法也是从定量角度来思考和解决职位价值。

大小的排序问题的。但这一方法比上一种方法操作上要复杂一些，这一方法的最大特点是将职位评价和职位工资的确定结合在一起同时进行，在职位评价完成的同时，该职位的工资也就确定下来。具体做法如下：

第一，选择标准职位。从企业的所有职位中选择一些有代表性的职位来进行职位评价，这些被选定的职位我们称之为标准职位，其他未选定的职位的价值将会以这些标准职位的价值作为比照对象，因此，标准职位应该具有典型性，在企业中为员工所熟知。标准职位选定以后，还要确定每种职位合适的工资额度，以作为职位工资确定的标准。

第二，选择评价要素。和点数加权法一样，这里的评价要素的选择也要从标准职位中选出在全公司职位中都具备的职位评价要素，如知识结构、业务熟练程度、责任、体力脑力消耗程度、环境状况等都可以作为职位评价要素。

第三，确定标准职位的基本描述和与外部市场接轨的工资率。

第四，按照每一评价要素对工作的重要程度不同对工作进行排序，即比较相同的评价因素在不同的职位中的等级要求。

第五，对每项工作中的评价因素进行排序，并分配相应的工资率。

第六，建立标准职位评级因素等级定价表。同时，在表中不同等级的评价因素的工资率一并反映。

第七，参照上述表格，评价其他的非标准职位。对每一项待评职位的评价因素和等级表相比较，得出每一项评价因素的价格，从而得到每一项待评价职位的总的工资率。

五、薪酬水平与薪酬结构

薪酬水平是企业薪酬体系的重要组成部分和薪酬战略要素之一。

所谓薪酬水平，是指企业支付给不同职位的平均薪酬。薪酬水平侧重分析组织之间的薪酬关系，是相对于其竞争对手的组织整体的薪酬支付实力。一个组织所支付的薪酬水平高低无疑会直接影响到企业在劳动力市场上获取劳动力能力的强弱，进而影响企业的竞争力。所谓薪酬的外部竞争性，实际上是指一家企业的薪酬水平高低以及由此产生的企业在劳动力市场上的竞争能力大小。

薪酬水平是指企业内部各类职位和人员平均薪酬的高低状况，它反映了企业薪酬的外部竞争性。薪酬水平反映了企业薪酬相对于当地市场薪酬行情和竞争对手薪酬绝对值的高低。它对员工的吸引力和企业的薪酬竞争力有着直接的影响，其数学公式为：薪酬水平＝薪酬总额/在业的员工人数。

薪酬水平的影响因素如下。

（1）企业必须根据劳动力市场的供求变化支付薪酬，劳动力市场的变化及其差异形成对薪酬支付的限制。而劳动力市场，从某种意义上讲，是指雇主和求职者以薪酬和其他工作奖励交换组织所需的技能与行为的场所。具体包括：劳动力市场的地理区域、劳动力供求影响、内部劳动力市场、失业率和离职率以及政府与工会等因素。劳动力市场的状况直接影响企业劳动力的供给，主要表现在两个方面：一是雇用数量；二是雇用价格，即薪酬水平。

（2）产品市场、要素市场在很大程度上决定了企业薪酬的支付能力。在同行业内或者行业之间，影响企业支付能力进而影响薪酬水平策略的因素很多，主要包括产品的需求弹性、品牌的需求弹性、劳动力成本占总成本的比例以及其他生产要素的可替代性等。

（3）企业特征从本质上决定了企业薪酬的支付能力。影响薪酬水平的企业特征因素一般包括企业的经济效益、管理取向、员工规模与配置效率等。

（4）企业战略意图决定企业对不同职位薪酬水平的支付意愿，尤其是竞争战略对企业薪酬水平最为直接，它反映了企业经营业务对环境的反应。通常，低成本战略会考虑控制薪酬水平；而差异化和创新战略则会在薪酬水平策略选择上较为宽松。

企业薪酬水平的调整如下。

（1）薪酬水平的调整是薪酬结构、等级要素、构成要素等不变，调整薪酬结构上每一等级或每一要素的数额。薪酬水平调整的依据包括市场、绩效、职位和能力等因素，可以采用其中一种依据也可以其中一种依据为主，其他为辅。

（2）通过市场薪酬调查，了解企业关键岗位的薪酬水平，发生偏离时及时进行调整以保持此类岗位在劳动力市场上的竞争力。这类关键岗位一般包括研发技术类人才、高级管理人才和企业特定发展阶段的稀缺人才等。

（3）对于那些薪酬支付是以绩效为导向的员工，如销售类人员、生产类人员，通过绩效调薪使绩效表现与员工薪酬直接挂钩，其目的主要是奖励先进，鞭策后进。

（4）对于职位价值发生变化的职位要重新进行评估，从而重新归入相应的薪酬等级。另外对于职位发生变化的员工，其薪酬也要与员工的职位及管理职责挂钩。

（5）对于公司认可的技能提升，比如经过培训而得以提升的最新的技能，要给予员工调薪，其目的是能够更好激励员工在专业水平及技能上的提升。

（6）对于鼓励员工长期服务的企业，可以依据工龄调薪，一般幅度不大。

（7）薪酬结构策略，即薪酬应当由哪些部分构成，各占多大比例；薪酬分多少层级，层级之间的关系如何。一般层级差距较大的，重点激励高层人员；层级差距较小的，薪酬较为平均。

（8）薪酬结构是指在同一组织内不同职位或不同技能员工薪酬水平的排列形式，强调薪酬水平等级的多少、不同薪酬水平之间级差的大小以及决定薪酬级差的标准，它反映了企业对不同职务和能力的重要性及其价值的看法。

（9）薪酬结构确定应注重两点，一是其制定过程要科学、合理，二是薪酬之间差异是否合理。其设计思路一般有两种，一种是趋于平等的薪酬结构，一种是趋于等级化的薪酬结构。

（10）薪酬结构必须满足公司经营对薪酬的基本要求——三个公平性和可操作性。薪酬公平性主要体现在三个方面——薪酬的对内公平、对外公平和个人公平。薪酬的可操作性是指薪酬在实际运行中，能够满足员工岗位调整、能力晋升、业绩认可等对薪酬调整的要求。

 案例讨论

猫抓老鼠的绩效考核和薪酬管理

主人吩咐猫到屋子里抓老鼠。当它看到了一只老鼠，几个奔波来回，也没有抓到。后来老鼠一拐弯不见了。主人看到这种情景，讥笑道："大的反而抓不住小的。"猫回答说："你不知道我们两个的'跑'是完全不同的吗？我仅仅是为了一顿饭而跑，而它却是为性命而跑啊。"

这就是典型的绩效管理问题。

主人想，猫说得也对，得想个法子，让猫也为自己的生存而奋斗。于是，主人就多买了几只猫，并规定凡是能够抓到老鼠的，就可以得到5条小鱼，抓不到老鼠的就没有饭吃。刚开始，猫们很反感和不适应，但随着时间地推移，也渐渐适应了这种机制。这一招果然奏效，猫们纷纷努力去追捕老鼠，因为谁也不愿看见别人有鱼吃而自己没有。因此，主人也轻松和安宁了许多，不再日夜睡不着觉了。

过了一段时间，问题又出现了，主人发现虽然每天猫们都能捕到五六只老鼠，但老鼠的个头却越来越小。原来有些善于观察的猫，发现大的老鼠跑得快、逃跑的经验非常丰富，而小老鼠逃跑速度相对比较慢、逃跑的经验少，所以小老鼠比大老鼠好抓多了。而主人对于猫们的奖赏是根据其抓到老鼠的数量来计算的。

主人发现了蹊跷，决定改革奖惩办法，按照老鼠的重量来计算给猫的食物。这一招很快起到了的作用。

这就是在销售上的按量提成和按额提成的典型应用。企业总部对于分支机构，分公司经理对于业务经理，业务经理对于促销员，都曾经走过这种由量提成到按额提成的演变和转变。这两种提成制度在企业的不同阶段都曾经有效地提高过中层业务人员的工作积极性，也都有效地促进了企业的快速发展。没有完全的好坏之分，只有相对的适合之别。这是一种纵向的薪酬设置和绩效管理方式。

当然，薪酬设置和绩效管理还必须进行横向对比，也就是说它必须融入到整体行业环境中，否则，就会是"铁打的营盘流水的兵"，或者招不到人才，或者留不住人才。

过了一段时间。主人发现邻居家的猫和自己的一样多，可抓到的老鼠却比自己多得多。他好奇地敲开了邻居家的门。邻居介绍说："我的猫中有能力强的，也有能力差的。我让能力强的去帮助能力差的，让它们之间相互学习；另外，我将猫们编成几组，每一组猫分工配合，这样，抓到老鼠的数量就明显上升了。"

主人觉得这样的方法非常好，就复制过来。可实行一段时间后，发现效果一点也不好，猫们根本就没有学习的积极性，每小组抓的老鼠数量反而没有以前单干时候多。

可是问题出在哪里？主人决定和猫们开会讨论。猫们说："抓老鼠已经很辛苦了，学习还要占用我们的时间，抓到的老鼠当然少了，但鱼还是按照以前的办法分，你让我们怎么愿意去学习呢？另外，分鱼时你知道我们是怎样分工合作的吗？我们常常为分鱼打架，还怎么合作？"

主人觉得猫们说得也有道理，决定彻底改革分鱼的办法。不管猫们每天能否抓到老鼠，都分给固定数量的鱼，抓到老鼠后，还有额外的奖励。

但是仔细一想，还是有问题。小组中有的猫负责追赶老鼠，有的负责包抄，有的负责外围巡逻，防止老鼠从包围困中逃跑。每个小组应该按抓到的老鼠数量来分配，但小组内部如何分配呢？鱼的数量是永远不变，还是过一段时间调整一次？分工不同的猫得到的固定的鱼的数量是否一样呢？这回主人可真的犯难了！

故事中的"主人"的困惑，正是许多企业都曾经碰到过或正在经历的难题。只有从真正意义上解决了这些难题，才能保证绩效考核不会流于形式或适得其反。

怎么样根据行业的薪资状况和水平制定企业的薪资体系？

一般来说，企业行业地位越低，薪酬状况就要高于行业平均水平；企业行业地位越高，薪酬状况可以适当低于行业平均水平。但如果要找到优秀人才和留住优秀的人才，则要超越雇员的期望。

如何结合企业的特点构建企业的学习型团队？学习是根本，团队是支撑，文化是核心，氛围是保障，而最终的目的则是能够产生生产力和提高生产力。

虚拟团队和项目经理制在企业中如何更好地发挥作用？关键的一点就是要最大程度上降低企业的内部沟通交易成本，不然就适得其反，一伙没有正式组织约束的人就会整天吵架和摩擦。

团队中的岗位责任制如何制定，才会更好地发挥个人英雄主义的同时又能有效地促进团队的发展？从中国目前企业的现状来说，个人英雄辈出。但从企业的长远发展考虑，个人英雄并非好事，把一个组织或一个部门的命脉悬于一人之手，那可是很脆弱的。只有英雄领导的优秀团队才是企业真正的希望。

在专业分工的时代，每只猫都无法单独抓住老鼠，但每只猫都可以决定这个群体抓不住老鼠。专业分工的最大问题是管理复杂，需要群体协调，已经无法论"鼠"行赏。

这正是考核的过程导向要解决的问题。

事情开始向坏的方向发展。主人发现猫们抓老鼠的数量和重量开始明显下降了，而且越是有经验的猫们或团队，抓老鼠的数量和重量下降得越厉害。

主人又去问猫们。猫们说："我们把最好的时间都奉献给了您呀，主人。可是，随着时间的推移我们会逐渐老去。当我们抓不到老鼠的时候，您还会给我们鱼吃吗？"

于是，主人对所有的猫抓到的老鼠的数量和重量进行汇总、分析，做出了论功行赏的决定：如果抓到的老鼠超过一定的数量和重量，年老时就可领到一笔丰厚的退休金，而且，年老时每顿饭还可享受到相应数量的鱼。

猫们很高兴，每个人都奋勇向前，日夜苦战，努力去完成主人规定的任务。一段时间过后，有一些猫终于按主人规定的数量和重量完成了目标。

但是这时，其中有一只猫说："我们这么努力，只得到几条鱼，而我们抓到的老鼠要比这几条鱼多得多，我们为什么不能自己自创门户，自己抓老鼠给自己呢？"于是有些猫离开了主人，开始自己创业之路。

如果说，有效的绩效考核和生物链能够形成企业的机会竞争力的话，那么，有效的企业文化和机制则可形成企业的核心竞争力。

对于企业来说，必须稳健永续经营；而对于企业的个体来说，人的精力和体力都是有限的，如果把最黄金的年华给了企业，而后半辈子却得不到保障，则每个个体无论如何是不能安心工作的。而企业也就形成不了自己的持续竞争力。正如故事中的猫们，如果主人没有解除它们的后顾之忧，它们怎么会一直拼命下去呢？而一旦解决了后顾之忧，拼搏起来那可是冲着自己的后半生啊。

如果一个企业的营销系统不能考虑员工后顾之忧的话，员工要么就是靠自己的黄金年华和辛苦努力赚一笔钱就走，要么就是想办法从桌子下面去拿一些。而这两点对企业形成持续竞争力和核心竞争力都是致命的伤害。

一个企业，就像一个家庭，只有靠不断的裂变和生殖，才能稳定和繁荣。一个员工，就像家庭中的一员，只有经营自己岗位像经营自己的家庭一样，企业家庭才会欣欣向荣。一旦家庭成员到了成家立业的时候，做父母的总会拼命为其提供一些便利条件。而我们的企业呢？对于想自立门户的员工，常是千般阻挠万般阻止。为什么不能在企业内部形成一种内部创业的机制呢？既为自立门户者提供了平台，又壮大了企业的竞争力，而且，还少了一个潜在的竞争对手。

思考题：

1. 没有对猫进行绩效考核时，为什么老鼠比猫跑得快？

2. 在本案例中，陆续出现了哪些问题？原因是什么？主人是怎样解决的？谈谈你的看法？

第三节　绩效薪酬

一、绩效薪酬及其评价

绩效薪酬是对员工超额工作部分或工作绩效突出部分所支付的奖励性报酬，旨在鼓励员工提高工作效率和工作质量。它是对员工过去工作行为和已取得成就的认可，通常随员工业绩的变化而调整。

绩效薪酬从广义上理解是个人、团队或公司的业绩与薪酬的明确联系，薪酬依据个人、团队和企业业绩的变化而具有灵活的弹性；其狭义的理解是员工个人的行为和业绩与薪酬的联系，薪酬根据员工的行为表现和业绩进行相应的变化，由于员工自身的业绩和行为在较大程度能受到自己控制，因此，员工可以控制他们自己薪酬总量水平的高低，从而达到薪酬对员工业绩调控的目的。

二、绩效薪酬的优缺点及实施要点

（一）绩效薪酬的优点

（1）个人层面，绩效薪酬将奖励与员工绩效紧密连接起来，使得企业的薪酬支付更具客观性和公平性。

（2）组织层面，将绩效与薪酬相结合能够有效提高生产率，并使得薪酬更具市场竞争性；同时，由于它将人工成本区分为可变和固定两部分，所以有利于减轻组织的成本压力。

（二）绩效薪酬的缺点

（1）在绩效标准不公平的情况下，很难做到科学并准确。绩效薪酬体系的设计与管理要求有一个严密、精确地绩效评价系统。但是在实际运作中，绩效评价很难做到科学并准确，往往流于形式。

（2）过分强调个人绩效回报，对企业的团队合作精神产生不利影响。

（3）刺激高绩效员工与实际收入相背离的现象，难以确定提高绩效所需要的薪酬水平。

（4）破坏心理契约，诱发多种矛盾。增加管理层和员工之间产生摩擦的机会，也会造成优秀员工的流失。

（三）绩效薪酬的实施要点

（1）绩效计划只有与其他薪酬计划相配合才能确保绩效奖励计划作用的正确发挥。

（2）绩效奖励计划必须与公司战略目标和企业文化保持相互一致，同其他经营活动相配合。

（3）企业必须建立起完善的绩效管理体系与人力资源开发体系。

（4）绩效评价和绩效奖励之间必须相挂钩。

（5）绩效奖励计划必须获得有效的沟通战略的支持。

（6）绩效奖励计划必须保持一定的动态性。

三、绩效薪酬的设计

绩效薪酬设计的基本原则是通过激励个人提高绩效促进组织的绩效。即是通过绩效薪酬传达企业绩效预期的信息，刺激企业中所有的员工来达到它的目的；使企业更关注结果或独具特色的文化与价值观；能促进高绩效员工获得高期望薪酬；保证薪酬因员工绩效而不同。

在设计绩效薪酬时，牢记企业的目标是很有必要的。因为，绩效薪酬设计是基于这样一个假设——员工的绩效因努力与薪酬间的明确关系而提高。因此，其设计的关键目标就是提高绩效或企业生产力，以及将个人绩效薪酬作为企业进行变革的手段，鼓励价值观的改变。

（一）建立绩效薪酬设计的基础

在设计任何绩效薪酬时都必须做出的关键决策是——绩效认可，即薪酬在多大程度上建立在绩效基础上，绩效薪酬的关注对象，决定绩效薪酬的多少与怎样等。在此基础上，企业还应建立绩效管理体系，以使绩效与薪酬有效连接，而且必须达到以下要求：员工的工作绩效是可以度量的；员工之间的绩效差别是可以区分的；可以体会到绩效差别和薪酬差别之间的关系；业绩薪酬增长的前景将激励提高绩效行为的改变；个人和组织绩效之间存在可以建立的联系。

（二）设计业绩薪酬

绩效薪酬设计包括绩效薪酬的支付形式、关注对象、配置比例、绩效等级和分配方式，以及绩效薪酬增长方式等。

1. 绩效薪酬的支付形式

表现为企业以怎样的薪酬支付来建立与绩效的联系，这种联系有很多种，而且不同的企业差别很大。可能包括常见的业绩工资、业绩奖金和业绩福利，也包括股票或利益共享计划等形式。就实施绩效薪酬的不同层次员工来讲，也存在很大差别，企业可以支付许多不同类型的绩效薪酬，如员工可以因销售的增长、产量的提高、对下属的培养、成本的降低等而得到绩效薪酬；但一般来讲，企业高层可能更倾向于中长期绩效薪酬激励，而低层员工更倾向于短期的绩效薪酬激励；而且，依据不同的支付形式企业提供的绩效薪酬频率各不相同，可能是每月进行一次支付，也可能是季度或一年进行一次支付。

2. 绩效薪酬关注的对象

绩效薪酬是关注个人还是关注团队，或在关注团队绩效的基础上注重个人业绩。绩效薪酬关注对象的确定受到企业文化价值观和不同发展阶段的战略等因素的影响，如绩效从个人层面上得到衡量，那么每个人得到的绩效薪酬是建立在他的绩效基础上的，个人绩效在企业中得到最大化体现，有利于强化个人的行为与结果，但可能不太能满足团队协作和最大化团队绩效的要求。

绩效薪酬也可以通过向一个团队或单位的每个员工提供一种群体绩效薪酬，即基于团队、业务单位或整个组织的绩效。还可以先衡量团队或单位的绩效来确定绩效薪酬总额，然后依据员工个人绩效对绩效薪酬总额进行划分，员工获得的绩效薪酬是基于自身的绩效。

3. 绩效薪酬配置比例

即绩效薪酬在不同部门或不同层次岗位中的配置标准，由于绩效薪酬种类很多，这里，我们以其中一种——业绩工资进行说明，业绩工资的配置标准与各个岗位的工资等级和对应的外部薪酬水平相关；其与个人或团队的业绩联动，使得员工或团队可以通过对业绩的贡献来调节总体工资水平。

具体配置有两种方法，第一种是切分法，先依据岗位评价和外部薪酬水平确定不同岗位的总体薪酬水平，再对各个岗位的总体薪酬水平进行切分，如某岗位总体薪酬水平（100%）＝基本固定工资（50%）＋业绩工资（50%）；第二种是配比法，先依据岗位评价和外部薪酬水平确定各个岗位的基本固定工资水平，这时应考虑薪酬水平市场定位，这种情况下，一般基本工资水平应定位于市场薪酬水平的相对低位，再在各个岗位基本工资的基础上上浮一定比例，使各个岗位薪酬的总体水平处于市场薪酬水平的中高水平，如某岗位的薪酬总体水平＝基本固定工资＋业绩工资（业绩工资为基本工资的40%）。

这样在员工没有达到或低于预期业绩标准时，其总薪酬水平低于市场水平；而达到或高于业绩标准时，其总薪酬水平就会持平或高于市场薪酬水平，从而达到员工依业绩控制自己薪酬而激励绩效的目的。

4. 绩效等级

绩效等级是依据绩效评估后对员工绩效考核结果划分的等级层次，它一方面与具体的绩效指标和标准有关，也与企业考核的评价主体和方式有关；在做到公正、客观对员工绩效进行评价基础上，绩效等级的多少和等级之间的差距将会对员工绩效薪酬分配产生很大影响。

在设计绩效等级时还要考虑绩效薪酬对员工的激励程度，等级过多造成差距过小将会影响对员工的激励力度；等级过少造成差距过大将会影响员工对绩效薪酬的预期，致使员工丧失向上的动力。

5. 绩效分布

在确定了企业绩效等级以后，还应明确不同等级内员工绩效考核结果的分布情况，即每一等级内应有多少名员工或有百分之几的员工；通常来讲企业决定员工绩效分布时基本符合正态分布现象，即优秀的 10%～20%，中间的 60%～70%，而差的 10%左右。严格的绩效分布一方面有利于对员工的绩效进行区分，另一方面也有利于消除绩效评价各方模糊业绩，使得被评价对象的评价结果趋中。

6. 绩效薪酬分配方式

绩效薪酬分配方式是指绩效薪酬如何在个人或团队中进行分配，常见的有两种方式：一种是绩效薪酬直接与个人业绩工资标准对应进行分配；另一种是绩效薪酬先在团队间进行分配，然后再依据个人绩效进行分配，这中间又包含两种形式——完全分配和不完全分配，完全分配是将企业计提的绩效薪酬总额在团队与员工中进行彻底划分，一分不剩；而不完全分配是在控制绩效薪酬总量的情况下，在团队与员工之间依考核等级进行层次分配，绩效薪酬总量存在一定剩余。

7. 绩效薪酬增长

员工薪酬增长不同企业执行的标准各不一样，主要表现为职务晋升调薪、岗位调动调薪、资力提高（工龄或任职资格等）调薪以及绩效调薪等。就绩效薪酬增长来讲主要有两种方式，一是增加工资标准，二是一次性业绩奖励；在具体处理时，各个企业采用的策略也有区别。增加工资标准将长久地提高员工工资水平，随着时间的推移，就变成了员工对薪酬的一种权利，而且考虑到薪酬刚性的特点——易上难下，不利于企业薪酬的灵活决策；一次性业绩奖励是对达到企业业绩标准或以上的员工一次性进行奖励支付，在数量上可以与企业当期收益挂钩，即可以使员工感受到激励的效果，也可利于企业薪酬的灵活决策。

总之，绩效薪酬设计必须明确需要达到的目标，有效利用薪酬策略和绩效与薪酬的密切关联，使得企业不必为所有的工作支付高薪，而为那些具备关键技能创造高绩效的员工支付高薪，而对那些具备一般技能、绩效一般或较低的员工支付平均或低于市场水平的薪酬。从而使企业能够吸引所需的拥有关键技能的人才和留住高绩效员工以满足战略需要，又能够对企业的成本进行控制。

 案例讨论

华为绩效管理：这样减员、增效、加薪，不服不行

让一个企业实现员工下降 50%，人均劳动力增长 80%，而销售收入增长 20%。办法其实很简单，核心就是"减人、增效、加薪"。企业一定要牢记这六个字。

1. 由工资倒推任务

很多企业做预算的时候，总是给下面的人安排任务，这等于"逼着"他去做。华为的做法则截然相反。就一个规定：首先给他一个工资包，他拿多少工资，按比例倒推他的任务。比如：给他500万元的工资包，他拿的工资是30万元，那么他必然为这30万元去想办法完成绩效。

企业最核心的管理问题是，一定要把公司的组织绩效和部门的费用、员工的收入联动。这样一来，最重要的是将核心员工的收入提高。而给核心员工加工资，可以倒逼他的能力增长。

企业要考虑员工怎么活下去，要考虑员工的生活质量不下降。员工有钱却没时间花，这是企业最幸福的事情。而企业最痛苦的是什么呢？低工资的人很多，但每个人都没事干，一群员工一天到晚有时间却没钱。

所以在华为，强制规定必须给核心员工加工资，从而倒推他要完成多少收入。每年完成任务，给前20名的员工加20％工资，中间20％的员工加10％的工资。每超额完成了10％，再增加10％比例的员工。此外，即使部门做得再差，也要涨工资，不过可以减人。

很多企业经常犯一个错误：部门绩效越差，就越不给员工涨工资。如果工资不涨，优秀员工肯定要走，剩下的都是比较差的。对于中小企业而言，不能像华为一样每个员工工资都很高，但你可以让核心员工工资高。在这种情况下，核心产出职位的薪酬要增加成为必然。

总之，要留住核心员工，给少数优秀的员工涨工资，来倒推你的任务，这就是增量绩效管理。

2. 提高人均毛利

但是，很多员工不会为了销售收入的提升而努力，所以一定要有毛利，这个数基本上在30～100倍。

华为首先将毛利分成六个包：研发费用包、市场产品管理费用包、技术支持费用包、销售费用包、管理支撑费用包、公司战略投入费用包。而且要找到这六个包的"包主"，让这个"包主"去根据毛利来配比下面需要几个人。

任何一个企业，人均毛利是唯一的生存指标。人均毛利35万元，是一个企业最低的收入水平。若人均毛利35万元，60％即21万元是人工成本，还有35％是业务费用，15％是净利润。目前，在北上广深一线城市，如果说企业里的员工，一个月拿不到8000元的薪资，大家就没法生活。

华为之所以一定要实现人均毛利100万元的目标，是源于华为规定，员工必须拿到28万元的固定工资。

这个问题对于中小企业同样适用，一定要注意将人均毛利提上去。人均毛利率的增长，决定着工资包的增长。如果中小企业的工资包上不去，一定会成为大企业的黄埔军校，掌握优秀技能的人才就会被别人挖走。

3. 减人，也要增效

一个企业最好的状态是，让一个人干很多事，不养闲人。比如，四个人的活儿，由两个人来干，能拿 3 倍的工资。这就涉及一个问题：要减人增效，这是绩效管理首要的目标。

所以，华为人力资源部经常定招聘需求的时候，一是一定要搞明白为什么要招这个人？二是他独特的贡献是什么？三是能不能把这个岗位给别人做，给别人加点工资？

这是什么逻辑呢？其实问题也很简单：优秀的员工晚上都会加班，招一个月薪3000 元钱的员工，每年的人工成本是 8 万元，这还不如给核心人员加 2000 元钱的工资，他晚上还会加班干。所以，精简人员很有必要。

在华为，一个部门经理只能干三年，第一年的任务就是精简人员，将很多岗位合并。企业一定要记住这几条：管理岗位和职能岗位越合并越好，一个岗位的职能越多越好，产出岗位越细越好。

产出岗位是什么？就是研发经理、市场经理、客户经理。对于产出岗位，最好不要让他"升官"，而是要"发财"，要对产出职位"去行政化"。也就是说，企业一定要提升产出职位的级别，让他们只干产出的事情，但是可以享受总裁级的待遇。

从这个角度上来说，企业管理的行政职位和产出职位要进行分离，要有明确分工，有了分工以后，才能更好地调整工资结构。而且对于产出职位，一定不能亏待他们。比如对于前三名的市场经理、产品经理、客户经理，要拿出 20％的收入对他们进行增量激励。

思考题：

1. 分析本案例华为绩效考核和薪酬管理的特点是什么？

2. 分析和评价本案例中华为绩效考核和薪酬管理工作的效果和原因，谈一谈你的体会。

第四节 员工福利

一、福利的概述

福利是企业基于雇用关系，依据国家的强制法令及相关规定，以企业自身的支付能力为依托，向员工所提供的、用以改善其本人和家庭生活质量的各种以非货币薪酬和延期支付形式为主的补充性报酬与服务。福利对企业的发展具有许多重要的作用，一套科学合理具有竞争力的福利制度，不但可以吸引企业所需要的员工、降低员工的流动率，同时还可以激励员工、提高员工的士气以及对企业的认可度与忠诚度。

福利的构成一般包括以下几个部分：

（一）法定福利

（1）社会保险。企业依据国家政策、法律法规必须为员工交纳的社会保险，一般包括养老保险、医疗保险、工伤保险、失业保险及生育保险。

（2）法定假期。包括法定节假日、公休假日、带薪年假及探亲假、婚丧假、产假、配偶生育假等其他假期。

（3）住房公积金。指企业及在职员工缴存的长期住房储备金，包括员工个人缴存的住房公积金和员工所在企业为员工缴存的住房公积金，它属于员工个人所有。

（二）企业补充福利

（1）收入保障计划。旨在提高员工的现期收入或未来收入水平的福利计划。主要包括企业年金、集体人寿保险计划、住房援助计划及健康医疗保险计划。

（2）员工服务计划。企业在以货币形式为员工提供福利以外，还为员工或员工家庭提供旨在帮助员工克服困难和支持员工事业发展的直接服务的福利形式。包括雇员援助计划、员工咨询计划、教育援助计划、家庭援助计划、家庭生活安排计划、其他福利计划。

二、福利管理

（一）福利计划

员工福利计划是指企业对实施员工福利所做的规划和安排。在福利计划制订之前应准确把握这样几个问题，即为什么要向员工提供福利？要向员工提供多少福利？要向员工提供什么样的福利？以什么样的形式来向员工提供福利？由谁来向员工直接提供福利？要向哪些员工提供福利？在什么时间向员工提供福利？

（二）福利预算

福利预算是指福利管理过程中进行的一系列福利成本开支方面的权衡与取舍，确定福利的总成本及占总薪酬成本的比重。

（三）福利沟通

一种有效沟通的福利模式必须由三个因素构成，一是企业必须要宣传自己的福利目标，并确保任何一次沟通都能达到这些目标；二是必须通过合适的渠道来传播这些信息；三是沟通的内容必须具体、完整，不能用那些有碍交流的复杂专业术语。

（四）福利的评价与反馈

一套好的福利计划应具备以下一些特征：

（1）亲和性。福利计划应建立在亲情、平等和信任的基础上，体现企业的人文关怀，以增强员工的归属感和凝聚力。

（2）灵活性。最大限度地满足员工的不同需要，同时也能根据企业经营状况和财务状况适时做出调整。

（3）竞争性。对外具有竞争力，确保企业在劳动力市场上的竞争优势，有效地吸引和保留企业核心员工。

（4）成本效能。员工福利成本在企业可支配的范围之内，同时也能很好的体现企业的经营状况和财务能力。

（5）可操作性。福利计划切实可行，能够较容易的被员工所理解，同时对企业来说，其管理难度和管理成本也相对较低。

（6）特色性。福利计划体现企业的经营哲学和战略目标，有利于塑造企业文化。

（五）福利计划的成本控制

（1）福利计划中的费用分担制。在企业自行主办的各种补充保险中，可以让员工分摊一部分费用，即将一些原来免费的福利项目改为员工适当缴费，这样可以降低一些福利项目的成本。但是员工缴费的水平要适度，避免引起员工的抵触情绪。

（2）传统福利项目改进。如一些企业将所有的休假、病假统筹考虑，如果在一定时期内（通常是一年）员工总的休假期不超过限定的天数，员工就会得到一定的补偿或某种奖励。这样也有助于节约企业的福利成本，同时还增加了福利计划的灵活性。

（3）福利项目开发。企业在处理福利成本时不应仅局限于已有的福利项目，而是根据福利内容以及其特点新开发一些福利项目，并重新组合、设计福利计划。

三、典型福利计划的设计方法

（一）弹性福利计划

弹性福利计划也称为自助餐计划，指由员工自行选择福利项目的福利计划模式，在实际操作中一般是由企业提供一份列有各种福利项目的"菜单"，由员工从中自由选择其所需要的福利。但这种选择有两个前提：一是企业必须制定总成本约束线；二是每一种福利组合中都必须包括诸如各种社会保险等法定福利项目。弹性福利计划，不仅能够让员工选择最适合他们的福利组合，使企业的福利成本付出得到了最大的回报，同时还能够有效改善企业与员工个人的关系，吸引和保留企业的员工，调动员工的工作积极性，提高员工的忠诚度。但在弹性福利计划实施中也存在一些问题，如弹性福利计划对企业管理者的素质要求较高，同时由于是自由选择，员工可能会放弃某些最有价值的福利。

弹性福利计划的实施方式包括以下四种：

（1）附加福利计划。在不降低原有薪酬水平和福利水平的条件下，提供给员工一张特殊的信用卡，员工可以根据自己的需要自行购买商品或福利。发放给员工的信用卡中可使用的金额度取决于员工的任职年限、绩效水平，还可以根据员工基本薪酬的百分比来确定。

（2）混合匹配福利计划。员工可以按照自己的意愿在企业提供的福利领域中决定每种福利的多少，但是总福利水平不变。

（3）核心福利计划。为员工提供包括健康保险、人寿保险以及其他一系列企业认为所有员工都必须拥有的福利项目的福利组合，然后让员工根据自己的偏好选择其他的福利项目，或者增加一种核心福利项目的保障水平。

（4）标准福利计划。企业为员工提供一些标准的福利项目组合，员工可以自由选择不同的组合，但不能自行构建福利组合。

（二）企业年金计划

企业年金计划是一项企业向员工提供的养老保险计划，是员工退休后获得的收入。即在员工在职期间通过缴纳一定的保险费和投资运营进行资金积累，待退休后方可享用。

与社会养老保险制度相比，企业年金具有以下特点：

（1）企业自愿，并自主选择管理运作方式。

（2）政府对企业年金不承担直接责任。

（3）企业年金采用个人积累制，实行个人自保。

（4）企业年金以效率原则为基础，不存在再分配的含义，因此有较强的激励作用。

（5）企业年金通过资本市场进行管理和运营，投资手段更加多样。

企业年金计划至少需要四个要素的支持：一是建立运行规则；二是制定税收优惠政策；三是设立经办机构；四是建立风险预防和担保机制。这四个要素基本上都是政府职能，虽然政府不直接参与企业年金的经营活动，但由于企业年金是整个社会保障体系的一部分，因此政府应通过一系列相关政策推动企业年金计划的发展。

（三）利润分享计划

利润分享计划是由企业建立并提供资金支持，让其员工或受益者参与利润分配的计划。其做法是，企业依据事先制定的公式每年从企业利润中提取一定的金额建立利润分享基金，再依照基金分配方法将年度基金提取额分配到员工个人账户中去，当员工或其受益者因死亡、退休或其他事件而被允许提取个人利润分享账户中的资金时，其所提取的金额为该账户中的累积额及该累积额所获得的任何投资收益的总和。企业通过实施利润分享计划所期望达到的目的主要是，刺激生产、提高员工的信心和士气，同时增强员工的忠诚度，改善劳资关系。

利润分享计划中企业基金提取额度的计算通常有两种情况，一种是企业按照盈利情况灵活确定基金提取额度，另一种是根据事先规定的一个固定的计算公式进行提取。后一种方法可以增强员工的安全感，对其所能得到的份额有明确的估计。

利润分享计划基金额度的分配同样也有多种，较为常用的是通过计算员工年薪收入占所有计划参加者年薪总和的比例来进行分配。对于提前离职的员工，其账户中的收益将被企业回收，可以作为本年度企业基金分配额度的一部分，也可以用来减少企业下一年度的基金提取额。

（四）员工持股计划

员工持股计划是由企业内部员工出资认购本企业的部分股权，同时委托员工持股会或特定的托管机构管理和运作，同时员工持股会或相应的委托机构作为社团法人，进入企业董事会，参与企业决策和按股分红的股权制度。员工持股计划可以激发持股员工的工作积极性和创造性，使持股企业的经营管理者更加关心企业投资者的利益，将企业行为导向长期化，同时可以吸引人才，留住员工，稳定企业员工队伍。

员工持股计划具有以下特点，一是持股人或任购者必须是本企业工作的员工；二是员工所认购的股份在转让、交易等方面受到一定的限制。股份认购形式可以有四种，分别是员工以现金认购；通过员工持股专项贷款资金贷款认购；将企业的奖励或红利转换成员工持股；企业将历年累计的公益金转为员工股份。

企业设计员工持股计划的原则包括：第一，员工持股计划应能够促进企业的长远发展；第二，员工持股计划应能够激发员工的工作积极性；第三，员工持股计划应能够改善企业的法人治理结构。

在员工持股计划的设计过程中，对于股本的设计尤为重要，一般应考虑的因素包括：第一，企业发展的基本需要；第二，员工持股计划实施后适宜的投资回报率；第三，企业净资产的价值；第四，员工的持股比例和认购能力。

员工持股的认购程序一般包括六个步骤：第一，员工向员工持股会提出认购申请及拟定认购数额；第二，员工持股会根据持股会章程规定，审查员工的认购资格及允许认购的数额，并通知员工；第三，经审查符合认购资格后，员工向员工持股会出资；第四，员工持股会向企业出资；第五，企业进行工商注册登记后，由公司董事长向员工持股会签发出资证明或股权证；第六，员工持股会理事长向持股员工签发对员工持股会的出资证明。

（五）企业健康保险计划

企业健康保险计划也称企业补充医疗保险计划或企业医疗保障计划，是企业为员工建立的、用于提供医疗服务和补偿医疗费用开支的福利计划。一般可以分为：商业保险、内部自我保险和指定服务计划。

商业保险或团体保险是指企业通过向保险公司投保为企业员工提供保险。保费可以由企业全部承担，也可以和员工分担。其可承担的两类经济损失分别是：医疗费用和由于疾病和伤残引起不能工作的收入损失。

内部自我保险是企业用自己的资金来承担法律规定范围内的健康风险，当发生医疗费用时，企业用现金或事先储备好的专门资金来支付赔偿。

指定服务计划是通过建立医疗服务提供者网络的形式对投保者和医疗提供者进行管理，当投保者选择医疗服务网络中的医疗提供者进行医疗服务时，可减免支付费用；

当从非指定医生那里获得服务时，也可得到补偿但自付比例较高。

 案例讨论

谁家公司福利最奇葩？男员工也有"姨妈假"

据外媒报道，苹果和Facebook将报销女员工的冷冻卵子费用，网友直呼这个福利"太奇葩"。事实上，科技公司诸如此类让人羡慕又大跌眼镜的福利还有很多，"失恋补贴"、男女同时享受"姨妈假"，今天我们就来看一下公司福利到底能有多奇葩。

苹果：报销女员工冷冻卵子费

从明年1月起，对全职和临时女员工卵子冷冻过程和存储过程所发生的费用，苹果将给予报销，最多高达2万美元。此举旨在帮那些有意把精力放在工作上又想不影响今后生育孩子的女性。为女性员工提供冷冻卵子所需昂贵费用将有助于科技巨头们吸引优秀的女性人才。苹果和Facebook成为首批尝鲜的科技公司。

Facebook：开木匠工作坊　帮员工开发大脑

Facebook一直有为员工提供丰厚福利的传统，令外界惊讶的是，其中竟然包括为员工修建了一个"木匠工作坊"。"木匠工作坊"面积达30000多平方米，里面提供一系列木匠常用工具，包括锯、机床、钻床、砂纸、激光控制的雕刻机等。Facebook称，员工在里面从事的一些活动，可以开发大脑，而这部分大脑的开发是员工日常工作所不能开发到的。码农同时当木匠，新时代的全能人才啊。

谷歌：死后也能领工资

谷歌在2013年10月公布了一项"死亡福利"：如员工在雇用期内过世，未来10年，其未亡配偶或同居伴侣每年将获得一张金额相当于该过世员工年薪50%的支票。没有员工任职年限要求，谷歌3.4万名员工都有资格享受这项待遇。此招一出，立马秒杀所有科技企业。

美柚：男女平等 都有"姨妈假"

主打女性助手应用的美柚公司，其男女员工享受每月半日的带薪"姨妈假"，不影响正常考勤。女员工只需提前一周向公司预定，就可以享受到这个福利。当女友来例假时，男员工可以请半天带薪假陪同，每月一次，也不影响正常考勤。网友戏称为这才是"男性最强福利"！该福利被誉为"男女平等假"。

思考题：

1. 员工福利对于组织和个人有哪些影响？
2. 员工福利主要包括哪些类型？
3. 在员工福利管理方面你认为目前存在的突出问题有哪些？你认为应如何解决？

本章小结

本章主要介绍了薪酬福利的内涵及目标，详细讲解了职位评价方法，介绍了薪酬

水平和结构，对绩效薪酬的设计、优缺点进行了详细的阐述，最后对福利计划的设计方法进行了描述说明。

 本章练习题

1. 薪酬的构成要素有哪些？各要素的意义是什么？
2. 薪酬体系设计的原则有哪些？
3. 讨论企业发展阶段与员工薪酬策略的关系。
4. 薪酬发放应该保密吗？
5. 绩效薪酬主要包括哪些类型？
6. 绩效薪酬的优缺点分别是什么？
7. 员工福利对于组织和个人有哪些影响？
8. 员工福利主要包括哪些类型？
9. 四种主要的职位评价技术是什么？计点法的主要操作步骤是什么？
10. 组织在设计薪酬结构时主要应考虑哪些内容或因素？

案例分析7-1 ▶▶

奖金归谁

A 煤矿是有 2000 余人的年产 120 万吨原煤的中型煤矿，2006 年上级主管部门特拨下 15 万元奖金，奖励该矿在安全与生产中做出贡献的广大员工。在这 15 万元奖金的分配过程中，该矿矿长召集下属五位副矿长和工资科长、财务科长、人事科长和相关科室的领导开了一个"分配安全奖金"的会议。这些高层管理者认为，工人只需保证自身安全而主管们不但要保证自身安全还要负责一个班组、区、队或一个矿的安全工作；尤其是矿领导，不但要负经济责任，还要负法律责任。因此，会议决定，将奖金根据责任的大小分为五个档次，矿长 3000 元，副矿长 2500 元，科长 800 元，一般管理人员 500 元，工人一律 50 元，奖金刚好发完。奖金下发后全矿显得风平浪静，但几天后矿里的安全事故就接连发生。当矿长亲自带领工作组到各工队追查事故起因时，矿工们说："我们拿的安全奖少，没那份安全责任，干部拿的奖金多，让他们干吧！"还有一些工人说："老子受伤，就是为了不让当官的拿安全奖。"

思考题：

1. 请剖析 A 煤矿的奖金分配方案，并说明它产生负激励作用的原因。
2. 本次奖金分配方案的设计应重点考虑哪些因素？
3. 如你是该矿负责人会如何分配这批奖金？并说明理由。

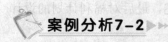

案例分析7-2 ▶▶

F 公 司 的 困 境

F公司是一家生产电信产品的公司，在创业初期，依靠一批志同道合的朋友，大家不怕苦不怕累，从早到晚拼命干，公司发展迅速，几年之后，员工由原来的十几人发展到几百人。业务收入由原来的每月10多万元发展到每月1000多万元，企业大了，人也多了，但公司领导明显感觉到，大家的工作积极性越来越低，也越来越计较报酬。

F公司的总经理黄先生一贯注重思考和学习，为此特地到书店买了一些有关成功企业经营管理方面的书籍来研究，他在《松下幸之助的用人之道》一文中看到这样一段话："经营的原则自然是希望能做到'高效率、高薪资'。效率提高了，公司才可能支付高薪资，但松下幸之助提倡'高效率、高薪资'时，却不把高效率摆在第一个努力的目标，而是借助提高薪资，来激发员工的工作意愿，以此达到高效率的目的。"黄先生想，公司发展了，确实应该考虑提高员工的待遇，这一方面是对老员工为公司辛勤工作的回报。另一方面也是吸引高素质人才加盟公司的需要。为此，F公司聘请一家知名的咨询公司为企业重新设计了一套符合公司老总要求的薪酬制度。大幅度提高了公司各类员工的薪酬水平，并对工作场所进行了全面整修，改善了各级员工劳动环境和工作条件。

新的薪酬制度推行以后，其效果立竿见影，F公司很快就吸引了一大批有才华有能力的人，所有的员工都很满意，工作十分努力，工作热情高涨，公司的精神面貌焕然一新。但这种好势头没有持续多久，员工的旧病复发，又逐渐地恢复到以前懒洋洋，慢吞吞的状态。

公司的高薪没有换来员工持续的高效率，公司领导陷入两难的困境，既苦痛又彷徨，问题的症结到底在哪儿呢？

思考题：

1. 该公司应采取哪些措施对员工的薪酬制度进行再设计、再改进？

2. 为了持续保持公司员工旺盛的斗志，应当采取哪些配套的激励措施？

案例分析7-3 ▶▶

加 班 费

WCL（实业）公司是某市出口产值百强企业之一。随着母公司的迅猛发展，该公司由初创时二百多名员工的规模发展到成为目前拥有四千多名员工的PCBA生产厂家。公司的中高层管理人员大多由外籍员工担任，薪资结构遵循国际惯例。大陆员工多为技术骨干，如工程师、高级工程师等，他们的薪资比较特殊，以工程师为例，月基本工资为2500元，各种补贴总额在500元左右，剩下的机动收入就是加班费，加班费按照国家劳动法的规定发放。与当地其他同类企业相比，该公司的加班费在其薪资结构中占据很大的比例。

公司初创时，大部分员工已经结婚，下班后有很多家庭事宜要处理，不存在"混"加班费的问题，公司对加班时间也没有控制。但随着公司规模的扩大，员工来源多为外地大学生，单身，下班后没有其他事情可做，大部分愿意留在公司工作，月人均加班时间超过 120 小时。加班费远超过他们的基本工资，公司形成了一种加班文化，员工有事没事泡在公司，白天能完成的工作也要拖到晚上干。

厂里召集各部门经理对此进行了专门讨论研究，人力资源部经理提出："再招些员工，规定不准加班"。厂长表示反对："多招一个人的成本大于加班费，不合算"。其他部门经理也提出各种意见，认为确实有混加班的问题，但也有真正的加班，况且现在订单这么多，限定不许加班不太现实。最后，会议决定：按照职务级别确定加班时限，技术员每月可以加班 100 小时，工程师每月 80 小时，高级工程师每月 50 小时。新的加班制度出台后，表面上加班费降下来了，但出现一个有趣的现象，无论任务多少，每当月末结卡时，员工的加班时数不多不少正好是各自的时限。问题仍然没有得到解决。

思考题：

1. WCL 公司加班费问题的症结何在？请结合人力资源管理的相关原理谈谈看法。
2. 请根据人力资源管理的相关理论，提出一些解决该公司加班费问题的建议。

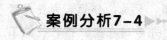 案例分析7-4 ▶▶▶

A 公司 的 改革

A公司是一家知名的家电生产企业，该公司为了打破论资排辈现象，进一步体现对内公平的原则，自 2002 年起推行薪资制度改革，开始实施岗位工资制。其内容是：以市场、行业差别确定公司各类岗位的工资差别和标准，通过工作岗位评价，确定各岗位的薪点数。同时，每个月按照所属单位的经济效益，折算出各个岗位的绩效薪点值。该公司所推行的这种岗位加绩效的弹性等级薪点薪资制度，避免了公司原来实行的薪资制度的种种不足。

改革初期，成效是巨大的，然而，随着时间的推移，尤其是当公司规模迅速扩大，管理机构和管理人员急剧增加时，该工资制度的弊端便暴露出来。员工工资连续一年甚至更长时间没有调整，奖金没有发放，这对任何一个有上进心的员工来说都是一件十分沮丧的事情，因为他不清楚公司对自己工作情况的评价如何。渐渐地，越来越多的优秀人才相继离开公司，而继续留在公司的员工也议论纷纷。面对人才流失，士气低落，以及公司竞争力的削弱，公司高层专门召开了一次薪资问题专题会，虽然大家一致认为，公司的薪资制度改革势在必行，但对"应该如何对薪资制度进行改革？""改革从何处下手？""最终应该建立怎样的薪资管理体系？"等问题争议很大，没有形成一致的意见。

思考题：

1. 该公司的薪资制度主要存在哪些问题？

2. 一个科学合理的薪资制度应体现哪些基本要求才能发挥激励员工的作用。

 案例分析7-5 ▶▶

技能工资制

HS是一家具有 60 多年历史的大型国有制造企业，主营业务为工程机械产品制造，人员规模 2000 余人，主要面对华北和西北市场。由于中国工程机械市场在 2001 年爆发性增长，企业销售规模增长迅速，在 2002—2005 年，销售收入从 16 亿元增长到 30 亿元左右，成为行业内领先品牌。然而，在风光的销售业绩的背后，是企业内部的管理问题，其中最突出的就是薪酬问题。该企业目前有几种适用于不同类型岗位的工资制度。例如，①职能部门采用的是以岗位工资为主导的工资制度，即在每月发放的工资中，岗位工资约占 80%，绩效工资占 20% 左右；②技术部门实行的是组合工资制，它由基本工资、岗位工资和项目奖金三部分组成；③车间工人采用的是计件工资加奖金的工资制度。

随着企业发展，高学历、高素质的员工越来越多，企业对产品研发、市场销售人员以及一线的生产工人的操作技能和专业能力要求越来越高。于是，分管人力资源管理工作的副总经理张彬先生开始关注工资制度的改革问题，并考虑在企业推行技能工资制度的可能性，试图通过构建技能和能力工资体系，调动员工提升个人能力素质的主动性，从而促进学习型组织的建立。

思考题：

说明企业推行技能工资制应当注意哪些问题？

参考文献

[1] 刘昕．人力资源管理［M］．北京：中国人民大学出版社，2013.

[2] 董克用．人力资源管理概论（第三版）［M］．北京：中国人民大学出版社，2011.

[3] 张德．人力资源开发与管理案例精选［M］．北京：清华大学出版社，2002.

[4] 加里·德斯勒．人力资源管理（第12版）［M］．北京：中国人民大学出版社，2012.

[5] 王媛媛．美国和日本两国人力资源管理模式的比较分析［J］．文艺生活，2015（6）．

[6] 贺新闻．战略人力资源管理［M］．北京：高等教育出版社，2014.

[7] 王玉姣．人力资源开发与管理［M］．北京：清华大学出版社，2013.

[8] 陆杰．企业人力资源管理实战案例解析［M］．北京：中国劳动社会保障出版社，2014.

[9] 郑晓明．现代企业人力资源管理导论［M］．北京：机械工业出版社，2002.

[10] 余凯成，程文文，陈维政．人力资源管理［M］．大连：大连理工出版社，1999.

[11] 郑晓明，吴志明．工作分析实务手册（第二版）［M］．北京：机械工业出版社，2008.

[12] 萧鸣政．工作分析的方法与技术（第三版）［M］．北京：中国人民大学出版社，2010.

[13] 廖泉文．招聘与录用［M］．北京：中国人民大学出版社，2010.

[14] 赵曙明．人力资源管理与开发［M］．北京：北京师范大学出版社，2007.

[15] 罗钢．人力资源管理实务教程［M］．北京：机械工业出版社，2005.

[16] 邵冲．人力资源管理（第2版）［M］．北京：中国人民大学出版社，2008.

[17] 李琦．人力资源管理［M］．北京：北京大学出版社，2007.

[18] 人力资源和社会保障部人事考试中心组织编写．人力资源管理专业知识与实务（初级）［M］．北京：中国人事出版社，2014.

[19] 人力资源和社会保障部人事考试中心组织编写．人力资源管理专业知识与实务（中级）［M］．北京：中国人事出版社，2014.

现代人力资源管理实务

[20] 雷蒙德·A. 诺伊. 雇员培训与开发 [M]. 北京：中国人民大学出版社，2001.

[21] 赫尔曼·阿吉斯. 绩效管理 [M]. 北京：中国人民大学出版社，2008.

[22] 方振邦，罗海元. 战略性绩效管理（第三版）[M]. 北京：中国人民大学出版社，2014.

[23] 刘昕. 薪酬管理（第四版）[M]. 北京：中国人民大学出版社，2014.

· 220 ·